DIDEROT

DANS LA MÊME COLLECTION

ARISTOTE. Une philosophie en quête de savoir, par Richard Bodéüs, 272 pages.
AUGUSTIN. L'expérience du Verbe, par Dominique Doucet, 192 pages.
BERKELEY. Un nominalisme réaliste, par Dominique Berlioz, 224 pages.
BLONDEL. Un univers chrétien, par Bertrand Saint-Sernin, 192 pages.
COURNOT. Le réalisme, par Bertrand Saint-Sernin, 192 pages.
DASEINSANALYSE. Phénoménologie et psychiatrie, par Philippe Cabestan et Françoise Dastur, 224 pages.
DELEUZE. La passion de la pensée, par Pierre Montebello, 256 pages.
DESCARTES. La règle de la raison, par Mariafranca Spallanzani, 276 pages.
DIDEROT. Un matérialisme éclectique, par Annie Ibrahim, 240 pages.
DUNS SCOT. La métaphysique de la singularité, par Gérard Sondag, 240 pages.
ÉPICURE. La nature et la raison, par Pierre-Marie Morel, 288 pages.
FICHTE. Réflexion et argumentation, par Isabelle Thomas-Fogiel, 256 pages.
GADAMER. Une herméneutique philosophique, par Isabel Weiss, 224 pages.
HABERMAS. La raison publique, par Ridha Chennoufi, 230 pages.
HEGEL. Une philosophie de la raison vivante, par André Stanguennec, 248 pages.
HEIDEGGER. La question du logos, par Françoise Dastur, 256 pages.
HOBBES ou l'œuvre de la raison, par Michel Malherbe, 224 pages.
HUME. Une philosophie des contradictions, par Jean-Pierre Cléro, 256 pages.
KANT. L'invention critique, par Monique Castillo, 248 pages.
MALEBRANCHE. Une philosophie de l'expérience, par Denis Moreau, 224 pages.
MONTAIGNE ou l'usage du monde, par Paul Mathias, 224 pages.
MONTESQUIEU. Le droit et l'histoire, par Francine Markovits, 232 pages.
LES NÉOKANTIENS. Valeur et vérité, par Éric Dufour, 192 pages.
LE NÉOSTOÏCISME. Une philosophie par gros temps, par Jacqueline Lagrée, 212 pages.
PASCAL. La force de la raison, par Hélène Bouchilloux, 240 pages.
PLATON. Le désir de comprendre, par Monique Dixsaut, 288 pages.
SARTRE. Liberté et histoire, par André Guigot, 256 pages.
LES STOÏCIENS. La liberté et l'ordre du monde, par Robert Muller, 292 pages.
VOLTAIRE. Du cartésianisme aux Lumières, par Éliane Martin-Haag, 192 pages.

BIBLIOTHÈQUE DES PHILOSOPHIES

Directeur : Michel MALHERBE

DIDEROT

UN MATÉRIALISME ÉCLECTIQUE

par

Annie IBRAHIM

PARIS
LIBRAIRIE PHILOSOPHIQUE J. VRIN
6, Place de la Sorbonne Ve

2015

À Tristan

ISSN 1281-5675
ISBN 978-2-7116-2290-0

www.vrin.fr

ÉDITIONS UTILISÉES ET ABRÉVIATIONS

Diderot, *Œuvres*, édition Laurent Versini, Paris, Robert Laffont, 1994-1997, cinq volumes (sauf indication contraire avec renvoi en note, les citations des œuvres de Diderot sont mentionnées ci-après entre parenthèses dans cette édition : le numéro du volume en chiffres romains est suivi du numéro de la page concernée, sans autre indication).

Encyclopédie, ou Dictionnaire raisonné des sciences, des arts et métiers, par une société de gens de lettres. Mis en ordre et publié par M. Diderot, et quant à la partie mathématique par M. D'Alembert, Paris, Briasson, David, Lebreton, Durand, 1751-1775, ci-après abrégée en *Enc*. Les extraits d'articles de l'*Encyclopédie* sont mentionnés entre parenthèses : le numéro du volume en chiffres romains est suivi du numéro de la page concernée.

Les citations extraites d'autres éditions des œuvres de Diderot sont signalées en notes :

Diderot, *Œuvres philosophiques*, édition Paul Vernière, « Classiques Garnier », Paris, Bordas, 1956 (réédition 1998).

Diderot, *Œuvres complètes*, édition chronologique par Roger Lewinter, Paris, Le Club français du livre, 1969-1973, 15 volumes.

Diderot, *Œuvres complètes*, édition Herbert Dieckmann, Jacques Proust, Jean Varloot *et alii*, Paris, Hermann, 1975 et suivantes, 34 volumes prévus.

Diderot, *Essai sur le mérite et la vertu*, édition Jean-Pierre Jackson, Paris, Alive, 1998.

Lettre sur les aveugles. Lettre sur les sourds et muets, présentation par Marian Hobson et Simon Harvey, Paris, GF-Flammarion, 2000.

Éléments de physiologie, texte établi par Paolo Quintili, Paris, Honoré Champion, 2004.

Pensées sur l'interprétation de la nature, présentation par Colas Duflo, Paris, GF-Flammarion, 2005.

Pensées philosophiques. Addition aux pensées philosophiques, présentation par Jean-Claude Bourdin, Paris, GF-Flammarion, 2007.

INTRODUCTION

Un livre est pour l'auteur un
grand obstacle à la vérité.
J'ai sur vous l'avantage de n'avoir point écrit.
Observations sur Hemsterhuis (I, 723)

Dans ses *Souvenirs d'Allemagne*, Victor Cousin évoque la condescendance émue de Hegel à l'égard du matérialisme des Lumières, ce devenir abstrait du sensualisme : « Hegel défendit jusqu'à Diderot ; il me disait quelquefois : ne soyez pas si sévère, ce sont les enfants perdus de notre cause »[1]. Enfant perdue de la cause du processus dialectique, la philosophie diderotienne ne serait-elle qu'une figure de la logique inaboutie de la contradiction ? Hegel a remarquablement saisi l'enjeu d'une telle éventualité dans la belle et célèbre page de sa *Phénoménologie de l'Esprit* consacrée au *Neveu de Rameau*. Par son « extravagance »[2], la virtuosité musicale perverse du Neveu entraîne tout dans le *pathos* de la musique. La nature physique, la nature vivante, le beau artistique, l'individualité humaine, les organismes éthico-politiques ne pourront jamais se plier au mode de la consonance. C'est pourquoi nous ne devons sans doute pas nous-mêmes céder à la facilité du leurre de la reconnaissance, même tardive, de Diderot, par l'institution philosophique et le tribunal de son histoire. Aurait-il d'ailleurs souhaité cet hommage, lui qui fait si souvent l'éloge de « l'homme original », fort du paradoxe d'être à la fois l'auteur des *Bijoux indiscrets* et le directeur de l'*Encyclopédie*, si étroitement lié aux sciences et techniques de son temps et dénonçant pourtant les illusions des systèmes et des classifications, décourageant d'emblée ceux qui vont tenter l'entreprise de décrypter ses textes ? Tel est l'avertissement du

1. *Revue des deux mondes*, 1866, p. 618, cité par J. d'Hondt (dir.), *Hegel et le siècle des Lumières*, Paris, P.U.F., 1974, p. 110.

2. *Phénoménologie de l'Esprit*, trad. fr. J.-P. Lefebvre, Paris, Aubier, 1990, p. 353 ; trad. fr. B. Bourgeois, Paris, Vrin, 2006.

Discours Préliminaire à *La Promenade du sceptique*: « Les prétendus connaisseurs en fait de style chercheront vainement à me déchiffrer. Je n'ai point de rang parmi les écrivains connus. Le hasard m'a mis la plume à la main. » (I, 71).

Outre ce manifeste, outre cette longue assignation à résidence dans l'enfer de l'histoire de la pensée, la prise de risque est immanente à la démarche théorique et aux effets pratiques de la philosophie de Diderot. La puissance de la censure au temps des Lumières l'atteindra à plusieurs reprises et de diverses manières, jusqu'à le conduire, comme on sait, à la prison de Vincennes après la publication de ses premiers ouvrages[1] et de la *Lettre sur les aveugles à l'usage de ceux qui voient*. C'est que Diderot donne aux matérialismes constitués en son temps une *autre* orientation. C'est qu'il y va d'un recommencement du matérialisme en philosophie et de l'ombre portée de ce matérialisme-là sur l'épistémologie, l'anthropologie, l'esthétique, l'éthique, la politique. Il s'agit de savoir comment penser et vivre une crise des modèles de la connaissance de la Nature sans l'invocation de laquelle il n'est guère de réflexion philosophique au temps des Lumières.

On s'accorde à établir les premières apparitions du mot « matérialiste » autour de l'année 1745, pour désigner des pensées héritières des atomismes antiques, de Bacon, de Gassendi et de Hobbes, de la tradition libertine, du « vitalisme » leibnizien et du « monisme » spinoziste, de l'empirisme de Locke et du scepticisme de Bayle. On voit alors se construire des spéculations sur la matière visant à liquider les idées de Dieu et d'une âme spirituelle, du finalisme et de l'innéisme, des valeurs morales et du droit politique abstrait. Le recours aux sciences expérimentales et à l'observation empirique témoigne de sa fécondité pour saisir les propriétés de la matière dont les phénomènes physiques sont la manifestation de l'unité matérielle du monde. Ainsi en va-t-il de La Mettrie, de d'Holbach, d'Helvétius, de Buffon, de Maupertuis ... Pourquoi pas de Diderot ? Autant il semble juste et fondé de le distinguer de ses contemporains matérialistes en substituant au qualificatif « mécaniste » ceux de « vitaliste », « organiciste », « holiste » etc., autant il semble injuste et infondé de rester hésitant au seuil de cette philosophie de la matière sous le prétexte du caractère inédit de son *style* et de l'explosion extraordinaire de la diversité de ses écrits. On a souligné à l'envi que, non content de se promener dans les paysages de Vernet pour les *Salons*, il s'est consacré à des œuvres licencieuses et à d'improbables

1. La lettre de cachet dénonçait l'auteur de *La promenade du sceptique*, des *Pensées philosophiques*, des *Bijoux indiscrets* et de la *Lettre* de 1749.

romans, qu'il a mêlé tous les genres et tous les styles jusque dans les œuvres philosophiques de facture apparente traditionnelle. Il a ainsi substitué l'humour et le savoir gai au dogmatisme ennuyeux auquel n'échappe pas la tradition matérialiste. Cependant, d'un même geste, Diderot, lui, a fait la preuve de la radicalité de son engagement dans l'article « Spinosiste » de l'*Encyclopédie*. Il y souligne l'irréductibilité des « spinosistes modernes » aux « spinosistes anciens » car, pour les modernes, le principe général de la sensibilité de la matière est démontré par l'articulation des concepts de développement, accroissement et assimilation nutritive. « De là ils concluent qu'il n'y a que de la matière et qu'elle suffit pour tout expliquer » (*Enc.* XV, 474). Cette affirmation présente tous les caractères d'une décision philosophique dès lors que Diderot en maintient à la fois les requisits et les apories d'un bout à l'autre de son œuvre. Dès *Les bijoux indiscrets*, en 1748, qui insistent sur le rôle fondateur de la science expérimentale dans l'entreprise de constitution du savoir humain (I, 102), jusqu'aux *Éléments de physiologie*, œuvre ultime écrite autour de 1780 et publiée de manière posthume (I, 1316) où la cause finale, déjà discréditée par *La promenade du sceptique* et la *Lettre sur les aveugles*, est définitivement déchue, le matérialisme s'édifie sur les ruines du cartésianisme et du newtonianisme. La faillite de ces deux grand systèmes, sans doute abusivement simplifiés par les encyclopédistes, signe la crise d'un modèle épistémologique confiant dans le paradigme mathématique, dans la conception métaphysique d'une étendue purement intelligible et dans la thèse de l'animal-machine. Elle s'accompagne d'une promotion du physiologique dans le spéculatif. Le sens et l'enjeu de cette décision philosophique ne peuvent donc être seulement pensés comme un bouleversement méthodologique, mais comme l'avènement d'une nouvelle ontologie matérialiste. Les sciences nouvelles explorent dans la Nature des objets qui ne peuvent être réduits ni à un procès mécaniste ni à un schème intelligible, qui ne se plient ni à l'ordre de la physique rationnelle ni à celui de l'astronomie. Qu'il s'agisse du renouveau de l'histoire de la terre, de l'organisation du monde végétal et surtout de la connaissance des vivants, poser en principe, avec les « spinosistes modernes », que la matière suffit pour tout expliquer, c'est tout d'abord référer la production des phénomènes naturels à la force active de la molécule et à l'hypothèse que le mouvement est essentiel à la matière comme le soutiennent les *Principes philosophiques sur la matière et le mouvement* en 1770 : « Je ne sais en quel sens les philosophes ont supposé que la matière était indifférente au mouvement et au repos. Ce qu'il y a de bien certain, c'est que tous les corps gravitent les uns sur les autres, c'est que toutes les particules des corps gravitent les unes sur les autres, c'est que, dans cet univers, tout est en translation ou *in nisu*, ou en translation et *in nisu* à la fois» (I, 681). L'ensemble des textes de Diderot confirme cette «certitude» de l'existence de trois sortes de mouvements – gravitation, force interne à la molécule et action réciproque des molécules – et de deux formes d'énergie ou «nisus», potentielle et cinétique. L'appel à l'autorité de l'atomisme lucrétien, ou plutôt à un *De rerum natura* revisité et trahi par une lecture imaginaire, n'y suffira pas. Sous l'influence des chimistes à qui Diderot emprunte l'image de la «fermentation» de l'univers dans «l'immense océan de matière» du *Rêve de d'Alembert* (I, 631), il peut ici rappeler à l'ordre les philosophes qui «oublient que tandis qu'ils raisonnent de l'indifférence du corps au mouvement ou au repos, le bloc de marbre tend à sa dissolution» (I, 681).

Il n'en reste pas moins que cette tentative de fonder sur une ontologie matérialiste le tout des productions naturelles est suspendue à la question irrésolue de savoir si la sensibilité est une «propriété générale de la matière» ou le «produit de l'organisation», alternative interrogée par exemple par le premier Entretien du *Rêve* (I, 619). Une hypothèse permet à Diderot à la fin de son œuvre dans les *Éléments* de substituer à cet indécidable une corrélation cohérente: il convient de combiner les anciennes notions de force morte et de force vive – repensées et redéfinies – avec l'existence de niveaux d'ordre, qui sont aussi des niveaux de vie, dans la matière. Ainsi, il faut soutenir à la fois que la sensibilité est universelle – en toute rigueur il n'y a pas de mort – et que cette sensibilité ne devient effective que dans certaines conditions d'organisation – en toute rigueur il n'y a de mort que relative: «Il y a certainement deux vies très distinctes, même trois: la vie de l'animal entier; la vie de chacun de ses organes; la vie de la molécule» (I, 1279). Outre le secours de la chimie, il faudra l'apport du «principe vital» de la médecine montpelliéraine, et en particulier de Bordeu, pour soutenir l'intuition d'une telle ontologie de la matière. Alors la sensibilité, d'inerte qu'elle était, devient active, comme l'affirme pour la première fois au titre d'un «principe général» une lettre à Duclos du 10 octobre 1765: «Si j'ai dit à celui-ci que la pensée ne pouvait résulter de la transposition des molécules, c'est que la pensée est le résultat de la sensibilité et que, selon moi, la sensibilité est une propriété générale de la matière» (V, 541). Le composé, qu'il soit physique ou organique, est donc l'union de molécules éternelles et inaltérables, poussées par leur sensibilité individuelle à produire des formes. La condition de possibilité d'un tel développement ne requiert pas l'hypothèse d'une quelconque préformation de l'organisation dans l'élément mais l'existence préalable du Tout, compatible avec la mobilité et l'infinité des éléments hétérogènes qui le composent. Voilà le bel embarras qu'il s'agit d'affronter pour tenter de donner une vue d'ensemble de la philosophie de Diderot. Certes la onzième des *Pensées sur l'interprétation de la nature* énonce le fameux principe selon lequel « L'indépendance absolue d'un seul fait est incompatible avec l'idée de tout; et sans l'idée de tout plus de philosophie » (I, 564), mais combien de textes contreviennent à la totalité de ce tout, décrivant les perpétuels changements et vicissitudes de toute chose, les échanges d'identité, à la manière du personnage de d'Alembert dans *Le Rêve*, marmonnant que « Dans cet immense océan de matière, pas une molécule qui ressemble à une molécule, pas une molécule qui se ressemble à elle-même dans un instant [...]. Qu'est-ce qu'un être? la somme d'un certain nombre de tendances ... Est-ce que je puis être autre chose qu'une tendance? » (I, 300 et 312).

Si tel est le lieu où se construit la cohérence contradictoire de l'unité de la philosophie de Diderot, je tenterai de comprendre cette idée d'un tout paradoxalement inachevé, ouvert et changeant, en la mettant en perspective d'une part sur le parti pris *éclectique* de son auteur et d'autre part sur l'hypothèse de la fondation d'un matérialisme aléatoire qui fait de la métaphore du jeu de dés le concept d'un hasard fondateur.

En effet, en rédigeant pour l'*Encyclopédie* l'article « Éclectique » (V, 270), Diderot rejette l'esprit de système au profit de l'esprit systématique, capable de redéfinir l'idée du tout comme forme vivante provisoire, dont l'équilibre est métastable et inquiet. C'est la vicissitude qui engendre l'inventivité éclectique des formes dans la nature, dans la pensée, dans les œuvres d'art, dans la vie sociale; elle aussi qui rend compte de l'éclectisme sceptique de nos sciences, de notre curiosité, de notre désir de savoir – eût-il l'ambition d'une *Encyclopédie*; elle enfin qui envisage l'éclectisme du projet politique d'une stabilisation provisoire de l'espèce humaine, civilisée non par des lois fixes mais par une éducation variable des mœurs relatives et changeantes.

Quant à l'ouverture de *Jacques le fataliste et son maître*, elle est, entre autres, une invitation à un rendez-vous curieusement manqué par Althusser, alors à la recherche d'une philosophie pour le marxisme, matérialisme aléatoire, « refoulé » par le matérialisme de la nécessité[1].

1. Dans son article « Une philosophie pour le marxisme : la ligne de Démocrite », publié avec d'autres sous le titre *Sur la philosophie*, Paris, Gallimard, 1994, p. 29-48, et dans les textes rassemblés par F. Matheron dans les *Écrits philosophiques et politiques*, Paris, Stock/Imec, 1994, étrangement, Althusser ne cite pas Diderot parmi les quelques auteurs qu'il rangerait sous la bannière d'une « histoire » du matérialisme de la rencontre.

L'image du train développée dans le *Portrait du philosophe matérialiste* est fréquente dans les derniers textes d'Althusser : « Il n'y a pas de gare de départ, il n'y a pas de gare de destination. Les trains ne se prennent qu'en marche : ils ne viennent de nulle part et ne vont nulle part. Thèse matérialiste : C'est à cette condition qu'on peut avancer »[1].

Et la célèbre ouverture de *Jacques* :

— Comment s'étaient-ils rencontrés ? — Par hasard, comme tout le monde. — Comment s'appelaient-ils ? — Que vous importe ? — D'où venaient-ils ? — Du lieu le plus prochain. — Où allaient-ils ? — Est-ce que l'on sait où l'on va ? » (II, 713).

Ce rendez-vous manqué et retrouvé à l'insu de ses deux protagonistes me conduit à proposer ici de voir dans le paradoxe philosophique du tout diderotien un dispositif théorique où s'articulent les divers niveaux de sens de la notion de « rencontre » :

– La rencontre des molécules ou la génération des formes physiques et organiques.

– La rencontre affinitaire des éléments de la langue et des styles entre littérature et philosophie ; la rencontre des choses par le jeu du procédé du renvoi des noms dans l'*Encyclopédie* ou l'écriture des formes du savoir.

– La perception des rapports créateurs de la beauté d'une œuvre d'art ou les formes esthétiques.

– La rencontre des membres d'une société selon des circonstances externes et internes qui font le génie et le gueux ou les formes politiques.

Est-il pour autant légitime de lire dans l'ensemble de cette œuvre le projet d'élever la notion de rencontre au statut d'un concept ? L'art de la rencontre, revendiqué par Diderot dans sa vie et sa pensée, est partagé avec les penseurs anciens et modernes, avec les amies, amis et collaborateurs intellectuels et artisans. Un tel engagement dont témoignent l'éclatement des genres et la profusion épistolaire pourrait bien être le miroir de la fondation d'une philosophie de la rencontre. La pensée de Diderot se construit en effet selon une évolution remarquable où s'affirment conjointement un anti-finalisme militant et un matérialisme aléatoire radical. En 1746, le monde des *Pensées philosophiques* reste celui de l'harmonie naturelle, d'un équilibre mécanique compensatoire, sur le fond du débat philosophico-théologique entre Descartes, Malebranche, Régis et Arnaud, dans lequel, malgré les divergences, l'accord se fait sur la nécessité de garantir la perfection du Créateur, que les infractions à l'ordre aient été

1. Dans une lettre à René Diatkine, vers 1972, citée par F. Matheron dans *Écrits philosophiques et politiques*, *op. cit.*, p. 21.

prédéterminées ou accidentelles. L'athée de la vingt et unième des *Pensées philosophiques* (I, 25) et l'aveugle de la *Lettre* sont ceux par qui le scandale arrive! Pour l'athée comme pour l'aveugle, les lois de «l'analyse des sorts», ici sommairement appliquées, permettent d'affirmer que, les combinaisons de la matière étant infinies, il y a une certaine chance que les monstres apparaissent à côté des combinaisons réussies. Mais les monstres sont rares. La suite de l'œuvre de Diderot renonce progressivement à cette doctrine probabiliste pour lui substituer la pensée du tout dynamique que sa sensibilité meut vers la production de formes selon une régulation immanente. La conception «spinoziste» de l'unité et l'anti-finalisme baconien font disparaître le contre-nature et développent une théorie de la différence comme simple variation du tout: «Mais l'ordre général change sans cesse. Les vices et les vertus de l'ordre précédent ont amené l'ordre qui est et dont les vices et les vertus amèneront l'ordre qui suit, sans qu'on puisse dire que le tout s'amende ou se détériore» [1].

Cette tension en appelle à l'éclectisme pour penser les différentes occurrences de la rencontre, selon sa signification privilégiée et son champ d'application: le cas, l'imprévisible, l'accident, le hasard, le procès sans sujet. Quel style inédit de téléologie, quel concept d'équilibre auto organisé à partir du chaos et quel modèle du tout peuvent-ils assurer la fermeté de la cohérence contradictoire de ce matérialisme sans norme ni fin?

1. Diderot, *Éléments de physiologie*, Paris, Honoré Champion, 2004, p. 265.

PREMIÈRE PARTIE

LA RENCONTRE DES MOLÉCULES : LA GÉNÉRATION DES FORMES PHYSIQUES ET ORGANIQUES

CHAPITRE PREMIER

QUEL MODÈLE DE LA NATURE ?

Depuis les ténèbres
Nous pouvons voir
Ce qui est dans la lumière [1].

Sous l'autorité de ce vers de Lucrèce, les premiers mots des *Pensées sur l'Interprétation de la Nature* de 1753 ne sauraient dire plus clairement le projet philosophique de Diderot : « C'est de la nature que je vais écrire » (I, 560). Certes, il n'est guère de réflexion philosophique au temps des Lumières sans l'invocation de la nature. Cependant, les tensions et embarras par lesquels Diderot nous déconcerte sont suscités dans la onzième de ces mêmes *Pensées* (I, 564) par la conception du Tout qui n'est pas le Tout commun de l'histoire de la philosophie naturelle. Si Diderot s'est surtout intéressé aux êtres vivants, l'indiscutable privilège de cet intérêt ne signifie pas qu'il ait négligé l'étude de la physique et des mathématiques dont témoignent articles de l'*Encyclopédie*, essais et mémoires [2]. La réappropriation matérialiste de l'idée de forme qui fait l'originalité de son naturalisme est donc déjà à l'œuvre dans ces disciplines. Dès la *Lettre sur les aveugles* de 1749, Saunderson, aveugle à l'article de la mort, oppose au pasteur Holmes une cosmologie qui rejette toute preuve physico-théologique, relègue la finalité au magasin des absurdités et annonce, avec l'abandon des principes de l'intention et du sens, l'idée d'un Tout accueillant aux vicissitudes : « Pourquoi n'assurerais-je pas des mondes ce que

1. Lucrèce, *De rerum natura*, chant IV, v. 337.

2. En témoignent, entre autres, les nombreux textes rassemblés dès le XIXe siècle sous le titre *Mémoires sur différents sujets de mathématiques* dans l'édition Assézat Tourneux, Paris, Garnier Frères, 1875-1877 et repris par DPV (t. II, p. 260 *sq*.).

j'assure des animaux ? Combien de mondes estropiés, manqués, se sont dissipés, se reforment et se dissipent peut-être à chaque instant dans des espaces éloignés, où je ne touche point, et où vous ne voyez pas, mais où le mouvement continue et continuera de combiner des amas de matière, jusqu'à ce qu'ils aient pu obtenir quelque arrangement dans lequel ils puissent persévérer ? Ô philosophes ! [...] ; promenez vous sur ce nouvel océan, et cherchez à trouver à travers ses agitations irrégulières quelques vestiges de cet être intelligent dont vous admirez tant la sagesse ! » (I, 169). Dans le sillage, entre autres, de la thèse accidentaliste de Louis Lémery parue dans les *Mémoires de l'Académie des Sciences* de 1724 à 1742[1], il faut convenir que la nature est pensable sans ordre préétabli et aborder avec cette arme aussi redoutable que fragile la crise du mécanisme qui marque le « passage » de Descartes à Diderot.

DIDEROT AVEC DESCARTES ET NEWTON

Dans *Les Bijoux indiscrets*, Diderot donne une version inattendue et bouffonne de la controverse entre Cartésiens et Newtoniens, entre « vorticoses » et « attractionnaires » (II, 43), débat qu'il ne va pas radicalement trancher. Au paradigme scientifique cartésien, Diderot substitue, avec d'Alembert, avec Buffon, Maupertuis et Clairaut, la théorie « empiriste » anglaise, celle de Locke, Bacon, Newton et Pope, rejetant ainsi le « ridicule » des tourbillons, la physique de la matière subtile et la métaphysique qui les fonde. Si le Descartes de la *Géométrie*, du *Discours de la méthode* et de la *Dioptrique* reste exemplaire, les *Cinq mémoires de mathématique* adhèrent sans réserve à la physique mathématique newtonienne et même à l'idée de l'action à distance[2]. Mais le caractère irréfutable de l'attraction universelle à l'échelle astronomique laisse ouverte une pléiade d'interrogations, de la physique à l'anthropologie, en passant par la chimie et la biologie, dont les « Questions » des *Pensées sur l'Interprétation de la Nature* donnent quelque idée ; par exemple la question 12 : « L'énergie d'une molécule vivante varie-t-elle par elle-même ? ou ne varie-t-elle que selon la quantité, la qualité, les formes de la matière morte ou vivante à laquelle elle s'unit ? » (I, 598). Seule l'ignorance par laquelle se clôt

1. Sur cette question, je me permets de renvoyer à mon étude parue en 1986 dans le volume VIII des *Recherches sur le XVIIe siècle*, Paris, Éditions du CNRS, p. 29-46.

2. À propos de ces textes et de la signification ambiguë des mathématiques chez Diderot, on peut consulter J.Th. de Booy, *Denis Diderot, Écrits inconnus de jeunesse*, Banbury, 1974, et l'analyse très intéressante d'É. Martin-Haag dans « Diderot et la pensée des mathématiques », *Formes philosophiques et formes formelles*, *Kairos*, VIII, p. 105-132.

l'« Observation » ultime de ces *Pensées* peut rendre compte de l'égale incapacité de Descartes et de Newton à affronter la contradiction entre « la supposition du vide et celle de la variabilité de l'action d'une cause » (I, 600). Ces deux éminents modèles de la nature dans les années 1750 ne conviennent décidément plus. Les raisons du renoncement à l'un et à l'autre ne sont cependant pas identiques ; la construction du modèle diderotien de la nature est sans doute grandement redevable à cette différence dans le rapport à Descartes et à Newton, stimulée et bouleversée par l'intervention de nouveaux philosophes, savants et autres médecins dont la leçon est celle d'une *curiosité* inédite. En effet, la nature « est une femme qui aime à se travestir, et dont les différents déguisements, laissant échapper tantôt une partie tantôt une autre, donnent quelque espérance à ceux qui la suivent avec assiduité de connaître un jour toute sa personne » (I, 565).

À s'en tenir aux formes physiques, qu'est-ce donc que la nature cartésienne ne comprend pas, et quel modèle lui substituer ?

À l'article « Zénon » de son *Dictionnaire*, Bayle donne à Gassendi le loisir d'une revanche posthume contre Descartes, contre les mathématiciens et surtout les géomètres qui « ont établi leur empire dans le pays des abstractions et des idées, et qu'ils s'y promènent tout à leur aise, mais que s'ils veulent prétendre descendre dans le pays des réalités, ils trouvent bientôt une résistance insurmontable » [1]. Cette résistance, à laquelle le *nisus* de l'article « Hobbisme » de l'*Encyclopédie* donnera l'énergie matérielle, dénonce ici le conflit radical qui s'instaure entre la philosophie rationnelle (dont le cartésianisme est le paradigme) et la philosophie expérimentale. Dès *La Promenade du sceptique*, Diderot, en accord avec l'usage de son temps qui refuse le titre de « philosophes » aux auteurs de systèmes, rencontre un cartésien dans l'allée des épines ; il est aveuglé par un épais bandeau et ne retient du *Cogito* que ce qui lui permet d'affirmer l'existence de Dieu (I, 83). Selon la cinquante-huitième *Pensées sur l'interprétation de la nature*, il paraît « aussi impossible que tous les êtres de la nature aient été produits avec une matière parfaitement homogène, qu'il le serait de se les représenter avec une seule et même couleur » (I, 596). Les aphorismes baconiens XX, XXIII, XXVI, de ces mêmes *Pensées* (I, 567, 568, 569) se font l'écho de la séance académique des *Bijoux indiscrets* où « Olibri et Circino se proposèrent l'un et l'autre d'expliquer la nature [...]. On entre sans préparation dans l'école d'Olibri ; tout le monde en a la

1. P. Bayle, *Dictionnaire historique et critique*, 4e éd. Amsterdam, chez Pierre Brunel, 1730, vol. IV, p. 536.

clef [...]. Les tourbillons d'Olibri sont à la portée de tous les esprits » (II, 43). Un peu plus loin, au chapitre vingt-neuvième, Mangogul, que son rêve transporte dans la région des hypothèses incarnée par Platon, interroge : « Quelle est, demandai-je à Platon, cette figure gigantesque qui vient à nous ? – “Reconnaissez l'Expérience, me répondit-il ; c'est elle-même”. À peine m'eut-il fait cette courte réponse, que je vis l'Expérience approcher, et les colonnes du portique des hypothèses chanceler, ses voûtes s'affaisser, et son pavé s'entrouvrir sous nos pieds » (II, 102). La *res extensa*, la matière subtile et les tourbillons ne peuvent supporter la distinction que Diderot attribue au « très inintelligible » Plotin dans l'article « Éclectisme » de l'*Encyclopédie* (*Enc.* V, 289b) entre la définition de la matière première et celle de la matière en général. La nature se rapporte à la matière en général car « les idées de grandeur, d'unité, de pluralité ne lui sont point applicables, parce qu'elle est indéfinie ; elle n'est jamais en repos ; elle produit une infinité d'espèces diverses, par une fermentation intestine qui dure toujours et qui n'est jamais stérile » (article « Péripatéticienne, philosophie », *Enc.* XII, 367a). À l'article « Épicuréisme » (*Enc.* V, 780b), la nature émergée de l'univers immobile et éternel d'Épicure subit néanmoins une éternelle vicissitude grâce à l'« énergie intrinsèque de la matière » qui réside dans les atomes dont elle est composée. Echo sans doute de la vision empédocléenne de l'origine, la nature fut engendrée dans cette matière première composée d'atomes qui se sont mus de toute éternité. Dans la portion d'espace qu'occupent les mondes, l'ordre émergea du chaos, « mélange confus de particules de toute espèce » selon l'atomisme épicurien (article « Chaos », *Enc.* III, 157b), « ce chaos débrouillé et les choses ténébreuses et confuses prenant l'ordre et formant l'aspect que nous leur voyons [...], ce que nous appelons le monde et la nature, selon la doctrine des stoïciens » (article « Stoïcisme », *Enc.* XV, 327b) que Diderot qualifie de ce fait de « matérialistes, fatalistes, et, à proprement parler, athées » (*ibid.*, 528b). Ce sont aussi les Stoïciens qui introduisent dans les *Pensées sur l'interprétation de la nature* l'idée continuiste de la chaîne des êtres, celle du tout ou du « grand tout » qui relativise l'existence des êtres individuels. Diderot se détache résolument du système du Monde cartésien dans *Le Rêve de d'Alembert*, lorsqu'il en appelle au « sophisme de l'éphémère » (I, 633) pour réduire tout dispositif de l'ordre de la nature à la relativité d'un point de vue. Le même *Rêve* choisit le clavecin comme modèle machine de l'animal dont les fibres organiques sont comparées aux cordes vibrantes de l'instrument. Le premier de ses cinq *Mémoires de mathématiques* est publié par Diderot en 1748 ; dans ces *Principes généraux d'acoustique*, partiellement traduits de l'œuvre d'Euler [1], Diderot insiste sur « l'analogie des corps sonores » [2] et sur le fondement acoustique de la théorie musicale [3]. À l'article « Affection » de l'*Encyclopédie* (*Enc.* I, 158), la métaphore par hypallage « cordes vocales », créée par l'académicien Ferrein en 1741 dans ses travaux sur le mécanisme anatomique de la voix [4], rejoint l'hypothèse rêvée par la découverte d'Orcotome, le prête-nom de Ferrein dans *Les Bijoux indiscrets* (II, 140). Par déplacement analogique de la glotte au « bijou », l'âme circule partout dans le corps et brouille l'opposition du spirituel et du matériel grâce à l'usage subversif de ce modèle acoustico-organologique (II, 89). L'article « Affection » compare en effet les hommes à des instruments de musique « dont les cordes sont diversement tendues », d'où les différences de sensibilité « à l'occasion d'un même objet ». Substitué à la machine hydraulique de Descartes, transfiguré par de nombreux appendices – la sensibilité, la mémoire – auxquels d'Alembert ajoute la faculté de se nourrir et de se reproduire, voilà un étonnant clavecin capable d'expliquer tous les phénomènes de la vie, y compris la pensée. Au mécanisme moniste de Descartes, Diderot substitue un monisme de la sensibilité dont le clavecin est l'image éponyme (I, 620).

À s'en tenir aux formes physiques, qu'est-ce donc que la nature newtonienne ne comprend pas et quel modèle de la nature lui substituer ?

Les *Cours* de chimie de Rouelle que Diderot suivit en 1754-1755 et les *Principes philosophiques sur la matière et le mouvement* probablement rédigés en 1770 et publiés par Naigeon en 1792 soulignent, chacun à leur manière, que Diderot était et est toujours resté convaincu du caractère définitif de la découverte de la loi de l'attraction universelle, tout en convenant que sa véracité irréfutable n'était établie qu'à l'échelle astronomique. Il n'empêche que sa filiation avec la longue trajectoire des affinités électives [5] et l'influence, entre autres, des *Lettres à Serena* de

1. Le *Tentamen novae theoriae musicae* avait paru neuf ans plus tôt. Sur l'acoustique, sur le mot et la chose, voir J. Chouillet, *L'Esthétique des Lumières*, Paris, P.U.F., 1974 et A. Cernuschi, *Penser la musique dans l'*Encyclopédie, Paris, Champion, 2000.

2. DPV, II, 263.

3. *Ibid.*, 265.

4. A. Ferrein, *Mémoire*, *Histoire de l'Académie des Sciences*, 1741, p. 409.

5. Sur l'influence de la doctrine chimique du XVIIe siècle au siècle des Lumières, voir les ouvrages d'H. Metzger sur l'histoire de la chimie et, en particulier sur cette question des « affinités électives », *Newton, Stahl et Boerhaave et la doctrine chimique*, Paris, Blanchard, 1930, rééd. 1974. L'idée que la chimie constitue un véritable modèle pour la construction de la pensée de Diderot est développée par F. Pépin dans sa thèse de doctorat soutenue à

Toland[1] pouvaient laisser espérer la détermination du contenu physique de « l'agitation intestine » déjà prêtée à la molécule par les *Pensées philosophiques* (I, 23). En effet, du point de vue de la physique, les *Principes sur la matière et le mouvement* appliquent la perspective lucrétienne de la déviation à la conception newtonienne de la force et à celle de Toland sur l'énergie : « On sait bien qu'il y a une force générale et commune à toutes les molécules du globe que nous habitons, force qui les pousse selon une certaine direction perpendiculaire ou à peu près à la surface du globe ; mais cette force générale et commune est contrariée par cent mille autres. Un tube de verre échauffé fait voltiger les feuilles de l'or » (I, 683). Dans les Cinquièmes conjectures des *Pensées sur l'interprétation de la nature*, l'attraction est supposée être la « cause première » de nombreux phénomènes liés par la condensation et la raréfaction d'éléments à la formation des corps organisés, et ceci parce que la force attractive est susceptible d'être modifiée à l'infini par une infinité de causes interférentes (I, 577). En 1761, les *Réflexions sur la cohésion des corps* consacrent le ralliement de Diderot à l'attraction, admise par lui comme une explication correcte du phénomène général de la cohésion, qui permet de rendre compte de la dureté des corps, de l'adhérence des parties fluides, des fermentations. Il est clair que ces faits ne peuvent être ramenés à l'impulsion comme à leur cause principale.

On connaît la difficulté de l'universalisation d'une telle solution, qui avait conduit Clairaut à proposer une autre hypothèse que celle de Newton : la force qui attire les planètes vers le centre de leur tendance est proportionnelle au carré de la distance. Manifestement, celle avec laquelle les particules de matière physique s'approchent et s'unissent dans les cohésions est plus grande. Ces deux forces ne semblent pas être produites par la même cause. Diderot serait prêt à donner son accord à Clairaut et à accepter le principe d'une double loi de l'attraction si elle était compatible avec les phénomènes. Mais si l'attraction qui est entre les particules suivait la raison inverse du cube, elle serait *absolument infinie* aux points où les particules se touchent. L'univers serait donc constitué de corps parfaitement durs et, contradictoirement, immobile. La difficulté est-elle donc insoluble ? Diderot la résout en remarquant que, puisque la force qui se manifeste dans les cohésions est « très finie », même au point de contact, elle est infiniment

l'université Paris X Nanterre le 19 décembre 2007 : *Philosophie expérimentale et chimie chez Diderot*.

1. Dans ces *Lettres* de 1704, Toland avait proposé une sorte de synthèse entre Leibniz et Spinoza ; elles ne furent traduites en français qu'en 1768 par d'Holbach et Naigeon. Diderot les connaissait-il en 1745 ?

au-dessous de celle que produirait une attraction en raison inverse de toute puissance supérieure au carré. Donc une attraction en raison inverse au carré suffit. Avec cette « solution », Diderot accorde à l'attraction le statut épistémologique selon lequel les effets d'une seule et même cause (l'attraction), peuvent varier dans leurs rapports, sans que la cause elle-même varie dans sa loi ; « il ne faut pour cela que quelques circonstances particulières [...] si, par le concours de quelques circonstances particulières son action se trouvait diversement modifiée »[1]. Voilà qui n'est pas un modèle newtonien de la nature, dès lors qu'il suppose l'imprévisibilité des écarts, présentée à la fois comme principe nécessaire pour expliquer l'agrégation des éléments, mais toujours seulement « conjecturée ». Cependant, ces circonstances particulières sont nommées : extrême petitesse des particules, réciprocité de l'attraction et réciprocité de la pression des particules les unes sur les autres, toutes choses qui ne valent pas pour les planètes. Diderot applique cette hypothèse à plusieurs domaines de la physique, en manière de modèle ou d'illustration de cette conjecture de l'imprévisible écart. Par exemple, au plan de l'acoustique, il s'intéresse à la courbe musicale de Taylor et reprend l'étude de la théorie des vibrations à partir des oscillations étudiées par Sauveur : dans le choc, chaque molécule oscille autour d'une position de repos. La période de l'oscillation dépend de la nature du corps et non de la force du coup[2]. L'intérêt que porte Diderot à ce milieu élastique de l'air agité d'un « frémissement » produit par un son n'est pas sans évoquer la nature du cadre dans lequel il situerait volontiers le développement du premier agrégat.

LA RENCONTRE ALÉATOIRE DES MOLÉCULES

On sait la fréquence et l'intensité des images océaniques dans toute l'œuvre de Diderot ; on n'ignore pas ce passage du *Rêve de d'Alembert* qui, dressant en quelque sorte le bilan des tentatives de déterminer la nature de l'écart originaire et soulignant toute l'ambiguïté de cette première formation de la forme physique, est une fiction de l'origine. « Un fluide agité » ou « deux fluides brouillés au hasard » ou « un paquet de fils » qui se noue et s'embarrasse plus souvent que des soies sur une tournette est « une machine aussi composée qu'un animal, une machine qui naît d'un point, d'un fluide

1. *Réflexions sur une difficulté proposée contre la manière dont les newtoniens expliquent la cohésion des corps et les autres phénomènes qui s'y rapportent*, dans *Mémoires sur différents sujets de mathématiques*, Paris, Assézat Tourneux, Garnier Frères, 1875, t. IX, p. 186.

2. *Principes généraux d'acoustique*, *ibid.*, t. IX, p. 83-132.

agité, peut-être de deux fluides brouillés au hasard, car on ne sait guère alors ce qu'on fait » (I, 644). Sans compter la référence au hasard et les embarras imprévisibles de cet écheveau de fils si fins qu'ils sont comme fluides, cette image instrumentale de la déviation originaire est aussi étrangère à l'automate cartésien, horloge ou catapulte, qu'au modèle newtonien de l'attraction.

L'article « Chaos » de l'*Encyclopédie* souscrit à la conception mosaïque du commencement du monde, « masse informe où les éléments étaient sans forme et confondus » ; cette masse était « couverte d'eau : ce qu'il ne faut entendre ni de l'océan ni d'une eau élémentaire et pure, mais d'une espèce de bourbier dont la fermentation devait produire cet univers dans le temps (*Enc.* III, 157). À l'article « Fluide », d'Alembert fait le lien entre le nisus et la nature du fluide en rappelant que « pour constituer la fluidité, il faut que les parties se séparent les unes des autres et cèdent à une impression si petite qu'elle soit insensible à nos sens » (*Enc.* VI, 881). La filiation avec la chimie et la physiologie est assurée par ce nisus comme le rappelle l'article « Figer » ; il insiste sur le fait que la chaleur est certainement la plus déterminante de toutes ces « circonstances particulières » qui modifient l'effet de l'attraction (*Enc.* VI, 744). Par la chaleur, le mouvement réciproque du fluide vers le solide est provoqué par le rapprochement et l'écartement successifs des particules.

Mais y a-t-il quelque probabilité que ces « circonstances particulières » apparaissent ? La probabilité d'une déviation de l'élément qui suffirait à produire le composé relève-t-elle d'une science physico-mathématique de l'agrégation des formes ?

Toute la question est d'établir comment on pourra amener « rafle de six » en lançant les dés [1] ; autant doter le hasard typographe de la puissance géniale d'écrire les premiers vers de l'*Énéide* de Virgile, hasard annonciateur du « miracle des singes dactylographes » d'Emile Borel [2]. Diderot n'a cessé de reprocher à d'Alembert de ne point avoir fait la distinction entre le possible physique et le possible métaphysique. Pour ce qui concerne notre problème, si on se place dans l'hypothèse métaphysique, c'est-à-dire

1. *Dictionnaire de Trévoux*, 1771, article « Rafle » : « *Rafle*, se dit aussi au jeu de dés, quand les dés qu'on jette amènent le même point. *Rafle* d'as, *rafle* de six, quand les deux ou trois dés dont on joue viennent tous sur l'as ou sur le six. La probabilité d'amener rafle de six avec deux dés est d'1/36 ; avec trois dés d'1/21 ».

2. J. Deprun avait réfléchi sur la belle histoire de ce coup de dés dans son étude « Quand la nature lance les dés » dans les *Actes* du colloque d'Aix, *Le jeu au dix-huitième siècle*, Aix-en-Provence, Edisud, 1976, p. 49-60. Je me permets de renvoyer aussi à mon article « Les adversaires de la métaphore du jeu de dés », dans *Les ennemis de Diderot*, Société Diderot, Paris, Klincksieck, 1992, p. 77-89.

abstraite, un atome d'une dureté absolue animé par le plus petit degré de pesanteur finira par arriver au centre de la terre. Mais si on traite, comme il convient, le problème de croix et pile au plan physico-mathématique, les conséquences qu'on en tirera pour l'atome, c'est que son mouvement n'existera que s'il est soumis au perpétuel changement des causes physiques qui rendent absolument indéterminable le caractère du résultat. « On a beau remuer le cornet, les dés ne s'y meuvent point sur la table du tric trac comme s'ils étaient parfaits. La cause physique a son effet; de là les cartes voûtées, les coups voûtés, et tant d'observations fines de joueurs de profession »[1]. Il nous reste à tout espérer de la contingence du possible physique : « Il n'y a point de petit avantage quand il se réitère; il n'y a de probabilité si petite qui n'ait son effet avec le temps »[2].

Dans ce cadre du schème aléatoire, l'écart hasardeux est responsable de la diversité des formes et le pressentiment aveugle qui guide le jet de dés donne l'impulsion du développement. Mais nulle part un discours de physique ne rend compte chez Diderot de cet obscur « passage » qui reste paradoxe. Pourtant, de cela l'« Oeconomie animale » tire sa cohérence, et Ménuret de Chambaud, auteur de cet article dans l'*Encyclopédie*, ne manque pas d'écrire qu'à la manière de l'assemblage des machines par ressorts, « ce n'est que par la découverte d'un semblable ressort dans l'homme qu'on peut parvenir à connaître au juste et à déterminer exactement la manière d'agir des causes de la vie, de la santé et de la mort » (*Enc.* XI, 362). C'est justement à ce projet qu'il convient, d'après Diderot, d'assigner des limites, pour éviter de se livrer à des suppositions absurdes qui nous obligent à placer une molécule dans une situation tout à fait métaphysique. Tel est le mérite du schème aléatoire qui, tentant de résoudre les impasses du monisme de la sensibilité par la thèse du mutabilisme hasardeux, évite de faire un pas de trop, c'est-à-dire de sortir des limites de la nature, comme le souligne la diatribe contre les causes finales dans la cinquante sixième des *Pensées sur l'interprétation de la nature* : « Supposez une molécule déplacée, elle ne s'est point déplacée d'elle-même » (I, 593). Le jeu de dés est à ce titre un moyen de « protéger l'esprit épouvanté de ce progrès à l'infini » (*ibid.*). Ainsi, Diderot montre qu'une philosophie en *image* qui ne prétend pas à la construction d'un *concept* de l'organisation de la matière,

1. *Sur les probabilités*, dans *Mémoires sur différents sujets de mathématiques*, *op. cit.*, t. IX, p. 205. C'est la thèse « épicurienne » de la vingt-et-unième pensée des *Pensées philosophiques* selon laquelle « le monde résulte du jet fortuit des atomes » (I, 25).

2. *Ibid.*, t. IX, p. 205 et t. I, p. 25.

réalise, par fictions et métaphores, un naturalisme absolu où la nouveauté radicale d'une forme est possible[1].

L'originalité de ce mutabilisme permet de mesurer à la fois l'échec et la réussite du philosophe, eu égard à ses projets : l'unité du Tout est assurée par l'hypothèse de la sensibilité universelle qui règle la relation entre matière brute et matière vivante ; le jeu de dés truqués concilie les inconciliables : la naissance d'une forme est à la fois expliquée par une combinatoire mécanique classique – la nature lance les dés – et par un modèle vitaliste de l'invention – la nature lance des dés pipés. Mais la physique de cette unité n'est pas faite. On laisse à la fiction le soin d'en dessiner la configuration paradoxale selon une stratégie qu'il faut maintenant tenter de restituer, en passant du café Procope aux laboratoires des chimistes. Sur ce chemin, la *libido sentiendi* se satisfera des bizarreries du cabinet des curiosités et autres Académies des curieux[2] pour apprendre enfin auprès des médecins et sur les tables de dissection ce que c'est que vivre, ou comment on fait de la chair avec du marbre !

La puissance créatrice de la métaphore du jeu de dés conduit à une telle démiurgie, transgressant avec insolence les objections et les apories. Dans une note sur la vingt-et-unième pensée des *Pensées Philosophiques*, Voltaire en avait donné la plus terrible version, allant bien au-delà de toutes les subtilités des nombreux adversaires de la métaphore de Diderot : « Vous supposez l'existence de ces dés (il est clair que rafle de six doit arriver) ; mais la question est s'il y aura des dés ; point de dés, point d'arrangement, point d'ordre, sans intelligence. Remuez du sable pendant une éternité, il n'y aura jamais que du sable »[3]. Fût-il soutenu par Jean Meslier, d'Holbach,

1. Dans son étude sur le style de Diderot, J.-P. Seguin a développé la richesse de cette notion de « philosophie en image » appliquée à l'œuvre de Diderot : *Diderot, le discours et les choses*, Paris, Klincksieck, 1978.

2. Après le *Dictionnaire universel* de Furetière, qui évoque en 1690 l'existence d'Académies des Curieux et rapporte la formation d'un Collegium Naturae Curiosorum où d'innombrables titres d'ouvrages proposent des objets « curieux » à des lecteurs « curieux », Fontenelle célèbre Bologne qui, entre toutes les villes d'Italie se distingue par son « académie des sciences qui s'appelle l'académie des Inquiets, nom assez convenable aux philosophes modernes qui, n'étant plus fixés par aucune autorité, cherchent et chercheront toujours » (Éloge des Académiciens, *O.C.* 1818, t. I, p. 436). C'est donc un bien, que l'inquiétude ne puisse se fixer. Cette étonnante Académie dont les membres se font appeler, d'après d'Alembert, à l'article « Académie Royale » de *L'Encyclopédie* (*Enc.* I, 56), abbandonati, ansiosi, confusi, deffetuosi, inquieti, instabili … avait adopté pour devise l'aphorisme de Virgile – Mens agitat molem.

3. *Notes sur les Pensées philosophiques de Diderot* dans l'édition Niklaus des *Pensées*, Genève-Lille, 1950, p. 17. Voir aussi les *Homélies*, *Mélanges*, « Bibliothèque de la Pléiade », Paris, Gallimard, I, *Sur l'athéisme*, p. 1120.

Cyrano de Bergerac et quelques autres, comment le Philosophe peut-il faire tomber l'objection, d'autant qu'il témoigne d'une très grande sévérité à son propre égard ! En effet, lorsque le jet de dés pipés doit rendre compte de la génération du vivant, Diderot lui-même en conteste la pertinence dans une lettre à Sophie Volland du 15 octobre 1759 : « Supposer qu'en mettant à côté d'une particule morte une, deux ou trois particules mortes, on en formera un système de corps vivants, c'est avancer une absurdité très forte ou je ne m'y connais pas [...]. Ce qui a ces qualités [le sentiment et la vie] les a eues et les aura toujours. Le sentiment et la vie sont éternels » (V, 170-171). Il était aisé à Rousseau, qui n'a pas ménagé la quantité et la radicalité de ses objections au jeu hasardeux de Diderot, de s'en tenir à la métaphore telle qu'elle était élaborée jusqu'en 1754, celle d'un lanceur de dés aveugle et automate. Rousseau pouvait alors ne pas daigner « faire un pas pour aller vérifier le mensonge de l'*Enéide* »[1] et affirmer pour la même raison « que les combinaisons et les chances ne donneront jamais que des produits de même nature que les éléments combinés, que l'organisation et la vie ne résulteront point d'un jet d'atomes, et qu'un chimiste combinant des mixtes ne les fera point sentir et peser dans son creuset »[2]. Il convient certes de se défier de « peloter avant partie » comme certains joueurs du dix-huitième siècle en évoquant ici de manière prématurée la question des formes vivantes. Mais cette anticipation permet de remarquer que les objections à la métaphore des dés – y compris celles de Voltaire et de Rousseau – tombent dès que s'ouvre la possibilité de poser le problème de la molécule en dehors de tout contexte mécaniste. S'il y a dans la nature comme dans presque tous les jeux des choses de pressentiment qui se sentent et ne se calculent point, une fois le jeu de dés envisagé comme jeu de pressentiment, la molécule s'organise selon un schème aléatoire dans le dynamisme de la sensibilité inerte-vivante. Dès lors, le lanceur de dés est toujours aveugle mais animé par le pressentiment de son lancer.

On pourrait ainsi dresser la liste des objections les plus solides forgées par les adversaires de la métaphore du jeu de dés : Le vivant ne peut naître du mort ; il faut tricher ; il faut piper les dés ; le monde est un désordre incréé d'atomes ; la métaphore du jeu de dés fait l'objet d'un jugement constitutif ; il faut affirmer une conception infinitiste de l'univers ; l'attraction universelle est elle-même soumise à l'aléatoire ; il faut conjecturer un chaos

1. Rousseau, Lettre à J. Vernes du 17 février 1758, *Correspondance complète*, R. A. Leigh (éd.), Genève-Oxford, Voltaire Foundation, 1965-1998, t. V, p. 205.

2. *Ibid.*

originaire fluide; une philosophie de la métaphore n'est pas une philosophie.

Diderot en avait autant que Rousseau la claire conscience : dès lors que l'on quitte le dispositif mécaniste qui n'a qu'une fonction illustrative, on est contraint à une philosophie de l'image où la métaphore prend alors une fonction constitutive. Les *Éléments de physiologie* le soulignent : « Aussitôt que vous avez supposé la sensibilité continue, vous avez la raison d'une infinité de divers effets, ou touchers » (I, 1268). Cette continuité de la sensibilité fournit un jeu d'analogies entre le physique et le physiologique, qui permet à la fois de sortir de la vision taxinomique du vivant et du schème mécaniste de la formation des formes. « L'aventure hardie de la raison »[1] menée par ceux qui défendent « le principe insondable pour nous d'une organisation originaire »[2] a l'audace d'atteindre la limite impossible de l'image artisanale de l'organisation. Seul le jugement réfléchissant devrait pouvoir nous fournir un analogon de l'organisation vivante sous la forme des produits de l'art. Est-ce à dire que Diderot nous invite à explorer l'idée d'une version matérialiste de ce jugement réfléchissant ?

C'est bien à une représentation de la molécule qu'il nous convie : tout est là pour que la molécule et son mouvement soient imaginables : différentes les unes des autres et différentes d'elles-mêmes à chaque instant, les molécules se meuvent dans l'océan de matière qu'évoque le *Rêve*, océan qui n'est rien d'autre que la dissemblance, c'est-à-dire la tension entre les éléments. Attribuer aux molécules, dans l'océan de ces tensions, une capacité à s'organiser, une puissance à produire une forme, c'est leur accorder une qualité individuelle et une force de différenciation originelles ; c'est ce dont le personnage de Diderot entretient le personnage de d'Alembert dans la première partie du *Rêve* : « Si dans l'univers, il n'y a pas une molécule qui ressemble à une autre, dans une molécule pas un point qui ressemble à un autre point, convenez que l'atome même est doué d'une qualité, d'une forme individuelle » (I, 619). Par glissement et confusion, la trajectoire de Lucrèce s'associe à la monade dans l'article « Leibnitzianisme » de l'*Encyclopédie* pour affirmer la diversité des substances chimiques. La cinématique classique, sous la forme de l'étude des mouvements vibratoires sur une corde d'instrument de musique, complète les données de la chimie : le frémissement du corps qui accompagne le choc résulte d'une infinité de points vibrants répartis entre des points immobiles. On pourra se

1. Kant, *Critique de la faculté de juger*, § 80.
2. *Ibid.*, § 81.

représenter quel frémissement doit être attribué à un point vibrant infiniment petit, pour qu'un système de particules engendre un système composé, puis, par un nouveau choc des systèmes mixtes, et ainsi de suite jusqu'au tout hétérogène.

Tel est l'avertissement de Diderot, déjà évoqué plus haut, qui ouvre les *Pensées sur l'interprétation de la nature* : « C'est de la nature que je vais écrire » (I, 560) ; mais telle est aussi sa décision : privilégier dans cette étude de la nature celle des formes organiques, vivantes. On comprend à ce titre l'importance du laboratoire du chimiste où « sont contrefaits l'éclair, le tonnerre, la cristallisation des pierres précieuses et des pierres communes, la formation des métaux et tous les phénomènes qui se passent autour de nous, sous nos pieds, au-dessus de nos têtes » (*Enc.* Discours Préliminaire, I). Diderot a le souvenir des quatre années passées dans le laboratoire de Rouelle et souscrit à l'article « Chimie » de l'*Encyclopédie* signé par Venel. C'est là que la génération du vivant esquisse ses traces primitives dans le passage de la contiguïté à la continuité des éléments. C'est là que la « rencontre » des molécules invente la multiplicité des formes, des plus banales et fréquentes aux plus extravagantes et rares.

CHAPITRE II

UNE PHILOSOPHIE DU VIVANT

L'âme, me répondit-elle,
mais on fait de l'âme
quand on fait de la chair [1].

« Qu'est-ce que l'animal ? voilà une de ces questions dont on est d'autant plus embarrassé, qu'on a plus de philosophie et plus de connaissance de l'histoire naturelle. Si l'on parcourt toutes les propriétés connues de l'animal, on n'en trouvera aucune qui ne manque à quelque être auquel on est forcé de donner le nom d'animal ou qui n'appartienne à un autre auquel on ne peut accorder ce nom.[...] Cependant qu'est-ce que l'animal ? c'est, dit M. de Buffon, *Histoire générale et particulière*, la matière vivante et organisée qui sent, agit, se meut, se nourrit et se reproduit » (*Enc.* I, 468).

La fréquentation des laboratoires des chimistes, l'attention portée aux observations des micrographes et des botanistes mais aussi la découverte de véritables philosophies biologiques dans les théories anatomiques et physiologiques des médecins sont autant de tentatives d'éclairer le processus de la génération des êtres vivants. Cela signifie, pour la période qui nous occupe, tenter de résoudre deux problèmes :

– Comment rendre compte de l'ordre du *développement* d'une individualité (organe ou organisme) à partir de ses éléments constituants ?

1. *Lettre* aux dames Volland, 10 août 1769, *Correspondance*, éd. cit., V, 960.

c'est le problème de l'*evolutio*, au sens que le dix-huitième siècle réservait à ce terme[1].

– Comment rendre compte de la formation même du germe ou de la semence à partir des éléments de la matière ? C'est la question même de la genèse.

Dans la configuration philosophique à laquelle Diderot appartient et qu'il contribue à instituer, les problèmes de la nature de l'espèce, de la génération et de la ressemblance ne peuvent plus être résolus par l'idée d'une création simultanée. Le cadre de la théodicée qui a soutenu les débats philosophiques et les doctrines anatomiques à l'Académie des Sciences de Paris dans la première moitié du siècle n'est plus un recours. Il avait pourtant proposé des « solutions » très claires et très profondes aux questions qui nous occupent : le système de la préexistence des germes avec génération par emboîtement et formation accidentelle des monstres (Malebranche, Louis Lémery) ; le même système avec préexistence des germes monstrueux (Régis, Winslow) ; l'idée de variétés vivantes fixes et préétablies selon une suite harmonique de compossibles (Leibniz) ; la conjecture de l'association d'une âme à la mécanique de la semence pour assurer son animation et rendre possible son développement (deux versions essentielles de la préformation atomiste : Gassendi, Sennert). La domination de la doctrine de la préexistence à partir de 1670 a fait perdre toute validité aux diverses conceptions de l'épigenèse que le début du dix-septième siècle avait repensées et rénovées à partir des théories de l'Antiquité.

LE PROBLÈME DE LA GENÈSE ET DU DÉVELOPPEMENT DE L'ANIMAL

Ce cadre est devenu totalement étranger à la question de savoir comment rendre compte de l'assemblage de ces unités élémentaires dont la tradition mécaniste de son côté ne parvient pas à faire surgir une individualité vivante. D'où la nécessaire innovation imposée à ces « francs-tireurs »[2] des sciences du vivant au tout début de la deuxième moitié du dix-huitième siècle. La *Vénus physique* de Maupertuis paraît en 1745, les premiers chapitres de l'*Histoire naturelle* de Buffon, la *Lettre sur les*

1. Sur les variations de la signification de ces notions, voir l'étude de G. Canguilhem, « Du développement à l'évolution », *Revue Thalès*, 1960, t. 2, p. 2-65.

2. C'est ainsi que les nomme J. Roger dans son ouvrage fondamental, *Les sciences de la vie dans la pensée française du dix-huitième siècle*, Paris, Armand Colin, 1963.

aveugles de Diderot et la *Protogée*[1] de Leibniz paraissent en 1749, Diderot rédige pour l'*Encyclopédie* l'article « Animal » en 1751. La notion de « moule intérieur » est l'un des outils théoriques essentiels de ces philosophies corpusculaires de la matière vivante. Buffon qui, à cette date, est le plus systématique, mais non le seul représentant de la restauration d'une hypothèse qui reconduit aux atomismes antiques, la définit comme une « empreinte originaire » dans laquelle se coulent les molécules organiques, et qui subsiste en son entier dans chaque individu ; les individus, puisqu'ils ne sont pas tous semblables, ne sont donc pas semblables *en tout* au modèle dont ils portent l'empreinte[2]. L'hypothèse commune à ces « francs-tireurs » est celle de forces organiques qui assurent l'assemblage des particules vivantes orienté vers la constance d'une forme grâce à leur mémoire intérieure ; cette mémoire présente une élasticité telle que l'assemblage tolère cependant un « jeu », une contingence, dans la genèse de l'organisation d'un vivant, soit la possibilité des différences, des variations, voire du difforme.

La continuité de la chaîne des êtres, jusqu'alors radicale – soit sous la forme d'une série simple soit sous la forme hiérarchique de l'Echelle – se voit interrompre par des *accidents* qui procèdent soit de la contingence interne à l'assemblage des particules (ce sera l'hypothèse-limite de Maupertuis et de Diderot), soit de la contingence relative à l'intervention de circonstances extérieures responsables de dégénérations (ce sera l'hypothèse-limite de Buffon). Seule une réflexion nouvelle sur le sens philosophique de la notion d'*accident* autorise ces auteurs à rendre compte de ces ruptures et discontinuités de la chaîne des vivants sur le fond de la constance de la morphogenèse garantie par le moule intérieur. La configuration philosophique dans laquelle la métaphore du moule intérieur se construit à partir de 1745, expressément nommée ainsi par Buffon ou autrement désignée – psychisme élémentaire ou mémoire des particules chez Maupertuis, inquiétude automate ou sensibilité sourde de la molécule chez Diderot – ne pouvait offrir que des conditions d'accueil très défavorables à cette notion. Les accusations d'illégitimité et d'inconséquence étaient

1. C'est sans doute sur les conseils du chevalier de Jaucourt éditeur de la *Théodicée* ou sur ceux de Buffon (?) que Diderot achète en 1752 ce texte de Leibniz où il trouvera, à travers la traditionnelle doctrine mosaïque de la formation de l'univers, l'idée d'une matière liquide dont les forces en fusion font émerger des formes.

2. « L'empreinte originaire subsiste en son entier dans chaque individu ; mais quoiqu'il y en ait des millions, aucun de ces individus n'est cependant semblable en tout à un autre individu, ni par conséquent au modèle dont il porte l'empreinte », *Histoire Naturelle*, Supplément, III, Imprimerie Royale, Le cheval, p. 42.

inévitables à partir du moment où nulle expérience ne pouvait produire une authentique « vérification ». En accablant l'insuffisance rhétorique de cette métaphore, les ennemis de la philosophie matérialiste et de la théorie épigenétiste de la génération ont souligné l'importance de l'enjeu par la violence de leurs attaques. Voltaire, Malesherbes, Haller, Bonnet, Lelarge de Lignac [1] sont solidaires dans l'énumération de leurs griefs : le terrain de l'histoire naturelle, improprement déplacé sur le terrain de la métaphysique est entraîné à de fausses hypothèses ; le moule intérieur ne permet pas de rendre compte de la transmission par les parents à leurs enfants de parties qu'ils ne possèdent pas ; comment une molécule définie inaltérable peut-elle prendre la forme d'une partie et se mouler sans subir un processus d'assimilation ? Il ne faut pas réduire la génération à la reproduction de la ressemblance puisque précisément il n'y a pas d'indiscernables et que les êtres engendrés ne sont jamais la mimesis de leurs parents. La défense de la thèse de la préexistence des germes et la critique de la génération spontanée mènent Lelarge de Lignac et Voltaire jusqu'au sarcasme, en particulier contre Buffon. Celui-ci décrit les processus d'organisation du vivant grâce à cette extravagante métaphore, en utilisant le vocabulaire de l'alimentation, de la nutrition, de l'assimilation, de la fermentation et de la putréfaction, que Diderot emprunte, lui, aux chimistes, et dont il donne plusieurs versions « sexualisées » en particulier avec son mortier et son pilon au tout début du *Rêve*.

Il n'est guère possible de donner une description plus claire de cette métaphore et de ces processus de développement qu'en reprenant le texte de Buffon, sans pouvoir ici le mentionner en son entier : « Il suffit de concevoir que dans la nourriture que les êtres organisés tirent, il y a des molécules organiques de différentes espèces ; que, par une force semblable à celle qui produit la pesanteur, ces molécules organiques pénètrent toutes les parties du corps organisé, ce qui produit le développement et fait la nutrition ; que chaque partie du corps organisé, chaque moule intérieur, n'admet que les molécules organiques qui lui sont propres [...]. Il y a donc dans la nature des qualités, même fort actives, qui pénètrent les corps jusque dans les parties les plus intimes : nous n'aurons jamais une idée nette de ces qualités, parce que, comme je viens de le dire, elles ne sont pas

1. Voltaire, surtout dans les *Éléments de la philosophie de Newton* (édition Moland, t. XXII), Malesherbes dans les *Observations sur l'Histoire naturelle générale et particulière de Buffon et de Daubenton* (Paris, 1798), Haller dans les *Réflexions sur le système de la génération de M. de Buffon* (Genève, 1751), Bonnet dans les *Considérations sur les corps organisés* (Amsterdam, 1762) Lelarge de Lignac dans les *Lettres à un Amériquain sur l'Histoire naturelle de M. de Buffon* (Hambourg, 1751).

extérieures, et que par conséquent elles ne peuvent pas tomber sous nos sens; mais nous pouvons en comparer les effets, et il nous est permis d'en tirer des analogies pour rendre raison des effets de qualités du même genre »[1].

En rédigeant en 1751 l'article « Animal » pour l'*Encyclopédie* et en se référant à Buffon auquel l'article ne fera pas totalement allégeance, Diderot interroge déjà la pertinence du modèle chimique pour résoudre le problème de la génération, celui du « passage »[2] de la matière inerte à la matière vivante. Vingt ans plus tard, dans la trilogie du *Rêve*, cet énigmatique passage dont la vraie raison définitivement échappe, n'échappe pas moins à la tradition iatromécaniste. *Le Rêve* le présente en effet comme une assimilation par réorganisation et incorporation d'éléments par un organisme, de telle sorte qu'il sera possible de comprendre que c'est bien une organisation matérielle qui sent et pense et que la pierre souffre même si c'est « dur à croire »[3]. En rédigeant le *Cours* de chimie de Rouelle[4], Diderot s'appuie sur la longue et solide tradition qui mène de l'alchimie aux chimistes et aux médecins de l'*Encyclopédie* pour qui l'assimilation obéit au modèle de la digestion.

« Avant l'assimilation il y avait deux molécules, après l'assimilation, il n'y en a plus qu'une » (I, 626). En prenant l'exemple de l'union de deux gouttes de mercure, Mademoiselle de Lespinasse fait observer au personnage de Bordeu dans *Le Rêve* qu'il faut construire le concept de « contact » tel qu'il puisse rendre compte du mode d'unité spécifique à la génération de l'animal. Alors que la mécanique des fluides maintient l'hétérogénéité et l'extériorité des parties d'un être, le modèle chimique permet de penser le contact comme une puissance de libération d'une sensibilité potentielle, inhérente à la matière mais d'abord inactive : « Un tissu de matière sensible, un contact qui assimile, de la sensibilité active ici, inerte là, qui se communique comme le mouvement, sans compter, comme il l'a très bien dit, qu'il doit y avoir de la différence entre le contact de deux molécules sensibles et le contact de deux molécules qui ne le seraient pas » (*ibid.*). L'article « Menstrues », article de chimie rédigé par Venel pour l'*Encyclopédie,* renvoie à l'article « Mixtion » et ironise sur les tortures que s'infligent les mécanistes, comme Boerhaave cité ici, pour se représenter un tout

1. *Œuvres philosophiques de Buffon*, « Corpus des philosophes français », Paris, P.U.F., 1954, p. 387.

2. *Réfutation d'Helvétius*, I, 798 et nombreuses occurrences dans le *Rêve de d'Alembert*.

3. Premier Entretien du *Rêve*, *I, 611*.

4. *Cours de Rouelle*, rédigé par Diderot, DPV, vol. IX.

homogène (*Enc.* X, 340). Les *Éléments de physiologie* renchérissent au tout début du chapitre « Animal » : « L'animal, suivant quelques auteurs, est une machine hydraulique. Que de sottises on peut dire d'après cette unique supposition ! »[1]. Les rôles du *latus*, de la chaleur et de la fermentation, servent de médiation pour comprendre comment une rencontre contingente d'éléments matériels hétérogènes peut donner naissance à un tout homogène possédant des propriétés spécifiques. Ce triple processus caractérise la définition chimique du terme de digestion par lequel le processus d'animalisation du marbre au début du premier dialogue du *Rêve* retrouve, par-delà la conception rouellienne des combinaisons des corps, d'anciens préceptes alchimiques et le thème de la lenteur des rencontres affinitaires : « Lorsque le bloc de marbre est réduit en poudre impalpable, je mêle cette poudre à de l'humus ou terre végétale; je les pétris bien ensemble; j'arrose le mélange, je le laisse putréfier un an, deux ans, un siècle, le temps ne me fait rien » (I, 613). À l'instar du chimiste qui élabore une théorie des corps sans solution de continuité entre les éléments et leurs agrégats, Diderot évite la rupture entre l'humus et l'homme en introduisant le *latus*, c'est-à-dire la plante. En d'autres termes, et pour reprendre un mot de Needham, il s'agit de déterminer la nature de ce « quelque chose »[2] qui agit à l'intérieur du mélange, c'est-à-dire de rien moins que d'en finir avec la distinction entre sensibilité inerte et sensibilité active. L'influence conjuguée de l'« anguillard »[3] que je viens de citer, du médecin Bordeu et du savant d'Alembert, une fois repensée à nouveaux frais et rectifiée, permet de donner quelque idée de la « doctrine » diderotienne de la génération et de la physiologie d'un vivant, à la fois de sa brillante ingéniosité et des difficultés qu'elle laisse en suspens.

D'Alembert, dans son *Traité de dynamique* de 1743, avait montré que c'est en ôtant les obstacles qui empêchent le mouvement de s'effectuer, que l'on peut concevoir le passage de la force morte à la force vive. Diderot s'empare du résultat de la démonstration du savant, le transporte analogiquement sur la relation entre sensibilité inerte et sensibilité active, instaurant ainsi la « thèse » de la sensibilité universelle comme propriété

1. Édition des *Éléments de physiologie*, établie par P. Quintili, Paris, Honoré Champion, 2004, p. 120. Sauf mention contraire, je me réfère à cette édition pour les *Éléments*.

2. *Nouvelles observations microscopiques ; avec des expériences intéressantes sur la composition et la décomposition des corps organisés*, Paris, 1750.

3. « Le Jésuite irlandais » ou « l'Anguillard », c'est ainsi que Voltaire désignait aimablement l'abbé Needham, dont les premières observations microscopiques parurent à Londres en 1745 et furent traduites en français en 1747.

de tous les corps. Le personnage de Diderot au début du premier Entretien du *Rêve* recourt à une image en guise de preuve: « Supprimez, par une raréfaction subite, l'air qui environne cet énorme tronc de chêne, et l'eau qu'il contient, entrant tout à coup en expansion, le dispersera en cent mille éclats. J'en dis autant de votre propre corps » (I, 612). Au scepticisme du personnage de d'Alembert qui avoue ne pas trop comprendre ce passage de l'inerte à l'actif, son compère lui répond tranquillement par un « phénomène commun », celui de l'alimentation: « Oui; car en mangeant, que faites-vous? Vous levez les obstacles qui s'opposaient à la sensibilité active de l'aliment; vous l'assimilez avec vous-même; vous en faites de la chair; vous l'animalisez; vous le rendez sensible; et ce que vous exécutez sur un aliment, je l'exécuterai quand il me plaira sur le marbre » (I, 612-613). C'est ce qui adviendra peu après à la statue de Falconet pulvérisée dans un mortier. Contre Voltaire et Spallanzani, dans le sillage des expériences de Trembley sur les polypes, Needham, sur la foi d'une multiplicité d'expériences faites sur la génération spontanée des êtres microscopiques [1] et la conception épigénétique du développement voit naître dans ses fioles « de parfaits Zoophytes pleins de vie et se mouvans d'eux-mêmes ». Corroborant ces données par beaucoup d'autres dont celles d'Adanson et de Fontana sur une algue, la *tremella*, paradigme du végéto-animal, le chapitre II, « Animal », des *Éléments de physiologie*, dit la « folie » de Diderot sur la dynamique de l'épigenèse, de manière conclusive: « Il n'est pas nécessaire que ce qu'on appelle le germe ressemble à l'animal. C'est un point de conformation donné dont le développement produit un tel animal. Les molécules éparses, qui doivent former le germe se rendent là nécessairement: rendues, elles forment un pépin; ce pépin n'a qu'un développement nécessaire; c'est un arbre; ainsi de l'animal, ainsi de l'homme » [2]. La leçon médicale de l'organicisme de Bordeu est ici à la fois prise à témoin et critiquée: analogiquement, la question médicale de la propagation de la douleur d'un point à un autre et le problème du passage du germe à l'animal exigent, pour Diderot contre Bordeu, la substitution de la continuité à la contiguïté.

Quelle physiologie, quelle configuration de l'organisme, peut s'accorder à une telle vision de la génération du vivant?

1. Les deux plus célèbres furent réalisées l'une avec une fiole de jus de viande rôtie stérilisée par la chaleur, l'autre avec une infusion de blé broyé. *Les Nouvelles Observations* (*op. cit.*) en rendent compte et en tirent la conclusion qui suit, p. 235-236.

2. *Éléments de physiologie*, *op. cit.*, p. 134.

LA CHAIR ET SES MÉTAMORPHOSES

Pour tenter de l'établir, je remarque que le matérialisme de Diderot conjecture la rencontre des molécules dans une perspective épigénétique, rencontre dont le principe ou le « tissu » est la *chair* – notion dont la présence et l'importance soulignent l'orientation d'une science du vivant vers la construction de l'unité d'un principe de vie. Le néologisme « animaliser », cité ci-dessus et dont l'œuvre de Diderot ne donne que cette unique occurrence, dans *Le Rêve*, invite à chercher l'unité de ce principe dans l'univers réel et imaginaire de la nutrition, de l'alimentation, de l'incorporation. En faisant de la digestion une opération qui pourrait avoir sa place dans un dictionnaire des arts et métiers, Venel, qui rédige l'article « Digestion » pour l'*Encyclopédie*, prépare l'image du philosophe au pilon : « Nous avons déjà observé que la partie vraiment alimenteuse des aliments préexistait dans ces aliments ; [...] Un chimiste qui veut séparer une résine d'un bois, le divise ordinairement par une des opérations qu'il appelle *préparatoires* : il le pile, il le rape &c. la mastication répond à cette opération préparatoire : il le place ensuite dans un vaisseau convenable ; l'estomac & les intestins sont ce vaisseau : il emploie un menstrue appropriée ; les sucs digestifs sont ce menstrue : il applique une chaleur convenable ; la chaleur animale est suffisante pour la *digestion* » (*Enc*. IV, 1001). Si l'on affirme, avec les *Éléments de physiologie*, « la différence de la machine de chair et de la machine de fer ou de bois, de l'homme, du chien et de la pendule » (I, 1273), on conviendra, avec ces mêmes *Éléments*, de « regarder la sensibilité, la vie, le mouvement, comme autant de propriétés de la matière : puisqu'on trouve ces qualités dans chaque portion de matière, dans chaque particule de chair » (*ibid*., 1282).

L'écriture philosophique de ces textes, comme celle des *Salons*, s'efforce d'inventer un style qui porte cette doctrine de la chair au degré spéculatif qu'elle fonde : vocabulaire sensuel, chirurgical, phraséologie des viscères, des organes, de la pourriture, des « ordures » comme le personnage de d'Alembert le reproche plaisamment à Bordeu dans le *Rêve* (I, 645). Alors que *Le Rêve* n'évoque qu'une « substance molle, filamenteuse, informe, vermiculaire, plus analogue à la racine d'une plante qu'à un animal » (I, 643) pour évoquer la formation première de l'animal, le chapitre II de la première partie des *Éléments de physiologie* décrit l'expérience de pensée d'un fabuleux médecin : « Piquez le cœur d'un animal vivant, il a son mouvement : amputez ce cœur, piquez-le, mouvement : coupez-le en morceaux, piquez ces morceaux, même phénomène.

Sur le champ de bataille les membres séparés s'agitent comme autant d'animaux: preuve que la sensibilité appartient à la matière animale »[1]. L'incertitude des conjectures scientifiques n'est pas contradictoire avec leur portée ontologique. C'est l'essence même de tout être de la nature que nous révèle sa chair. Les peintres en savent l'extrême difficulté dont la fascinante *Raie dépouillée* de Chardin en est comme l'image éponyme. « L'objet est dégoûtant, mais c'est la chair même du poisson. C'est la peau; c'est son sang » écrit Diderot (IV, 265), signifiant que le regard du spectateur, fût-il « dégoûté » est affecté par la vérité même[2]. « Ô Chardin, ce n'est pas du blanc, du rouge, du noir, que tu broies sur ta palette; c'est la substance même des objets » (*ibid.*).

L'article « Accroissement » de d'Alembert (*Enc.* I, 87), et celui de Tarin (*Enc.* I, 87-90 et dans le Supplément)[3], les articles « Incarnatif » du chirurgien Louis (*Enc.* VIII, 642) et l'article « Fibre » de d'Aumont (*Enc.* VI, 662) désignent la texture de la chair comme la partie élémentaire du corps animal, diversement nommée brin, fil, filet qui se rencontrent en se mêlant et s'emmêlant selon le niveau d'ordre de l'organisme dont ils configurent la structure : « La vie de l'animal entier, la vie de chacun de ses organes, la vie de la molécule »[4].

Certes, sans les médecins, Bordeu, Fouquet, Lacaze, d'Aumont, Menuret de Chambaud ... et, à travers eux, sans Haller et Glisson, jamais les *Pensées sur l'interprétation* ni *Le Rêve* n'auraient construit l'organisation du corps et son embryogénie comme l'araignée tisse sa toile. On ne saurait douter du célèbre aveu de Diderot dans ses *Éléments de physiologie* : « Pas de livres que je lise plus volontiers que les livres de médecine, pas d'hommes dont la conversation soit plus intéressante pour moi que celle des médecins »[5]. Mais là comme ailleurs dans son œuvre, en prenant appui sur les connaissances et découvertes de son temps, Diderot transfigure son étude du vivant pour jeter les éléments d'un matérialisme inédit et d'un style philosophique novateur.

1. *Éléments de physiologie*, *op. cit.*, p. 121-122.

2. R. Démoris dans *Chardin, la chair et l'objet*, Paris, Adam Biro, 1991, p. 64, évoque le cri de Raymond Queneau : « J'ai failli pleurer en déchiffrant cette épouvantable figure. Non, cela n'est pas possible, l'existence de la raie ».

3. Sur les débats qui ont présidé à la répartition de ces articles et sur les renvois, L. Pérol propose une analyse précieuse dans son article « Les articles *Chair* de l'Encyclopédie », dans les Actes d'un colloque *La Matière et l'Homme dans l'Encyclopédie*, Paris, Klincksieck, 1998, p. 91-104.

4. *Éléments de physiologie*, *op. cit.*, p. 126.

5. *Ibid.*, p. 351.

La conjecture proposée par le personnage de Bordeu dans *Le Rêve* à partir de l'image de la toile d'araignée est celle de la formation de l'embryon qui, au premier stade de son développement est un point vivant imperceptible[1], composé de molécules produites par la rencontre des deux semences. Ce point vivant se développe en un « fil délié », le « fil d'or très pur » du second dialogue (I, 626), qui se déploie lui-même en un faisceau de fils dont la multitude de brins se métamorphose pour une part en organes divers, pour l'autre part en chair, lieu de l'ensemble des sensations du toucher dans tout le corps; ce sont là les brins « qui n'ont pas de nom », sinon celui de la « sensibilité pure et simple » (I, 641). Tous ces brins, minces, déliés et flexibles se mêlent en un paquet de fils ou faisceau de fils ou faisceau de filaments dont la configuration particulière signe la physiologie d'une espèce.

Dès ses premiers travaux sur la sensibilité *ou* sentiment, puis par l'exposé définitif de sa physiologie dans ses *Recherches sur les glandes* en 1751 et dans ses *Recherches sur l'histoire de la médecine* en 1768, Bordeu, en héritier critique du « vitalisme » de Glisson et de l'« animisme » de Stahl, avait établi une théorie non mécaniste du vivant. Haller, fidèle aux esprits animaux, avait nié toute possibilité d'attribuer à la fibre nerveuse une « force d'oscillation » et de comparer les nerfs à des cordes tendues et vibrantes. Les fibres nerveuses sont, de ce fait, seules le siège de la sensibilité ; au gluten des fibres musculaires est réservée l'irritabilité. Bordeu, au contraire, attribue la « tension » générale de la vie à l'oscillation qui se transmet d'un bout à l'autre du nerf : « Ainsi, l'animal proprement dit se réduit à cet espèce d'organe niché dans la tête, dans le creux des vertèbres, et qui se prolonge jusqu'aux extrémités »[2]. L'une des preuves pour Diderot de cette puissance fondatrice de la vie de l'animal, de cette capacité de chaque brin à former un organe, c'est la mutilation ou la duplication des filets olfactifs ou des filets auditifs, « ce que nature fait quelquefois » (I, 643). Il en résultera des infirmes, des monstres ou des êtres fabuleux. Ce pouvoir des fils de se métamorphoser assure l'unité d'une espèce et sa différence originaire et première mais aussi l'unité du moi, ses modifications et ses altérations. Tout dépend de la « tension », du « ton », de « l'énergie » des brins parcourus d'une extrémité à l'autre : ainsi, « on est ferme si d'éducation, d'habitude ou d'organisation, l'origine du faisceau

1. C'est d'Alembert qui fera les frais de cette embryologie dans le premier entretien du *Rêve* (I, 614) qui renie les germes préexistants en racontant de manière très irrévérencieuse l'histoire de la conception et de la naissance de Jean-le-Rond !

2. *Recherches sur l'histoire de la médecine* dans *Œuvres Complètes*, Paris, 1818, II, chap. VII et VIII, p. 676.

domine les filets ; faible au contraire s'il en est dominé » (I, 656). De cette « tension » dépendent encore les variétés de l'espèce humaine et la généalogie des hommes de génie. Julie s'amuse à loisir à monter et démonter la machine-Newton en mêlant et démêlant le « paquet de fils » auteur de l'attraction universelle comme elle fait de l'écheveau des soies sur sa tournette (I, 665-666) ! Restent énigmatiques la distinction entre la fonction de digestion dans l'estomac et la fonction de la conscience de soi dans les méninges, ainsi que le « passage » du point vivant au fil délié puis au faisceau. Il faudra se contenter de la sentence selon laquelle « la fibre est un animal simple, l'homme un animal composé » (I, 653) et attendre les *Éléments de physiologie* pour voir soulignée par l'idée de « sympathie » l'analogie forte entre la genèse et la fonction d'un organe et celles de l'animal entier : « Chaque organe a son plaisir et sa douleur particulière, sa position, sa construction, sa chair, sa fonction, ses maladies accidentelles, héréditaires, ses dégoûts, ses appétits, ses remèdes, ses sensations, ses mouvements, sa nutrition, ses stimulants, son traitement approprié, sa naissance, son développement. Qu'a de plus un animal ? »[1].

Si Diderot est contraint de demeurer relativement silencieux quant au statut « scientifique » du rôle organisateur de la sensibilité à partir de ces fils, filets, fibres et brins, il en construit la synthèse proprement spéculative, à la manière de ses amis philosophes, Buffon, Maupertuis, La Mettrie et de quelques penseurs naturalistes visionnaires comme Jean-Baptiste Robinet ou Charles Bonnet. Lorsque Diderot utilise ailleurs que dans *Le Rêve* l'image de l'araignée, son usage nous rappelle qu'elle vient de l'article « Spinoza » du Dictionnaire de Bayle. Le dogme stoïcien de « l'âme du monde » et la conception de la nature chez les spinozistes « modernes » qui la soutiennent donnent à penser que les fils s'étendent au tout du corps à partir du cerveau, mais aussi au tout du monde à partir du Tout. Chaque fois que Diderot l'évoque, dans le *Salon de 1767*, dans les *Éléments de physiologie*[2], dans l'article « Asiatiques » (philosophie des) de l'*Encyclopédie* (*Enc.* I, 752), l'image de ce « paquet de fils » dont les extrémités s'étendent à tout attire notre attention sur la généalogie des trois dialogues du *Rêve* : le « programme » du *Rêve* est annoncé surtout dans les quinze Questions par lesquelles s'achèvent les *Pensées sur l'interprétation de la nature* et dans les *Pensées* L et LV où l'apostrophe de Diderot donnera lieu aux réponses de Maupertuis en appendice à son *Système de la nature* de 1756. Si l'ombre du « spinozisme athée » dont Diderot menace Maupertuis plane sur *Le*

1. *Éléments de physiologie*, *op. cit.*, p. 336.
2. *Ibid.*, p. 122.

Rêve, les points vivants qui deviennent des fils déliés naissent de cette sorte de monadologie physique à laquelle s'apparente la philosophie maupertuisienne de la vie. Une filiation leibnizienne complexe et non dépourvue de contradictions fait du paragraphe LIV du *Système de la nature* un objet d'examen privilégié pour la lunette matérialiste du *Rêve* : « Chaque élément, dans son union avec les autres, ayant confondu sa perception avec les leurs, et perdu le sentiment particulier du soi, le souvenir de l'état primitif des éléments nous manque, et notre origine doit être entièrement perdue pour nous »[1]. Les étonnantes propriétés des fils et des filets de l'araignée de Mademoiselle de Lespinasse et du délire de d'Alembert doivent ainsi être rapportées à une philosophie de la vitalité fondée dans un principe organique sensible matériel. Toutefois, cette proposition doit être corrigée par le scepticisme du chapitre II de la première partie des *Éléments* : « Le cerveau ou le cervelet avec les nerfs qui n'en sont que des expansions, filamenteuses et solides, forment un tout sensible, continu, énergique et vivant : il ne faut pas chercher comment ce tout vit, nous l'ignorons »[2].

Ainsi, la physiologie de Diderot, dans le sillage de sa conception de la génération des vivants, thématise la rencontre des molécules et des organes végétaux, animaux et humains par l'image de l'araignée « à réseaux infinis » (I, 640) dont les fils « s'étendent à tout » (I, 639). La continuité de la vibration des fils, leur rencontre en un faisceau ou un réseau sont soutenues par des processus d'incorporation, d'assimilation, de digestion, que l'on est tenté de rapprocher des mythes de l'imaginaire sexualisé de l'alimentation[3]. Sans doute faut-il, dans ces années 1750, pour contourner l'idée d'âme et aller si loin dans le matérialisme, recourir à la métaphore faute de disposer d'un concept adéquat. Ce n'est pas faiblesse théorique ou insuffisance spéculative. L'enquête philosophique, au contraire, s'accorde à la pratique de la métaphore en préférant l'esquisse dont Diderot loue l'esprit d'invention dans le *Salon de 1767* à propos du peintre Hubert Robert : « Pourquoi une belle esquisse nous plaît-elle plus qu'un beau tableau ? C'est qu'il y a plus de vie et moins de formes. À mesure qu'on

1. *Système de la nature*, Paris, Vrin, 1984, p. 172.

2. *Éléments de physiologie*, *op. cit.*, p. 126.

3. Dans un article très suggestif paru dans la Revue *Dix-huitième siècle*, « Un exemple d'imaginaire scientifique et philosophique : le complexe de Jonas et le mythe de la digestion dans l'*Entretien entre d'Alembert et Diderot* », n° 37, Paris, 2005, p. 467-481, F. Chassot développe la signification des images diderotiennes de la nutrition, essentiellement à partir des mythologiques de Bachelard.

introduit les formes, la vie disparaît» (IV, 714). Il s'agit bien des métaphores-concepts et non des métaphores usées que Nietzsche dénigre dans *Le Livre du philosophe* [1].

La dispersion des fibres puis leur reconstruction en toile d'araignée ne saurait produire l'unité stable d'une forme fixe. Le seul transcendantal de cette physiologie est la *métamorphose*. Ce qui entraîne, en ce point du trajet de Diderot, au moins deux conséquences : d'une part, la formation des êtres ne peut avoir de point d'achèvement; il faut s'attendre à de l'inédit; d'autre part, et surtout au plan anthropologique dans sa présente dimension physiologique, l'individu, le moi, l'identité personnelle, ne sont envisageables qu'en termes de flux, de tendance, de vicissitude. Les contes de Diderot en disent autant là-dessus que les ouvrages de philosophie naturelle : le Neveu, ou Jacques, ou d'autres, échangent aisément leur personnage avec un comparse du même roman, ou, pourquoi pas, avec le lecteur lui-même? Le rejet du dualisme «cartésien» des substances est la première règle du jeu des métamorphoses où l'on «fait de l'âme quand on fait de la chair» [2]. Si le schème cartésien de la machine peut avoir une fonction explicative, son usage ne peut être qu'anti-cartésien : le rejet du dualisme de l'âme et du corps a pour corollaire la distinction essentielle entre l'homme et les animaux. En décrivant le poussin, dans *Le Rêve*, Diderot dit à d'Alembert : «il a toutes vos affections, toutes vos actions, il les fait». Et un peu plus loin : «Prétendrez-vous avec Descartes que c'est une pure machine imitative? [...] mais on en conclura contre vous qu'avec une matière inerte, de la chaleur et du mouvement, on obtient de la sensibilité, de la vie, de la mémoire, de la conscience, des passions, de la pensée» (I, 618). Or toute matière est sensible ou organique, ou potentiellement sensible ou organique. Diderot prend ainsi parti pour la sensibilité universelle de la matière parce que cette hypothèse obscure illumine tout autour d'elle, parce qu'elle est une supposition qui explique tout, parce que si rien ne la prouve tout l'exige, parce qu'enfin elle seule peut donner à la nature l'unité hors de laquelle «il n'y a point de philosophie» selon le paragraphe LVIII des *Pensées sur l'interprétation de la nature* (I, 596).

Mais comment constituer une idée de la matière qui prenne la forme d'un dispositif d'intégration d'éléments sensibles selon un principe d'ordre régional ouvert et inachevé?

1. Nietzsche, *Le livre du philosophe*, trad. fr. A. Kremer-Marietti, Paris, Aubier Flammarion, p. 181-182.

2. Référence donnée ci-dessus en exergue à ce chapitre, p. 33.

CHAPITRE III

LA MATIÈRE FAIT DE L'ESPRIT

Si un esprit fait de la matière, pourquoi
de la matière ne ferait-elle pas un esprit ?[1].

Le trajet philosophique de Diderot dans son enquête sur l'idée de matière est tracé d'une part par les traditions aristotélicienne, lucrétienne, empiriste, médicale, d'autre part par la filiation newtonienne chimique et biologique, enfin par le Tout spinoziste et la machine naturelle leibnizienne. Cet impressionnant carrefour d'influences est marqué par l'exigence de penser la matière à différents niveaux. Savons-nous ce qu'est la matière? Une première approche peut dérouler grossièrement le fil historique du développement des réflexions de Diderot sur cette obsédante question: dans les années 1745 et jusqu'aux deux *Lettres*, dans le cadre d'une philosophie naturelle, la matière n'est pas nommée; elle est l'état ou la substance qui donne à percevoir des corps extérieurs, des matières, des choses individuelles. Le champ métaphorique qui prend alors en charge ce moment est celui des métaphores convenues, celles de l'énigme de la nature voilée, cachée derrière les formes infiniment changeantes et variées qu'elle offre au regard. Le philosophe, le comédien et le médecin sacrifient conjointement la rhétorique de la métaphore à la production d'une simple technique de l'expression imitative. La comédie de la nature, la comédie du comédien, le diagnostic du médecin se jouent et se jouent si bien qu'ils expriment ce qu'on prend pour tel; mais l'illusion n'est que pour nous. À ce statut naturaliste de la matière convient la métaphore réduite à la forme, la simple illustration, l'image.

1. *Entretien d'un philosophe avec la Maréchale de **** (I, 938).

Deuxième moment : le souci de nourrir la recherche philosophique de références aux lois physiques accomplit dans les sept conjectures des *Pensées sur l'interprétation de la Nature* la définition de la matière comme système de particules en mouvement, soutenue par la métaphore du choc. Dans les autres articles du même ouvrage et dans la trilogie du *Rêve*, la faillite du mécanisme engendre, comme on sait, l'idée de la matière comme action de molécules sensibles hétérogènes. Les métaphores de cette dynamique inquiète se multiplient autour de la plus féconde, celle du jeu de dés. La métaphore ici n'est pas simple forme, mais *sens*. La tension entre dénotation et connotation a quelque chance de nous conduire à l'agitation intestine des molécules qui permet déjà au philosophe aveugle de la *Lettre* d'assurer des mondes ce qu'il assure des animaux (I, 169).

Troisième moment : le scandale des aveugles et des monstres, la fréquentation de Maupertuis, des chimistes et des médecins conduisent Diderot à un geste de rupture qui met en évidence les limites de son monisme matérialiste : l'ordre des relations des êtres matériels, de leur production et de leurs mouvements n'épuise pas le *principe* de la matière désormais posée comme énergie vivante dans le cadre d'un mutabilisme aléatoire. Telle était bien d'ailleurs l'intuition initiale de Diderot qui, dès l'article « Animal » de l'*Encyclopédie* en 1751 avait posé la conjecture d'un passage par degrés de la matière morte à la matière vivante. Les métaphores alors convoquées, de la trilogie du *Rêve* aux *Principes sur la matière et le mouvement* et aux *Éléments de physiologie*, au-delà de la forme et du sens ont un pouvoir de création ; elles sont la force productive de l'idée même. *La lettre sur les sourds et muets* en décrit le processus : « Les pensées s'offrent à notre esprit, je ne sais par quel mécanisme, à peu près sous la forme qu'elles auront dans le discours et, pour ainsi dire tout habillées » (IV, 16). Dans un passage célèbre du *Rêve*, la grappe d'abeilles « *est* un être, un individu, un animal quelconque » (I, 627) et, réciproquement, « le monde ou la masse générale de la matière *est* la grande ruche » (*ibid.*). Il faut alors oser penser que si, au plan de la métaphore, la forme se fait sens, puis force, c'est qu'au plan de la matière, la substance se fait action, puis énergie. La cohésion de l'univers matériel n'exige ni le requisit de l'équilibre stable, ni celui de la totalité. Mettons-nous « à l'application » comme l'abbé de la promenade de Vernet dans le *Salon de 1767* : « Ce monde n'est qu'un amas de molécules pipées en une infinité de manières diverses. Il y a une loi de nécessité qui s'exécute sans dessein, sans progrès, sans effort, sans intelligence, sans progrès, sans résistance dans toutes les œuvres de la Nature » (IV, 597). Une nécessaire entreprise critique est ordonnée à la radicalité de cet appel du « véritable » et du rejet de la fausse métaphysique.

Fausse, c'est la métaphysique du Système, du dogmatisme, c'est l'idéalisme, le finalisme créationniste, les mécanismes, les préformationnismes qui ont en commun de ne pouvoir alléguer aucune expérience valide pour remplir leurs spéculations oiseuses, leurs abstractions vides ou « galimatias »[1] !

POUR UNE MÉTAPHYSIQUE MATÉRIALISTE

À l'article « Encyclopédie » de l'*Encyclopédie*, Diderot souligne que « tout art, toute science a sa métaphysique. Cette partie est toujours abstraite, élevée et difficile [...]. Il est de la dernière importance de bien exposer la métaphysique des choses ou leurs raisons premières et générales ; le reste en deviendra plus lumineux et plus assuré dans l'esprit » (*Enc.* V, 643). Le reste, c'est l'anthropologie, la physique, la chimie, la physique des vivants, voire la philosophie de la nature. Mais ce n'est pas avec cela qu'on tiendra les promesses du programme, car, comme le précise l'article « Métaphysique », forcer un peintre, un poète, un musicien, un géomètre, à en venir à la métaphysique, ce n'est pas se contenter de lui faire exhiber ses opérations, mais lui demander d'en « rendre compte » (*Enc.* X, 440), c'est-à-dire d'aller à « la science des raisons des choses » (*ibid.*). Et l'article poursuit : « Tout a sa métaphysique et sa pratique : la pratique sans la raison de la pratique, et la raison sans l'exercice ne forment qu'une science imparfaite » (*ibid.*).

Ce premier requisit – l'instance de la pratique dans la théorie – de la « véritable » métaphysique, est plus qu'un indice : il y va de la possibilité de jeter les bases d'une « métaphysique matérialiste ». De ce point de vue, l'intérêt de la *Lettre sur les aveugles* est d'ouvrir le « chantier » de cette mise en œuvre, d'en proposer les éléments déjà inaugurés par plusieurs des *Pensées philosophiques* de 1746 et confortés par les nouvelles réflexions et rencontres de Diderot entre 1746 et 1749 : *Les Bijoux indiscrets* et *La promenade du sceptique* témoignent d'un recul de ses préoccupations religieuses et de la lecture de Lucrèce ; par le biais du *Dictionnaire* de Bayle, la double perspective d'un atomisme réformé et de l'idée « alchimique » de

1. Galimatias ou galimathias ; trois occurrences dans *Le Rêve* (I, 619, 625, 666). Diderot utilise ce mot, comme ses contemporains, pour désigner un argument abstrait et proche du délire. Par exemple, on ne sait pas de quoi on parle quand on s'oppose, comme le fait le personnage de d'Alembert dans le dialogue à « la supposition simple qui explique tout, la sensibilité, propriété générale de la matière ou produit de l'organisation » (I, 619). Quiconque, comme d'Alembert, s'oppose à cette hypothèse, verse dans le galimatias « métaphysico-théologique » (*ibid.*).

l'archée, fonde la possibilité d'une redéfinition de l'âme, à laquelle la fréquentation de La Mettrie et de d'Holbach n'a certes pas apporté une mince contribution ! De toute première importance aussi, parmi les sources de la *Lettre*, l'adhésion à la « preuve » de la génération spontanée, apportée par Needham et que Buffon partage au moins provisoirement à cette date avec Diderot. Ce n'est que plus tard, juste avant la rédaction du *Rêve,* que les *Letters to Serena* de John Toland seront traduites en français en 1768, introduisant l'idée de l'inhérence du mouvement à la matière.

Encore faut-il savoir pourquoi Diderot confie à des aveugles la mission de la mise en « chantier » de son matérialisme naissant. Quel était en effet aux yeux de ses détracteurs le point central ou le fondement de la « mauvaise métaphysique », cette métaphysique de l'aveuglement dont il s'agit de lever le voile pour découvrir dans l'invisible qu'elle cachait, la véritable raison des choses ?

Ce point central, c'est le principe d'équilibre ou le principe d'ordre, ou point d'harmonie. Les déséquilibres et les irrégularités sont conjurés par le balancement ou le dédommagement. Diderot, encore sous l'influence de ce modèle juridique de la merveilleuse harmonie dans les *Pensées* de 1746, en donne de nombreux exemples, comme celui de la méchanceté de Racine « balancée » par son génie. Le déploiement de ce principe d'équilibre assurait l'ordre au plan anthropologique – il y a un espace commun à tous les hommes – au plan gnoséologique – la communauté des sens et des signes est l'espace commun des idées – et au plan ontologique – l'unité des êtres se rapporte à l'unicité de l'Être. Déjà les injonctions des athées dans les *Pensées philosophiques* et dans *La Promenade*, les provocations de l'« âme vitale » de Mirzoza dans *Les Bijoux indiscrets* avaient de quoi ébranler cette raison-là des choses, mais l'irruption de l'aveugle dans la *Lettre* fait éclater cette raison en multiples interrogations : parce que l'aveugle est un monstre et non un malade ou un infirme, ne faut-il pas substituer à la norme l'idée de variations oscillatoires, de métastabilité, de variations inédites ? Parce qu'il jette le trouble dans la communauté et la vicariance des sens, n'oblige-t-il pas à y introduire de l'altérité, du conflit, des spécificités irréductibles ? Autrement dit, et l'existence d'une anthropologie et d'une éthique d'aveugle sinon des cultures d'aveugles, le confirmeraient s'il le fallait, comment faire place à la combinaison, dans l'expérience, du processus-sujet et du processus-objet, ou comment se représenter qu'au bout de ces processus matériels s'effectue le mouvement de la pensée ?

Avec *L'aveugle clairvoyant*[1], Diderot procède à ce renversement d'équilibre, par conjectures et interrogations. C'est dans l'*Entretien avec la Maréchale de **** que le renversement est sans doute le plus explicite, mais aussi le plus railleur : « Si un esprit fait de la matière, pourquoi de la matière ne ferait-elle pas un esprit ? »[2]. Mais le ton est déjà donné dans la *Lettre*, en deux seules occurrences où la même conjecture est proposée : d'abord dans le passage où est décrite la vie quotidienne de l'aveugle du Puiseaux : « Comme ils voient la matière d'une manière beaucoup plus abstraite que nous, ils sont moins éloignés de croire qu'elle pense » (I, 148) ; puis, dans la conclusion, dont certes le ton désabusé appuyé par la référence à Montaigne ne doit pas nous faire négliger la portée sceptique sans non plus la surestimer jusqu'à en faire une profession de foi sceptique : « Car que savons-nous ? Ce que c'est que la matière ? nullement ; ce que c'est que l'esprit et la pensée ? Encore moins ; ce que c'est que le mouvement, l'espace et la durée ? point du tout ; des vérités géométriques ? [...]. Nous ne savons donc presque rien » (I, 184-185). Ces éléments pour une enquête matérialiste sur l'idée de matière ayant été rassemblés et proposés de manière conjecturale, il s'agit maintenant de s'employer à résoudre les questions que les aveugles clairvoyants ont permis de dégager, les seules questions qui valent pour cette « métaphysique véritable ». Car, si nous ne savons rien, ou presque, à qui la faute ?

LA SENSIBILITÉ GÉNÉRALE DE LA MATIÈRE

On aurait toute raison de penser que la faute, si elle est partagée, incombe néanmoins surtout à ces gens singuliers rencontrés dans l'Allée des marronniers de *La Promenade du sceptique* « dont chacun soutient qu'il est seul au monde » (I, 105), ces solipsistes qui admettent l'existence d'un seul être, eux-mêmes. L'un d'entre eux, citant approximativement Condillac, déclare au narrateur son « égotisme » : « soit que je m'élève jusque dans les nues, soit que je descende dans les abîmes, je ne sors point de moi-même et ce n'est jamais que ma propre pensée que j'aperçois » (*ibid.*)[3]. Dans la *Lettre sur les aveugles*, à l'occasion de l'inventaire des

1. C'est le titre que Diderot s'était d'abord proposé de donner à la *Lettre*.

2. La citation et sa référence sont données en exergue à ce chapitre, p. 47.

3. Citation approximative de Condillac, *Essai sur l'origine des connaissances humaines*, I, 1, 1. Diderot reprend le même passage dans la *Lettre sur les aveugles* (I, 164), dans l'*Apologie de M. l'abbé de Prades* (I, 533) et dans l'*Essai sur les règnes de Claude et de Néron*, II, 31 (I, 1149) où il l'attribue à Berkeley.

solutions proposées par divers philosophes au problème de Molyneux[1], c'est à la fois grâce à Berkeley et par sa faute que Diderot se voit mis en demeure de tenter de construire sa propre idée de la matière. Colas Duflo fait remarquer à ce propos qu'à l'article « Matière » de l'*Encyclopédie*, recopié de la *Cyclopaedia* de Chambers par d'Alembert (*Enc*. X, 189-195), ce dernier supprime le passage de l'article consacré à Berkeley[2] et à son doute quant à la possibilité de dire de la matière si elle est et ce qu'elle est. Ce sont ces mêmes doutes que Diderot, dans la *Lettre sur les aveugles* attribue, dans leur rapport aux thèses de Condillac, à « un « système extravagant qui ne pouvait, ce me semble, devoir sa naissance qu'à des aveugles ; système qui, à la honte de l'esprit humain et de la philosophie, est le plus difficile à combattre quoique le plus absurde de tous » (I, 164). La prise au sérieux de Berkeley par Diderot à l'occasion du problème de Molyneux est certes suscitée par sa lecture de la *Dioptrique* de Descartes et des *Trois dialogues entre Hylas et Philonous* ; mais comment un disciple de Condillac ne serait-il pas « piqué » de « voir aux prises deux ennemis dont les armes se ressemblent si fort ? » (*ibid.*). Cette pensée abstraite, digne des aveugles, signifie-t-elle la conversion du matérialisme en idéalisme lorsqu'il s'agit de définir la matière ?[3].

Dans la *Lettre*, en effet, Diderot est pour une part d'accord avec Berkeley pour qui la matière n'est qu'un mot, dès lors que nous n'avons que des idées particulières qui sont les qualités sensibles hétérogènes ; or la matière est une idée générale et l'existence d'un support commun aux idées sensibles n'existe pas, puisqu'elles sont hétérogènes[4].

C'est sur le sens de « l'abstraction » que Diderot se sépare de Berkeley dès la *Lettre* en soulignant la supériorité des aveugles dans les questions de

1. Sur cette question, on peut consulter la présentation du troisième mémoire de Jean-Baptiste Mérian par F. Markovits : *Sur le problème de Molyneux*, suivi de *Mérian, Diderot et l'Aveugle*, Paris, Flammarion, 1984 ; les numéros 18 et 19 de la revue *VOIR (barré)*, Bruxelles, mai et octobre 1999 – *L'invention de l'aveugle* et *Le problème de Molyneux* – et le numéro 28 de la revue *Recherches sur Diderot et sur l'*Encyclopédie, consacré à la *Lettre sur les aveugles*, Paris, Klincksieck, avril 2000.

2. C. Duflo, *Diderot philosophe*, Paris, Honoré Champion, 2003, dont je reprends ici l'analyse concernant la « rencontre » Diderot-Berkeley, en particulier p. 172-180.

3. J. Deprun souligne la relative confusion de Diderot qui rapproche Condillac et Berkeley en mêlant solipsisme, subjectivisme et « idéalisme », dans son article « Diderot devant l'idéalisme », *Revue internationale de philosophie*, Paris, 1984, p. 148-149.

4. Berkeley développe sa position philosophique et le bien-fondé de la « solution » qu'il propose au problème de Molyneux dans sa *Nouvelle théorie de la vision*, G. Brykman (éd.), *Œuvres I*, Paris, P.U.F., 1985, p. 200 *sq*. Elle propose un commentaire détaillé de cette « solution » berkeleyenne dans son ouvrage *Berkeley ou le voile des mots*, Paris, Vrin, 1993.

pure spéculation « car l'abstraction ne consiste qu'à séparer par la pensée les qualités sensibles des corps, ou les unes des autres, ou du corps même qui leur sert de base; et l'erreur naît de cette séparation mal faite, ou faite mal à propos; mal faite, dans les questions métaphysiques; et faite mal à propos dans les questions physico-mathématiques » (I, 151)[1]; mais la tentative d'une véritable réfutation de « l'immatérialisme » suppose de donner une architecture philosophique à cette idée abstraite générale de matière, de la *construire*, ce à quoi vont surtout s'employer les *Principes sur la matière et le mouvement* et *Le Rêve de d'Alembert* dont les arguments essentiels sont rappelés plus haut.

Il est remarquable que le programme de cette construction d'une idée matérialiste de la matière soit annoncé par Berkeley dans le deuxième des *Trois dialogues entre Hylas et Philonous* : Hylas ayant accepté la définition de la *Matière* « dans l'acception commune et courante du mot »[2], comme « une substance étendue, solide, mobile, non pensante et inactive », Philonous lui fait accorder aisément l'impossibilité de l'existence d'une telle substance et ajoute que même sans cela, « comment ce qui est inactif, peut-il être une cause; comment ce qui ne pense pas peut-il être cause de pensée ? »[3]. Ce scepticisme radical, qui était chez Locke une hypothèse, peut se remplir d'un contenu matérialiste si la matière est d'abord douée de sensibilité, ce que les textes de Diderot, à partir du *Rêve* et jusqu'aux *Éléments* vont s'efforcer de montrer, en substituant à l'évêque de Cloyne « le philosophe au pilon »[4] avec son mortier et son *latus*.

La très belle lettre à Sophie Volland du 17 octobre 1759 annonce le monisme matérialiste des dernières œuvres en dénonçant comme « une absurdité très forte » (*Correspondance*, V, 171) la formation d'un corps vivant à partir de la juxtaposition de particules mortes. Dès lors que « ce qui vit a toujours vécu, et vivra sans fin [et que] la seule différence que je connaisse entre la mort et la vie, c'est qu'à présent vous vivez en masse, et que dissous, épars en molécules, dans vingt ans d'ici vous vivrez en détails » (*ibid.*), les amants matérialistes peuvent croire en l'amour éternel ... à leur façon : « Si les molécules de votre amant dissous venaient à s'agiter, à se mouvoir et à rechercher les vôtres éparses dans la nature ! Laissez-moi cette

1. Je reviendrai sur le problème de l'abstraction dans la deuxième partie de cet ouvrage, consacrée aux formes du savoir.

2. Berkeley, *Trois dialogues entre Hylas et Philonous*, trad. fr. A. Leroy, Paris, Aubier Montaigne, 1944, p. 108-109.

3. *Ibid.*

4. C'est l'une des qualifications attribuées par P. Hartmann à Diderot dans *Diderot, la figuration du philosophe*, Paris, José Corti, 2003, p. 147.

chimère; elle m'est douce; elle m'assurerait l'éternité en vous et avec vous» (*ibid.*, 172). Chimère, cette hypothèse qui est cependant plus philosophe que sa rivale spiritualiste, exclue de la scientificité moderne, dans les marges de la *Lettre sur l'homme et ses rapports* du platonicien Hemsterhuis ? Chimère, le refus d'appeler à son secours, à la manière du dualisme idéaliste, « une cause inintelligible, contradictoire dans ses effets et ses attributs, et obscurcissant la question plutôt qu'elle ne l'éclaircit, me suscitant mille difficultés effrayantes, pour une qu'elle ne lève pas » (I, 707) ? Le mouvement est inhérent à la matière active, éternelle et sensible; il n'y a pas là de contradiction, alors que si l'on suivait les arguments d'Hemsterhuis, « si l'on se permettait de pareilles suppositions en physique, cette science se remplirait de mots vides de sens » (*ibid.*). Pourtant, si ce n'est pas une chimère, l'hypothèse du passage de la matière inerte à la matière sensible qui se substitue, à partir du *Rêve* à celle du passage de la matière morte à la matière vivante ne résout pas la question de l'origine de la sensibilité de la matière. La sensibilité physique est décidément l'objet d'une alternative antagonique irréductible, sans doute l'arme critique la plus aiguisée contre la cohérence du matérialisme diderotien, et, au-delà, du matérialisme aléatoire : « la sensibilité physique, propriété générale de la matière *ou* résultat de l'organisation » (I, 619 et 797). Il faut donc continuer à mener l'enquête en s'appuyant, faute de concept démonstratif ou de savoir métaphysique de ce qu'est la matière, sur ces métaphores-concepts déjà évoquées plus haut et auxquelles Diderot a recours en lançant un appel aux matérialistes à venir dans la *Réfutation d'Helvétius* : « J'invite tous les physiciens et tous les chimistes à rechercher ce que c'est que la substance animale, sensible et vivante » (I, 797) même si « la sensibilité générale des molécules de la matière n'est qu'une supposition qui tire toute sa force des difficultés dont elle débarrasse, ce qui ne suffit pas en bonne philosophie » (I, 798). Métaphore-concept, le développement de l'œuf, expérience de pensée à la fois contre les germes préexistants, les mystères de la foi et les systèmes théologiques, apostrophe lancée au personnage de d'Alembert par celui de Diderot dans le premier Entretien du *Rêve* contre tous les dogmatismes et obscurantismes : « Voyez-vous cet œuf ? c'est avec cela que l'on renverse toutes les écoles de théologie et tous les temples de la terre » (I, 618). En effet, car l'allégation d'un « germe » *enveloppé* et inerte ne peut rendre compte en rien du processus de son *développement*; il faudra recourir à une épigenèse à propos de laquelle d'Alembert montrera « du sens et de la raison » s'il avoue qu'entre l'animal et lui « il n'y a de différence que dans l'organisation » (I, 618).

Si l'effet philosophique de ce premier élément d'enquête n'est rien moins que négligeable, que dire de la métaphore du polype, cet « insecte aquatique » selon l'*Encyclopédie* (*Enc.* XII, 945), dont Abraham Trembley avait découvert la « reproduction merveilleuse » (*ibid.*) par boutures, métaphore privilégiée par Diderot, non seulement à propos de la question de la génération et de la physiologie mais à propos de la nature elle-même, dans la lettre à Sophie citée plus haut : « Nous jugeons de la vie des éléments par la vie des masses grossières. Peut-être sont-ce des choses bien diverses. On croit qu'il n'y a qu'un polype ; et pourquoi la nature entière ne serait-elle pas du même ordre ? Lorsque le polype est divisé en cent mille parties, l'animal primitif et générateur n'est plus ; mais tous ses principes sont vivants » (V, 171) ? Si une telle « assiette »[1] du matérialisme de Diderot peut encourager sa hardiesse dans la lettre à Duclos du 10 octobre 1765 – « selon moi, la sensibilité est une propriété universelle de la matière » (V, 541) – la nature polypeuse de la matière, source de multiplicités, de métamorphoses, de productions imprévisibles, hétérogènes, d'inachèvement, ne repousse-t-elle pas la difficulté en contrevenant au « discours de la méthode » diderotien ? Souvent invoqué, déjà annoncé dès 1745 dans la traduction de l'*Essai sur le mérite et la vertu* de Shaftesbury – « Dans l'univers tout est uni. Cette vérité fut un des premiers pas de la philosophie [...]. Plus on voit loin dans la nature, plus on y voit d'union » (DPV, I, p. 313) – il est rappelé, entre autres, par la onzième des *Pensées sur l'interprétation de la nature* déjà évoquée ici : « L'indépendance absolue d'un seul fait est incompatible avec l'idée de tout ; et sans l'idée de tout, plus de philosophie » (I, 564). Mais comment en rendre raison « si l'état des êtres est dans une vicissitude perpétuelle ? » (I, 596).

1. Ce terme renvoie à la très stimulante perspective de lecture de l'œuvre de Diderot et de l'identification de « son » matérialisme par J.-C. Bourdin, par exemple dans *Diderot Le matérialisme*, Paris, P.U.F., 1998 et dans son article « Formes et écriture chez Diderot philosophe », dans *Diderot et la question de la forme*, A. Ibrahim (dir.), Paris, P.U.F., 1999, p. 17-37.

CHAPITRE IV

LE TOUT DU TOUT

Je vois le marbre des tombeaux
tomber en poussière;
et je ne veux pas mourir ! [1].

De métaphore vive en métaphore vive, seul expédient pour construire un concept authentiquement pensable, Mademoiselle de Lespinasse propose, comme on l'a vu dans *Le Rêve*, au docteur Bordeu, de comparer l'âme du monde à la toile d'araignée «dont les fils s'étendent à tout» (I, 639), image baylienne et spinoziste reprise dans le *Salon de 1767* et les *Éléments de physiologie*. Associée à la préséance de la thèse aléatoire sur la thèse providentialiste, elle permet de penser l'organisation du tout de manière matérialiste et immanentiste, et de souscrire au propos blasphématoire de la lettre à Voltaire du 11 juin 1749 : « Il est donc très important de ne pas prendre de la ciguë pour du persil, mais nullement de croire ou de ne pas croire en Dieu» (V, 15). Dans l'*Encyclopédie*, les articles « Héraclitisme » (*Enc.* VIII, 141-142) et « Stoïcisme » (*Enc.* XV, 525-533) ne craignent pas d'exhiber les fondements de cette ontologie « néo-spinoziste ». Le philosophe d'Éphèse est en effet l'auteur de cette idée « grande » et « générale » que les lois qui régissent les mouvements du monde dérivent d'un principe commun qui implique nécessairement l'unité de ce monde. Ce n'est rien d'autre que l'âme du monde, « mais sans y attacher de spiritualité », si proche de la « raison universelle » du stoïcisme, ce principe actif du « grand tout » dont la portée est d'une part ontologique et naturaliste, du fait des *logoi spermatikoi*, et gnoséologique : commune mesure de tout ce

1. *Salon de 1767*, à propos d'un tableau de ruines d'Hubert Robert (IV, 701).

qui est, elle est, dans l'homme, l'instrument par lequel il connaît le monde. L'autorité de ce double courant de la pensée antique associé au « spinosisme moderne » et à l'atomisme trouve l'occasion de mettre en œuvre la fécondité et le génie de son principe en réalisant l'exigence de la physique expérimentale moderne : soutenir l'hypothèse de la continuité de la chaîne des êtres. Les considérations sur le règne animal, dans les *Pensées sur l'interprétation*, en sont le terrain privilégié : « Quand on voit les métamorphoses successives de l'enveloppe du prototype, quel qu'il ait été, approcher un règne d'un autre règne par des degrés insensibles [...], qui ne se sentirait porté à croire qu'il n'y a jamais eu qu'un premier être prototype de tous les êtres ? » (I, 565). Les débats avec Buffon, La Mettrie et surtout Maupertuis dont le *Système de la nature* avait osé cette conjecture, « fruit d'une méditation profonde, une entreprise hardie sur le système universel de la nature, et la tentative d'un grand philosophe » (*ibid.*, 590) sont illustrés par la célèbre métaphore de l'essaim d'abeilles porteuse, entre autres, de la relation entre la pensée du tout et une forme de « vitalisme » qui s'annonce ici. Diderot est ainsi conduit à établir que le tout est l'être corporel, présent « dans la particule la plus petite de matière comme dans le plus gros animal » (*ibid.*, 588).

LE GRAND TOUT, L'ESSAIM D'ABEILLES ET LE POLYPE

La construction d'une cohérence contradictoire, seule capable de soutenir le monisme matérialiste affirmé depuis la *Lettre sur les Aveugles* et pleinement revendiqué dans les *Éléments de physiologie* s'accomplit dans *Le Rêve*. Diderot y invente une forme philosophique inédite, susceptible de rendre raison du double problème de l'unité de l'organisme et de la formation des vivants. Face à l'échec des morphogénèses mécanistes et préformationnistes, cette *forme philosophique* est à la recherche d'un *concept de forme* exigeant un triple requisit : une puissance d'individuation, un réseau d'informations internes et une force productrice. Dans cette aventure, Diderot s'est approprié tantôt avec fidélité, tantôt par trahison, des éléments de la tradition philosophique et scientifique du passé mais aussi les travaux et conversations de ses amis philosophes, savants, artistes, politiques, médecins. Parmi cette assemblée nombreuse et hétéroclite dont le foisonnement est favorisé par la forme dialoguée et les jeux d'écriture du *Rêve*, la place de Maupertuis est singulière et ne va pas de soi : certes on l'attend et l'on se félicite de tel ou tel apport, mais à la fois on s'étonne et l'on redoute cette voix silencieuse qui risque de jeter plus d'embarras que de lumière dans l'élaboration exigeante du matérialisme inactuel du *Rêve*.

En effet, d'une part, deux raisons permettent de voir en Maupertuis un appui pour la conception du Tout dans *Le Rêve* :

1) On peut s'accorder sur le lieu où gît la difficulté fondamentale du matérialisme de Diderot ici, dans cet entrecroisement entre deux thèmes philosophiques et biologiques anciens et classiques avec deux problématiques formulées en termes nouveaux et sources d'affrontement. Deux doctrines abondamment illustrées par la tradition – la théorie de la génération et celle de l'organisme – croisées par deux problématiques : faut-il, à la manière de Buffon, distinguer matière vivante et matière morte ? Qu'en est-il de l'unité d'un vivant, voire du tout de la Vie, et singulièrement de l'unité ou du tout du moi, du tout du Tout ? La *Lettre XIV*[1] et les questions qui terminent la *Vénus Physique*[2] suggèrent l'hypothèse d'une combinatoire de parties dont les fonctions vitales convergent vers celles de l'organisme entier qui leur est analogue. L'audace de Maupertuis est d'incarner sinon de résoudre la tension que cette conjecture établit entre ces quatre interrogations, en proposant de voir dans la « perception sensible » de la molécule leur point de contact – l'autre nom de la Vie, mais aussi, comme on sait, des principes d'intelligence, du désir, de l'aversion, de la mémoire[3]. Il y faut rien moins que la convocation, par-delà la chaîne perceptive de la monade leibnizienne et le détournement de l'attraction newtonienne, d'un double hylozoïsme (épicurien et stoïcien), de l'épigenèse cartésienne débarrassée du mécanisme, et d'une sorte de loi de l'accidentalité ou de la contingence des rencontres par le relais de certains articles du *Dictionnaire* de Bayle[4].

2) Deuxième raison : le « programme » du *Rêve* est annoncé surtout dans les quinze Questions par lesquelles s'achèvent les *Pensées sur l'interprétation de la Nature* et dans les *Pensées* L et LI (I, 587-591) où l'apostrophe de Diderot donnera lieu aux *Réponses* de Maupertuis *aux objections de M. Diderot* publiées en appendice au *Système de la Nature* de1756[5]. Là se construisent la problématique du tout et celle de la sensibilité physiologique et *psychique* de la matière vivante, autour de quoi

1. Sauf indication contraire, pour les *Lettres* de Maupertuis, j'utilise l'édition des *Œuvres*, Lyon, J.-M. Bruyset, 1756 ; ici, t. II, p. 270-271.

2. *Vénus Physique* (1745), « Palimpseste », Paris, Aubier, 1980, p. 145-147.

3. *Système de la nature* (1756), Paris, Vrin-Reprise, 1984, chap. XIV, p. 147.

4. En particulier les articles : Caïnites, Dicéarque (note C), Gassendi, Hobbes, Leibniz, Leucippe, Lucrèce, Rorarius, Sennert (note C), Spinoza.

5. *Système de la nature*, *op. cit.*, p. 185-216.

délire le personnage de d'Alembert. À ce titre, les rencontres entre Maupertuis, Diderot et d'Alembert, de l'été 1753 à l'été 1754, et la lecture sans doute simultanée de la *Dissertatio* du Docteur Baumann[1], de la *Protogée*[2] de Leibniz et des textes de vulgarisation du newtonianisme[3] sont à compter parmi les impulsions essentielles à l'élaboration du *Rêve*. Ce n'est certes pas sans raison que dom Deschamps, en lui rendant un hommage – même réservé – reconnaît en Maupertuis le seul physiologiste des Lumières qui, sans négliger l'ordre de l'expérience, mette en perspective ses recherches sur l'horizon métaphysique du Tout de l'Etre, illustré par les métaphores de l'essaim d'abeilles et du polype. Les conversations de Diderot avec le « moine athée »[4] pendant l'été 1769 consacré à l'écriture du *Rêve* n'auront pas manqué d'en faire état.

POUR UNE MONADOLOGIE PHYSIQUE

Dès l'examen de l'hypothèse du « docteur d'Erlang » que Diderot se propose « d'ébranler », la pensée L *Sur l'interprétation* témoigne de l'attention portée par son auteur à la double métaphore du polype et de la grappe d'abeilles qui, ainsi rassemblés dans une comparaison, illustrent entre autres l'idée d'un animal prototype originaire : « Certains éléments auront pris nécessairement une facilité prodigieuse à s'unir constamment de la même manière; de là, s'ils sont différents, une formation d'animaux microscopiques variée à l'infini; de là, s'ils sont semblables, les polypes, qu'on peut comparer à une grappe d'abeilles infiniment petites, qui, n'ayant eu la mémoire vive que d'une seule situation, s'accrocheraient et demeureraient accrochées selon cette situation qui leur serait la plus familière. [...]. De là, [...] une infinité d'êtres émanés d'un premier être; un seul acte dans la nature » (I, 588-589).

On mesure combien Diderot, dès 1754, était conscient de la signification et de la portée du traitement de cette métaphore par Maupertuis, bien loin de la comprendre comme l'illustration d'une sorte de mécanisme organiciste à la manière de Bordeu. Dans l'article

1. Maupertuis renonce à l'anonymat de 1744 en 1756 : cette thèse latine devient le *Système de la nature* après avoir été traduite en français en 1754 sous le titre d'*Essai sur la formation des corps organisés*.

2. Voir ci-desssus, chap. II, p. 35, note 1.

3. À la traduction de l'*Optique* par Coste en 1720, il faut bien sûr ajouter les *Institutions de physique* de Madame du Châtelet.

4. C'est en ces termes que Diderot le décrit à Sophie dans la même lettre du 31 août 1769 où il lui annonce qu'il a « fait un dialogue entre d'Alembert et lui » (V, 969).

« Observation » de l'*Encyclopédie (Enc.* XI, 318), Menuret de Chambaud confond les deux savants dans une même réduction des mouvements du corps à « une simple liaison d'actions ». Dans ses *Recherches anatomiques sur la position des glandes et sur leur action*, Bordeu avait en effet eu recours à cette même métaphore – sans lui adjoindre la comparaison avec les polypes – « pour bien sentir l'action particulière de chaque partie »[1], se représentant ainsi l'organisme comme l'ensemble de phénomènes d'équilibration et d'interaction repérables dans les structures anatomiques. D'où le traitement de cette métaphore dans ses *Recherches* : « Nous comparons le corps vivant, pour bien sentir l'action particulière de chaque partie, à un essaim d'abeilles qui se ramassent en pelotons et qui se suspendent à un arbre en manière de grappe; on n'a pas trouvé mauvais qu'un célèbre ancien ait dit d'un des viscères du bas-ventre qu'il était animal *in animali*; chaque partie est, pour ainsi dire, non pas sans doute un animal, mais une espèce de machine à part qui concourt à sa façon à la vie générale du corps. Ainsi pour suivre la comparaison de la grappe d'abeilles, elle est un tout collé à une branche d'arbre, par l'action de bien des abeilles qui doivent agir ensemble pour se bien tenir; il y en a qui sont attachées aux premières et ainsi de suite; toutes concourent à former un corps assez solide, et chacune cependant a une action particulière à part »[2]. La fonction d'un organe est la résultante de l'équilibration et de l'interaction de *forces* intervenant sur cet organe comme *centre*, à commencer par la force propre de l'organe lui-même. D'où l'exemplarité des glandes pour penser la modalité du tout d'un organe. Et Bordeu d'avoir recours aux concepts de « département », « cercles », assurant que « la moindre partie peut être regardée comme faisant, pour ainsi dire, corps à part. À la recherche du mécanisme régulateur des fonctions, il est conduit à l'étude du fonctionnement nerveux et du cerveau. Si Bordeu convient que « tout cela est bien obscur sans doute »[3] et qu'il ne prétend « donner ici qu'une manière de concevoir les choses, des expressions métaphoriques, des comparaisons »[4], ce « ton qui fait la vie » c'est la sensibilité, confondue contre Haller avec l'irritabilité. Certes, « le sentiment [ou la sensibilité] revient dans toutes les

1. *Recherches anatomiques sur la position des glandes et sur leur action*, G.F. Quillau père, Paris, 1751, § CXXV, p. 187. On trouvera des précisions sur ces questions dans l'ouvrage de D. Boury, *La philosophie médicale de Théophile de Bordeu*, Paris, Honoré Champion, 2004, en particulier chap. IV et X.

2. *Ibid.* Sur l'histoire et les significations de cette métaphore, voir la thèse de R. Rey, *Naissance et développement du vitalisme en France*, Oxford, Voltaire Foundation, 2000, p. 157-164.

3. *Recherches anatomiques*, § CXXX, p. 200, note 1.

4. *Ibid.*, § CVIII, p. 163, note 1.

fonctions; il les dirige toutes »[1], mais c'est la seule expérience psychologique du sentiment qui, emboîtée dans les « expressions métaphoriques » dont Diderot va s'emparer dans *Le Rêve*, permet de souligner les limites d'un modèle mécaniste. Bordeu garantit la scientificité de son propos en s'autorisant un recours purement méthodologique à l'analogie. En renonçant à cette prudence, l'audace de la conception maupertuisienne de l'organisme et de sa formation va fournir à Diderot d'autres armes mais perdre du même coup toute prétention sérieuse au statut de science. C'est C.F. Wolff, ce n'est pas Maupertuis, qui établit, en savant, l'épigenèse[2]. Quel est donc le registre théorique dans lequel l'auteur du *Système de la nature* inscrit les métaphores qui nous intéressent, et quel est le mode d'appropriation par *Le Rêve* de cette « philosophie » de la Vie ?

La vieille doctrine des « affinités électives » reprise par Geoffroy en 1704 dans sa *Dissertation sur la génération de l'homme par les vers spermatiques* associée à l'attraction newtonienne fournit la première double analogie de l'expérience dont use Maupertuis. Depuis Étienne de Claves, en 1635, dans ses *Paradoxes ou traités philosophiques des pierres et pierreries contre l'opinion vulgaire*, que Gassendi avait lus, jusqu'aux *Lettres philosophiques sur la formation des sels et des cristaux* de Bourguet, en 1729, l'idée de particules dont la structure est identique au corps organisé qu'elles constituent, sert de modèle à la composition de la matière vivante et permet ainsi l'extension de l'hypothèse atomiste à l'organisation de toute matière, rejetant la solution de continuité entre les trois règnes. Déjà, dans son Poème, Lucrèce avait rappelé l'homéomérie d'Anaxagore : « les os sont formés d'os infiniment petits et menus »[3] et le chapitre XVII de la première partie de la *Vénus Physique* interroge : « Pourquoi si cette force [la force d'attraction] existe dans la nature, n'aurait-elle pas lieu dans la formation du corps des animaux ? »[4]. La conjecture de Maupertuis s'organise au cœur de la complexité de réseaux théoriques à partir desquels il bâtit son cadre spéculatif : il fait appel à Descartes, Harvey et Buffon en histoire naturelle ; à Locke et Newton en ce qui concerne la méthode scientifique ; aux expérimentateurs, Harvey et

1. *Recherches sur l'histoire de la médecine*, 1768, dans *Œuvres Complètes*, Paris, Caille et Ravier, 1818, II, chap. VII, § II, p. 669.

2. Dans son Mémoire de 1766 *De formatione intestinorum*. Sur cette question, voir l'article de G. Canguilhem : « Du développement à l'évolution au XIXe siècle », art. cit., chap. II, p. 34, note 1. Je me permets de renvoyer aussi à mon article, « Les théories de la génération au XVIIIe siècle. L'enjeu de l'épigenèse : l'exemple de Maupertuis », *dioti* 5, CRDP Midi-Pyrénées, 1999, p. 127-146.

3. Chant I, vers 830-845.

4. *Vénus physique*, éd. cit., p. 121.

Needham; à Saint Augustin et Malebranche en théologie; Empédocle, Lucrèce, Spinoza, Leibniz, Condillac, Diderot lui-même, en philosophie. Quels sont, pour le problème qui nous occupe, les points forts de ces réseaux ?

La filiation leibnizienne paraît claire dans le *Système de la nature* car « L'intelligence que nous éprouvons en nous-mêmes indique nécessairement une source d'où émane, dans le degré qui convient à chacun, l'intelligence de l'homme, des animaux et de tous les êtres jusqu'aux derniers éléments »[1]. Les croyants n'ont pas besoin de s'alarmer ni de dire que « tout est perdu si l'on admet la pensée dans la matière »[2] puisqu'à partir du moment où l'on peut tolérer la présence d'une âme dans l'animal, il n'y a pas d'inconvénient à l'étendre jusqu'aux plantes, et, par elles, jusqu'aux minéraux. Mais il faut une condition à cette « tolérance » : abandonner le style leibnizien de l'*architectonique du système* et prendre pour cadre théorique une *enquête* sur les mécanismes de l'organisation. Cette décision philosophique permet à Maupertuis de se donner l'intelligibilité de la démarche leibnizienne à partir d'un modèle newtonien : il procède à l'égard de la force vive de façon à la rattacher à la perception. La perception est le concept analogique de la force dans le cadre strict d'un *phénoménisme* nourri par l'influence de Berkeley, dans les *Réflexions sur l'origine des langues et la signification des mots*, comme dans la *Réponse à Boindin*[3] mais surtout dans la *Lettre IV* qui tranche de manière lapidaire la question de l'occasion extérieure de la perception : « Rien qui lui ressemble, ni qui puisse lui ressembler, car comment une perception ressemblerait-elle à un mouvement ? »[4]. Cet horizon nominaliste trace la limite de l'accord de Maupertuis avec Condillac quant à leur commune critique de la pensée leibnizienne, lecture à contresens, à laquelle entre autres les *Lettres VII* et *VIII* avaient largement souscrit. Si les deux philosophes transgressent l'interdit théorique du système leibnizien – le mélange des ordres du réel – Maupertuis est conduit à repenser la définition de la perception et celle de la relation des particules élémentaires à la totalité de l'organisme, d'une manière qui ne sera finalement pas plus fidèle à Condillac qu'à Leibniz. Pourtant, dans la *Lettre VIII* « Sur les monades », ces dernières sont radicalement métamorphosées et intégrées à une structure atomistique matérialiste : « Les monades pouvaient n'être dans leur principe que les

1. *Système de la nature*, *op. cit.*, § LXV, p. 183.

2. *Ibid.*, § XV, p. 147.

3. Ces deux œuvres, parues respectivement en 1748 et 1756, sont éditées par la Librairie Droz (Genève-Paris, 1971), avec une étude de R. Grimsley.

4. *Œuvres* (1756), éd. cit., t. II, p. 232.

éléments premiers de la matière, doués de perception et de force »[1]. La *Lettre IX* précise cette définition : « Il faut cependant en venir à des parties d'une parfaite solidité qui les composent, à ces parties qui, n'admettant aucun pore, sont d'une dureté parfaite; c'est dans ces corps élémentaires qu'il faut chercher les propriétés générales de la matière; les corps composés nous les déguisent »[2].

Le point irréductible qui permet à la fois de penser l'unité du corps et la tendance des particules matérielles à la reproduction des formes est la *perception* ou sensation, identifiée en nous par le « sentiment du soi ». Sa dégradation le long de l'échelle des êtres se déduit de notre capacité à en pouvoir juger obliquement et par analogie, comme nous jugeons les habitants des planètes, jusqu'à saisir dans l'huître ce même sentiment du soi, le plus léger et le plus confus de tous ! La perception matérielle apparaît donc véritablement chez Maupertuis comme le fondement et la loi de l'organisation. Mais le statut théorique de ce dispositif qui ne supporte ni la détermination de la *totalité* (à quoi conduirait son assimilation hâtive à une monadologie physique) ni la détermination de la *réalité substantielle* (à quoi le conduirait une allégeance au modèle sensualiste) appelle deux remarques pour tenter de saisir comment Diderot se l'approprie et sous quelles conditions la trace de cet héritage est assignable dans *Le Rêve*.

La monade maupertuisienne désigne une unité fonctionnelle d'intégration liée à l'expérience spécifique des phénomènes d'organisation vitale. Si le concept de « monade physique » reste purement spéculatif, la notion de l'ordre qui s'y rattache circonscrit la limite d'applicabilité de tout concept d'intégration des éléments organiques à la seule *corrélation* des phénomènes. Tel est le concept du Tout qui « traduit » la métaphore de l'essaim, dans le § LIV du *Système de la nature*. Même si Maupertuis, fidèle au principe de ses analogies de l'expérience, insiste pour que ces limites ne soient pas transgressées, on se représente aisément la lecture de Diderot ou de quiconque aborde ce texte à travers la lunette matérialiste : « Mais chez nous, il semble que de toutes les perceptions des éléments rassemblées il en résulte une perception unique, beaucoup plus forte, beaucoup plus parfaite, qu'aucune des perceptions élémentaires, et qui est peut-être à chacune de ces perceptions dans le même rapport que le corps organisé est à l'élément. Chaque élément, dans son union avec les autres, ayant confondu sa perception avec les leurs, et perdu le sentiment

1. *Œuvres* (1756), éd. cit., t. II, p. 264.
2. *Ibid.*, p. 266.

particulier du *soi*, le souvenir de l'état primitif des éléments nous manque, et notre origine doit être entièrement perdue pour nous »[1].

L'idée de la ressemblance héréditaire par enveloppement et développement d'un germe est niée au profit de l'idée d'une combinaison d'affinités qui se lient en fonction des circonstances ; la mémoire ne représente point le passé par la vue de la connexion qu'il a avec le Tout, mais par des rapports particuliers qu'il a avec notre perception présente. Les « circonstances » ne témoignent pas seulement d'une contingence externe qui perturberait la relation habituelle du passé au présent, et entraînerait ainsi une mutation ou un monstre, mais aussi d'une *contingence interne*, relative à *l'énergie perceptive* : selon son « degré d'activité[2], d'après la *Lettre XVII*, l'âme perçoit le passé, le présent ou l'avenir …

Lorsque Diderot confie à Mademoiselle de Lespinasse dialoguant avec Bordeu l'image de la grappe d'abeilles, le polype est maintenant la métaphore de l'animal, voire de la vie du tout de l'univers. Quel chemin parcouru depuis la prudence – feinte ou non, peu importe ici – des *Pensées sur l'interprétation de la Nature* qui préconisaient de référer la génération de l'animal à « l'impulsion d'une sensation semblable à un toucher obtus et sourd » (I, 591) ! À quelle distance de ses propres réticences – feintes ou non, peu importe – Diderot se transporte-t-il en « amollissant » les pattes des abeilles, jusqu'à faire de la grappe contiguë une grappe continue ! Désormais, la mémoire étant au principe même de l'organisation du point vivant, la molécule organique s'étend à l'être vivant, les parties du moi à son unité, la sensibilité particulière à la sensibilité générale. Même les rêveries sur les hybrides, jusqu'aux délirants chèvre-pieds, ne semblent pas étrangères aux « expériences » de métissage méditées par Maupertuis[3]. C'est dans ce chapitre IX de la *Vénus Physique* et dans la *Lettre sur le progrès des sciences*[4], qu'est évoquée la prodigalité de la nature vivante et le projet d'unions inter et intra-spécifiques. L'appropriation, par Diderot, de ce précieux dispositif des affinités psychiques élémentaires exigeait du

1. *Système de la nature*, *op. cit.*, p. 172.

2. *Œuvres* (1756), éd. cit., t. II, p. 312.

3. Considéré comme un expérimentateur médiocre, Maupertuis a néanmoins fait des tentatives de croisement entre espèces évoquées dans le chapitre IX de la *Vénus physique*, « Variétés dans les animaux ». Sur cette question voir l'intervention d'A. Fagot : « Le transformisme de Maupertuis » dans les *Actes de la journée Maupertuis*, Paris, Vrin, 1976, p. 163-181 et les analyses de J. Roger dans le chapitre consacré à Maupertuis dans *Les sciences de la vie dans la pensée française au XVIIIe siècle*, Paris, Armand Colin, 1963, en particulier p. 475-481 et celles de F. Duchesneau dans *La Physiologie des Lumières*, La Haye, Nijhoff, 1982, en particulier p. 245-249.

4. *Lettre sur le progrès des sciences*, Paris, Aubier, 1980, p. 166-168.

Rêve qu'il porte la tension essentielle au *Système de la nature* à un autre niveau. Il ne néglige pas de le faire, sans pour autant la renier, en référant son anti-finalisme résolu à la redéfinition radicalement matérialiste de l'« utile » que cherche la Nature. S'il y fallait l'autorité des origines, Lucrèce n'avait-il pas déjà, par l'étymologie de l'« utor », au chant V du *De rerum natura*[1], montré que c'est par sa force seule, sans intention ni fin, que le vivant accomplit l'impulsion du besoin, comme l'enfant qui ne parle pas encore montre du doigt l'objet qu'il désire ?

DOM DESCHAMPS, LE TOUT ET LE TOUT

Diderot, travaillant à l'écriture du *Rêve* dans les soirées mêmes où il rencontre Deschamps, témoigne de son admiration pour ses ouvrages remplis « d'idées neuves et d'assertions hardies » dans sa lettre à Sophie du 31 août 1769 (V, 969) où il reconnaît sans doute cette métaphysique libertaire[2] à laquelle il donnera libre cours dans ses contes. Mais le moine, lui, dans ses *Observations métaphysiques* rend hommage à Maupertuis et non à Diderot : « Le tout a été entrevu par le docteur Baumann comme prototype des êtres, c'est-à-dire pour ce qu'il est en effet, puisqu'il est leur premier objet de rapport »[3]. C'est bien pourquoi le polype, en tant que métaphore de ce prototype originaire, était devenu une préoccupation philosophique majeure, depuis l'époque où Réaumur se confiait à Trembley dans sa *Correspondance*[4], jusqu'à Voltaire qui, à l'article « Polype » des *Questions sur l'Encyclopédie* se gardait bien de le considérer comme un animal. La présence implicite de Maupertuis dans les fréquentes occurences du mot « tout » dans *Le Rêve* pose le problème du statut théorique de la nature de ces « végétaux animalisés » et de leur mode de reproduction. À ce titre, Needham avait pris la mesure de l'importance du débat entre Maupertuis et Diderot en rapportant les étonnantes propriétés du polype non pas à une spontanéité impliquant finalité et spiritualité, mais à une vitalité fondée dans un principe organique matériel. La préséance de l'un des trois sens possibles du mot « tout » : ce qui ne laisse rien au-delà ; un édifice régulier, un assemblage de parties proportionnées et ordonnée, chacune à leur place ;

1. *De rerum natura*, *op. cit.*, chant V, vers 1029-1032.

2. J'emprunte cette adjectif à A. Robinet, dans son étude : « Le concept de demi-lumière : Deschamps, Diderot et Hegel », dans *Dom Deschamps et sa métaphysique*, J. d'Hondt (dir.), Paris, P.U.F., 1974, p. 217.

3. *Ibid.*, p. 232.

4. *Correspondance inédite entre Réaumur et Abraham Trembley*, introduction par E. Guyénot, Genève, Georg et Cie, 1943, p. 65.

un ensemble continu, engage l'alternative entre une philosophie du vivant et une métaphysique de la Vie. Héritier de la métaphore bordévienne encore mécanisante de la grappe d'abeilles, et de celle, psychologisante mais phénoméniste, de Maupertuis, Diderot en fait dans *Le Rêve* une sorte d'épopée allégorique de la formation des mondes et de la prodigalité de la nature vivante, où le polype joue bien le rôle du prototype des êtres.

Dans cette épopée de l'incessante métamorphose des êtres et des choses, le « tout » désigne la réalité matérielle, dont les parties sont accessibles aux conjectures scientifiques. Pourtant, ce « tout » a une existence transitoire et mouvante, telle qu'elle se manifeste depuis la molécule jusqu'à l'univers, le long de la chaîne des espèces, des individus, de toutes les formes. L'hétérogénéité de la matière, considérée comme un principe dans l'article « Leibnitzianisme » de l'*Encyclopédie* (*Enc.* IX, 374), manifeste l'essentielle dissimilitude de soi à soi-même, quel que soit l'étant considéré. Paradoxalement cette dissemblance principielle ne va pas sans la liaison de toutes choses, sans laquelle il n'y aurait que du contigu au lieu du continu, un agrégat et non un monde organisé, un univers (*Enc.* article « Liaison », IX, 454). Quant au « Tout », il désigne la totalité de ce qui existe, d'où naît dans le tout du Tout une sorte de « dialectique » hétérodoxe dans les *Principes philosophiques sur la matière et le mouvement*: « J'arrête mes yeux sur l'amas général des corps; je vois tout en action et en réaction; tout se détruisant sous une forme, tout se recomposant sous une autre » (I, 685) plus selon le processus d'une « fermentation » que d'un simple mouvement (*ibid.*); tandis que le Tout est soustrait au changement, comme le « marmotte » d'Alembert dans le délire que Julie raconte à Bordeu, réjoui d'identifier dans cette « vision », « ce qui s'appelle rêver » (I, 631). « Tout change, tout passe, soupire d'Alembert, il n'y a que le tout qui reste. Le monde commence et finit sans cesse; il est à chaque instant son commencement et sa fin; il n'en a jamais eu d'autre et n'en aura jamais d'autre » (*ibid.*). Alors que la suite du « délire » se perd dans une pantomime sexuelle, on conçoit que Hegel ait pu voir dans ces « rêves » comme des éclats de miroir de sa propre épopée et invoquer le concept de « demi-lumière »[1]. Plus loin, dans *Le Rêve*, d'Alembert, tourne en dérision l'identité individuelle : « Il n'y a qu'un seul grand individu, c'est le tout » (I, 636), c'est-à-dire le Tout du point de vue duquel, à l'image du ruban du Père Castel, « tout est en flux perpétuel » (*ibid.*) et qui nous délivre du

1. Sur cette question, voir l'article déjà cité d'A. Robinet, dans *Dom Deschamps et sa métaphysique*, *op. cit.*, et A. Robinet, *Dom Deschamps, le maître des maîtres du soupçon*, Paris, Seghers Philosophie, 1974, surtout p. 309-332.

« sophisme de l'éphémère » (I, 633), car « ce que nous prenons pour l'histoire de la nature n'est que l'histoire très incomplète d'un instant » selon les *Pensées sur l'interprétation de la nature* (I, 597). Il peut donc y avoir des sciences, encore faut-il les juger à l'aune de ces métamorphoses et donner droit de cité à l'imagination naturante. Le tout actuel manifeste un aspect particulier de l'ordre général du Tout, mais un autre ordre est toujours déjà en train de se réaliser, selon la doctrine « épicurienne » de l'infinité des mondes et non pas selon l'actualisation d'un principe de raison leibnizien. S'il n'est pas faux de rapporter les conjectures de Diderot à un matérialisme aléatoire, le Tout est le changement en acte par lequel tout change ; il est auto-détermination, auto-productivité, ce qui ne sera pas sans incidence sur l'éthique et le politique.

Ce « fonds » que la critique de la fausse métaphysique nous interdit de penser comme substance, pourrait être déterminé comme un système sursaturé au-dessus de l'unité, à condition de ne pas limiter la notion d'équilibre à la seule notion d'équilibre stable. Le contenu le plus approché que l'on puisse alors donner au Tout de la matière serait celui d'un dispositif métastable (logique et physique), que sa surtension fait basculer vers un état d'équilibre relatif, partiel et provisoire, qui dissémine par rencontres des structures affinitaires éphémères et changeantes, liées par une corrélation logique et non par une coordination substantielle. On retrouve peut-être ainsi l'ancienne notion de « matière préparée » – materia signata – des *Hypomnemata physica* de Sennert (1636) longuement discutées par Bayle[1].

Alors que les anatomistes de la première moitié du siècle et les métaphysiciens de la préexistence du germe usaient des notions d'accident et de rencontre pour maintenir l'altération *dans* le schéma de la constance de la morphogenèse, assurant ainsi l'intégrité de la théodicée, cette étrange « dialectique » du tout et du Tout fait, à partir des sciences du vivant, *une découverte purement philosophique* : les formes s'altèrent et se transforment en fonction de facteurs contingents qui distribuent les variétés par des processus de type aléatoire ; la potentialité en énergie perceptive ou « sensibilité » est source de cette contingence parce que la « mémoire » matérielle n'est pas la détermination de la connexion nécessaire de la chaîne du temps.

En faisant paraître en 1770 *La voix de la raison contre la raison du temps et particulièrement contre celle de l'Auteur du Système de la Nature* (de d'Holbach), dom Deschamps avertissait ses contemporains

1. *Dictionnaire*, article « Sennert », remarque C, note 16.

philosophes : « C'est à ces conditions que nos philosophes pourraient être fondés à détruire, et c'est là où je les attends. Je les mène loin sans doute, et très certainement au-delà de ce qu'ils peuvent ; mais il faut nécessairement qu'ils en viennent là, ou que leur Philosophie plie sous la religion, en convenant qu'elle est bien autrement en force qu'ils ne l'imaginaient »[1]. Le tout de la philosophie naturelle, à la fois exigé et démantelé par les vicissitudes, les métamorphoses et les variations inédites, est-il susceptible de subsumer la rencontre des molécules sous le Tout qu'invoque le moine athée ? Ce serait faire bon marché du parti pris résolument *éclectique* de Diderot[2]. Du point de vue de ce projet, l'éclectisme, loin de se réduire à une méthode, soutient une pensée et une pratique de l'*expression*, qui entrecroise ou emboîte trois niveaux :

– éclectisme de la nature, qui fait de l'homogène avec de l'hétérogène et dont l'énergie *s'exprime* à travers une variété infinie de productions ;

– éclectisme de la pensée, qui se fait *l'expression* de ces multiples combinaisons réelles, hasardeuses et possibles, poétique de la force plus qu'analytique de la forme ;

– éclectisme d'un style d'écriture, *expressivité* de la vicissitude, du hasard, du passage, du flux, des circonstances, du changement incessant.

Ce serait aussi faire bon marché de la distance « sceptique » entre la rencontre des molécules et les divers modèles scientifiques qui, pour n'être pas pris totalement au sérieux par Diderot sont pourtant souvent convoqués. C'est que l'auteur du Neveu en appelle lui aussi à un savoir gai, à des « excursions » contre lesquelles proteste le personnage de Bordeu dans *Le Rêve* (I, 656). Dès lors, comment les formes du savoir peuvent-elles s'immiscer dans les éclats d'un « rire mystificateur »[3] et supporter le manifeste tout ensemble et indissociablement littéraire et philosophique du début des *Pensées sur l'interprétation de la nature* :

> Je laisserai les pensées se succéder sous ma plume, dans l'ordre même selon lequel les objets se sont offerts à ma réflexion, parce qu'elles n'en représenteront que mieux les mouvements et la marche de mon esprit (I, 560) ?

1. Cité par A. Robinet, *Dom Deschamps, le maître des maîtres du soupçon*, *op. cit.*, p. 231, note 1.

2. Diderot est l'auteur de l'article « Éclectisme » de l'*Encyclopédie*, V, 270.

3. C'est ainsi qu'O. Bloch nomme la conscience critique du rire matérialiste « qui s'en prend aux croyances, illusions et préjugés courants », dans *Le matérialisme*, Paris, P.U.F., 1985, p. 12.

DEUXIÈME PARTIE

LA RENCONTRE DES NOMS ET DES CHOSES : LES FORMES DU SAVOIR

CHAPITRE PREMIER

UN MONSTRE LITTÉRAIRE ?

Qu'importe ?
nous ne composons pas,
nous causons [1].

À lire nombre de textes de Diderot relatifs à la conception de sa philosophie, on ne peut guère s'étonner du désenchantement qui risque de saisir le lecteur et de le conduire aux excès que l'on sait quant à l'appartenance de notre auteur à cette discipline. Ainsi, lorsqu'on se heurte dans les *Principes philosophiques sur la matière et le mouvement*, à propos du mouvement des corps, à la question : « Qu'est-ce que tout cela signifie donc ? » et à sa réponse : « Rien » (I, 684), sans compter l'encombrement du texte par une multitude de « peut-être », on saisit la pertinence et la profondeur de la métaphore du clavecin sensible et de ses cordes vibrantes dans le premier Entretien du *Rêve* pour désigner la pensée : « C'est ainsi qu'une première idée en rappelle une seconde, ces deux-là une troisième, toutes les trois une quatrième, et ainsi de suite, sans qu'on puisse fixer la limite des idées réveillées, enchaînées du philosophe qui médite ou qui s'écoute dans le silence et l'obscurité. Cet instrument a des sauts étonnants, et une idée réveillée va faire quelquefois frémir une harmonique qui en est à un intervalle incompréhensible » (I, 617). On saisit tout autant la violence de la réaction académique face à ce vertige des formes, à ce « style polype » [2] dont Diderot se réclame dans une lettre à Falconet d'août 1766 :

1. *Le Rêve de d'Alembert* (I, 656).

2. C'est l'expression qu'emploie Y. Sumi dans son étude « Traduire Diderot : style polype et style traduit », dans les *Actes* du Colloque International Diderot recueillis par A.-M. Chouillet, Paris, Aux amateurs de livres, 1985, p. 255-260.

« L'argument du philosophe n'est qu'un squelette ; celui de l'orateur est un animal vivant ; c'est une espèce de polype [...]. Prenez garde à cela » (V, 671).

INVERSIONS LINGUISTIQUES ET INVERSIONS ORGANIQUES

Dans son *Histoire de la littérature française au dix-huitième siècle*, Brunetière résume assez bien les insultes que la tradition critique se devait d'adresser à cette insolente analogie entre la libre prolifération des productions naturelles et la non moins libre prolifération de leur *expression* théorique : « Trop naturel, Diderot est diffus, désordonné, confus ; trop naturel, il est emphatique, orgueilleux et déclamatoire ; trop naturel, il est barbare en art, inepte en religion, vicieux en morale » [1]. Prenant résolument parti non seulement pour cette analogie mais aussi pour la réciprocité entre inversions organiques et inversions linguistiques, Diderot avait par avance répondu à ces griefs, convertissant l'insulte en apologie dans l'article « Génie » de l'*Encyclopédie* : « Selon moi, un original est un être bizarre qui tient sa façon singulière de voir, de sentir et de s'exprimer de son caractère. Si l'homme original n'était pas né, on est tenté de croire que ce qu'il a fait n'aurait jamais été fait, tant ses productions lui appartiennent. Mais, en ce sens, me direz-vous, tous les hommes sont des originaux. Car quel est l'homme qui puisse faire ce qu'un autre fait ? (*Enc.* VII, 582). Cet article permet de comprendre pourquoi il faut être un monstre littéraire si l'on veut constituer un savoir qui soit une authentique « expression ».

Attentive à ce mot d'ordre, je m'efforcerai d'en établir la signification en interrogeant l'éventuelle fécondité d'un recours à la *Lettre sur les sourds et muets* de 1751 et à son objet d'étude classique indiqué par son premier sous-titre : les inversions linguistiques [2]. Il s'agit de faire face à la difficulté de penser avec Diderot les inversions organiques, bestiaire monstrueux qui hante toute son œuvre, dès la *Lettre sur les aveugles* antérieure de deux ans à cette *Lettre sur les sourds et muets* « à l'usage de ceux qui entendent et qui parlent ». Je fais état d'une difficulté à penser et à dire les inversions

1. Brunetière, *Histoire de la littérature française au dix-huitième siècle*, Paris, Hachette, 1911, p. 217.

2. *Lettre sur les sourds et muets à l'usage de ceux qui entendent et qui parlent*, 1751. Sauf indication contraire, je me réfère ici à l'édition établie par M. Hobson, GF-Flammarion, Paris, 2000. En sous-titre, Diderot a mentionné : « Où l'on traite de l'origine des inversions, de l'harmonie du style, du sublime de situation, de quelques avantages de la langue française sur la plupart des langues anciennes et modernes, et par occasion de l'expression particulière aux beaux-arts ».

organiques; c'est sans doute plus qu'une difficulté dès lors que l'on sait le point d'appui et la source que constituent pour Diderot les sciences en général et plus particulièrement les découvertes scientifiques de son temps relatives au vivant. Cependant, problématiser le statut du monstre dans un discours de savoir organisé par un dispositif conceptuel, c'est, au premier abord, faire l'aveu d'une radicale impossibilité. La tentation est grande de céder à un tel aveu, par exemple du côté de l'« l'appel de Cthutlu » dans *La montagne hallucinée* de Lovecraft: « Nul ne saurait décrire le monstre, aucun langage ne saurait peindre cette vision de folie, ce chaos de cris inarticulés, cette hideuse contradiction de toutes les lois de la matière et de l'ordre cosmique »[1].

Réagir avec Diderot aux constats d'impuissance qui rejettent le monstre en deçà du dire et de la représentation, c'est se demander au contraire ce que doit le style de sa philosophie à l'intérêt central qu'il porte à la nature organique et, dans la nature organique, aux monstruosités physiques. Remarquons d'emblée qu'une philosophie naturelle qui accorde au monstre la puissance théorique et pratique de donner un contenu authentique à la catégorie d'« individu » et, plus encore, qui lui accorde la puissance de l'écart, voire du désordre fondateur de formes, inaugure un geste de décentrement du paradigme du vrai et de redéfinition à nouveaux frais de ce que l'on pouvait entendre par « science » dans les années 1750. Il s'agit de prendre parti dans la très longue trajectoire de l'interprétation de l'ouverture du premier livre de *La Métaphysique* d'Aristote: « Tous les hommes désirent naturellement savoir ».[2] Pour l'utilité ou pour la jouissance? L'article « Curiosité » de l'*Encyclopédie* signé par de Jaucourt rappelle, contre la condamnation augustinienne de ce vice, que la *curiositas* est capable, contrairement au savoir académique, d'entraîner le mouvement de la connaissance au-delà des colonnes d'Hercule (*Enc.* IV, 577). La *curiositas* se sépare de la science par sa forte puissance imaginative, puissance de créer même son objet, en cette puissance redoutable réside *son* désir à elle de savoir. Dès les annotations allusives en marge de la lecture d'un roman de Richardson en 1745 – « Mais qu'est-ce donc qu'un monstre? » – puis leur amplification dans la *Lettre sur les aveugles* jusqu'au *Rêve* et aux *Éléments de physiologie*, la décision philosophique de Diderot est forte : il s'agit de mettre fin à une tradition de pensée et d'action consacrée à diverses stratégies de domestication et d'éviction du monstre

1. H.P. Lovecraft, *La montagne hallucinée*, 1936.
2. Aristote, *Métaphysique*, A, 1, 980a21.

hors du champ théorique et pratique[1]. Connaisseur et praticien des sciences de son temps mais coutumier du paradoxe, le directeur de l'*Encyclopédie* ne répond pas à cette tradition par la construction d'une tératologie scientifique dont l'âge positif montrera quelques décennies plus tard qu'elle se chargera tout au contraire de renforcer et d'accomplir cette dénégation en proposant une classification des monstres dans la hiérarchie des pathologies et des anomalies. Le monstrueux spécifique au monstre y sera tout aussi aisément nié.

Diderot ne l'entend pas ainsi : le fait de donner droit de cité aux monstres biologiques signifie d'abord qu'il convient de rapporter au désordre la condition de la puissance créatrice de la Nature, dès la *Lettre sur les aveugles* : « Qu'est-ce que ce monde ? Un composé sujet à des révolutions qui toutes indiquent une tendance continuelle à la destruction ; une succession rapide d'êtres qui s'entresuivent, se poussent et disparaissent ; une symétrie passagère ; un ordre momentané » (I, 169). Les circonstances « aussi rares que singulières » évoquées par l'article « Greffe » de l'*Encyclopédie* (*Enc.* VII, 921), associées aux imprévisibles combinaisons du jeu de dés, accordent au hasard un pouvoir fondateur. Cet éloge du désordre est une manière d'éloge de la folie au chapitre VII des *Éléments de physiologie* où « il ne reste que la sensibilité, qualité aveugle, à la molécule vivante, rien de si fou qu'elle. L'homme sage n'est qu'un composé de molécules folles » (I, 1300). Quel modèle théorique pourrait prétendre construire la science d'un tel monde ? Une fois admise l'existence des monstres biologiques, il faut un cadre pour les faire vivre. Les monstres littéraires ne sont-ils pas les seuls à pouvoir leur donner vie ? De l'aveugle au sourd-muet, d'une *Lettre* à l'autre, Diderot a vu dans la convergence entre inversion organique et inversion linguistique ce qu'il nomme dans la seconde *Lettre* « un sublime de situation » qui sanctionne les limites de l'usage *correct* du signe : « Voilà ce que le papier ne peut jamais rendre ;

1. Je rappelle sommairement ici deux des axes les plus efficaces de ces stratégies abondamment étudiées : les premières sont l'héritage de la tradition divinatoire antique reprise par les théodicées dont les divers procédés visent soit à innocenter Dieu d'une création scandaleuse, soit à lui attribuer l'intention d'avertir les hommes par des signes, soit de dénoncer leurs péchés. Le problème des monstres y est réduit à l'une des figures de la question du mal. Les secondes sont explicatives, s'inscrivent dans le sillage des mécanismes atomiste et horloger qui normalisent le monstre en intégrant le corps difforme ou informe aux lois du juste modèle de tous les corps dont il n'est qu'une variation ratée et non une variété inédite et spectaculaire. Ces deux axes stratégiques, pour être fort différents, ont néanmoins pour commun résultat de nier l'existence même de la monstruosité du monstre.

voilà où le geste triomphe du discours ! »[1]. Et de renchérir dans le *Salon de 1767* : « Tout ce qui étonne l'âme, tout ce qui imprime un sentiment de terreur conduit au sublime. [...] La clarté est bonne pour convaincre ; elle ne vaut rien pour émouvoir. La clarté, de quelque manière qu'on l'entende, nuit à l'enthousiasme » (IV, 633).

LE STYLE-POLYPE ET LE SUBLIME

Qu'est-ce donc pour Diderot que ce « sublime », s'il nous permet de saisir le monstrueux à la croisée des monstres littéraires et des monstres biologiques ? Souvent employé, tant comme substantif que comme adjectif, dans les textes d'« esthétique » et dans les œuvres « littéraires » comme dans celles de « philosophie naturelle », ici, le « sublime de situation » est mentionné dans le sous titre de la *Lettre* et en commentaire de la description de plusieurs scènes « sublimes »[2]. Quant au style de Chardin, c'est le sublime propre au technique, « le sublime du technique » qui laisse Diderot sans voix dans le *Salon de 1769* : « Chardin est entre la nature et l'art ; il n'y a rien en lui qui sente la palette » (IV, 813). L'un des lieux communs les plus anciens, à propos de l'art – la comparaison entre l'artiste et Dieu – constitue avec Chardin le paradigme inattendu d'une esthétique matérialiste dans le *Salon de 1765* : « S'il est vrai, comme le disent les philosophes, qu'il n'y a de réel que nos sensations, que ni le vide, ni l'espace, ni la solidité même des corps n'ait peut-être rien en elle-même de ce que nous éprouvons, qu'ils m'apprennent, ces philosophes, quelle différence il y a pour eux, à quatre pieds de tes tableaux, entre le créateur et toi ? » (IV, 345).

L'article « Sublime » de l'*Encyclopédie*, écrit par de Jaucourt (*Enc.* XV, 565-570), est représentatif de la tension de la position de Diderot quant au sublime, entre la tradition du *Peri Hupsos* de Longin transmise par Boileau et celle du traité *Sur le style* de Démétrios qui marque le *Salon de 1765* par le relais de Burke. Boileau interprète le sublime de Longin du côté du grand et du beau, qui élève et transporte, certes, mais fixe et individualise. Diderot suit Burke dans l'opposition du sublime au beau, dès lors que le sublime fait se rejoindre le terrible et le merveilleux dans les métamorphoses internes au sujet, dans la démultiplication de ses figures par les transformations de son corps. On sait la postérité du « *deinos* » de Démétrios, *Unheimliche* pour Heidegger, monstrueux pour Holderlin, formidable pour Lacan. La proximité du sublime et du monstrueux se déploie en ce sens autant dans

1. *Lettre sur les sourds et muets*, éd. cit., p. 97.
2. *Lettre sur les sourds et muets*, éd. cit., p. 96-97 et 117.

les contorsions et métamorphoses du neveu de Rameau que dans les êtres difformes de la galerie de monstres de la philosophie naturelle, de l'aveugle au cyclope et aux chèvre-pieds. Seul un « style polype » peut exprimer cette énergie propre au sublime. Telle est la signification dominante de ce qui fut impulsé dans l'écriture de Diderot par sa rencontre avec les monstres biologiques. Mais pourquoi exactement les formes du savoir exigent-elles de la relation entre les noms et les choses qu'elle soit forgée par un monstre littéraire ?

L'auteur du *Rêve*, qui n'est pas avare de remarques sur l'excentricité de son style, ne la vit pas nécessairement comme une gloire et un bonheur. Il y voit plutôt le signe d'une distance entre lui et ses contemporains et collaborateurs de l'*Encyclopédie*, pourtant soucieux comme lui des sciences du vivant et curieux des organismes difformes et informes.

Diderot publie ses *Pensées sur l'interprétation de la nature*, en 1754, l'année même où Buffon écrit son fameux *Discours sur le style* dont il donne une deuxième version non moins célèbre dans son *Discours à l'Académie* de 1777. La condamnation de Buffon par les *Nouvelles ecclésiastiques*[1], avertissement contre ce « *dangereux faiseur* » avec ses hypothèses des molécules organiques et du moule intérieur, ne doit pas masquer ce qu'était alors le style admis en philosophie naturelle, pas plus que cela ne doit faire oublier la condamnation par Buffon lui-même des écrits qu'il accable de son mépris dès lors qu'ils contiennent de l'équivoque ou de la plaisanterie. Au même moment, entre enthousiasme et crainte d'illégitimité, Diderot a sans doute été déterminé à un autre « style » par la conscience aiguë de ce que *peut* le corps et *ne peut pas* le langage du discours conceptuel et narratif. Malgré la préférence des raisons aux comparaisons à laquelle il feint de souscrire dans la *Lettre sur les sourds et muets*[2], en manière de réponse à Buffon, Diderot décourageait toute recherche sur son style philosophique dans le « Discours préliminaire » de *La promenade du sceptique* : « Les prétendus connaisseurs en fait de style chercheront vainement à me déchiffrer. Je n'ai point de rang parmi les écrivains connus. Le hasard m'a mis la plume à la main » (I, 71) ; et, dans les Additions à la *Lettre sur les sourds et muets* : « Je jette les idées sur le papier et elles deviennent ce qu'elles peuvent »[3]. D'où la tentative de construire ce

1. *Nouvelles ecclésiastiques*, juillet 1754, p. 101-105.

2. *Lettre sur les sourds et muets*, éd. cit., p. 110-111 : « Mais je laisse ce langage figuré que j'emploierais tout au plus pour recréer et fixer l'esprit volage d'un enfant, et je reviens au ton de la philosophie *à qui il faut des raisons et non des comparaisons* ». C'est Diderot qui souligne.

3. *Ibid.*, p. 125.

« sublime de situation » qu'il oppose à la « méthode d'appareil », injure adressée à Helvétius dans les objections à *De l'esprit* (I, 841). On peut repérer point par point dans ces considérations l'analogie avec la genèse et le type d'organisation des êtres contre-nature, bâtards ou hybrides, référés eux aussi au jet hasardeux des dés peu ou mal pipés, selon une filiation atomiste et lucrétienne. Diderot écrit d'improbables romans, des contes qui ne répondent pas aux normes du conte, des *Salons* qui transgressent les lois du genre – combien de fois Grimm se dira dérouté par les comptes-rendus salonniers qu'il demande à son ami ! – des dialogues qui rompent avec tout modèle connu, des bijoux indiscrets ... Son gai savoir l'autorisera à faire observer à Hemsterhuis qu'« un livre est un grand obstacle à la vérité. J'ai sur vous l'avantage de n'avoir point écrit »[1].

On conviendra que ce rapprochement du monstrueux biologique et du monstrueux stylistique est un principe de lecture légitime même si Diderot ne le formule pas *explicitement* dans les pages auxquelles je fais référence ici. C'est que l'entreprise et la difficulté de la philosophie naturelle de Diderot et sa conception du savoir sont tout autres que celles de ses amis médecins et « biologistes » avant la lettre. Son *interrogation* est autre : peut-on *dire* le tracé aléatoire et mouvant de la nature, dont les monstres biologiques sont la manifestation empirique limite, et *comment* le dire ?

ÉPISTÉMOLOGIE ET ESTHÉTIQUE. VISION ET FICTION

Les Lumières avaient certes tranché nettement dans l'antique débat philosophique sur le problème de la rencontre entre littérature et philosophie, poésie et philosophie. Mais la mise en pratique consistait le plus souvent, autant dans le roman que dans l'essai proprement théorique, à injecter des thèmes philosophiques dans les genres littéraires canoniques ou à faire de l'image poétique une illustration didactique du concept sans produire l'unité du concept-image ou du savoir-fiction. C'est en ce point que le *style* de Diderot fait la différence[2]. Sa rencontre avec les monstres biologiques fait apparaître de manière éclatante et inquiétante des problèmes qui restent sans réponse dans les philosophies naturelles constituées, anciennes ou récentes. Il s'agit d'innommables résiduels – le Neveu ou le polype – que Diderot réfère à cet ordre du sublime, dont on peut se

1. Cité en exergue à cet ouvrage, p. 9.

2. Cette approche du style de Diderot est exploitée avec perspicacité et profondeur par P. Hartmann dans son ouvrage déjà cité ici, *Diderot la figuration du philosophe*.

demander s'il ne gagnerait pas, pour être mieux compris, à être interrogé comme la version matérialiste de l'esthétique kantienne du sublime[1].

Quoi qu'il en soit, cette difficulté impulse le projet d'une « espèce d'anatomie métaphysique »[2] sur le fond du constat de la faillite des systèmes et des « abstractions ». Elle requiert un coup de force qui lui permette d'établir non pas un nouveau matérialisme, mais un « plan » d'écriture ou une « assiette »[3], écriture dont l'horizon-limite serait le tracé même des mouvements aléatoires de la nature organique dans la production chaotique de ses formes. Intraduisible et inimitable, qui n'appartient à aucune espèce connue ou jamais connaissable, le monstre biologique place le texte diderotien dans cette situation paradigmatique où le concept fait défaut. Un seul transcendantal à cette singulière métaphysique, le transcendantal de la métamorphose.

Dans l'Addition à la *Lettre sur les sourds et muets*, Diderot propose le possible chiasme de l'épistémologie et de l'esthétique dans une formule célèbre où il dessine un parallèle entre l'œil et l'esprit qui ne peuvent s'observer : « Plusieurs fois, dans le dessein d'examiner ce qui se passait dans ma tête et de prendre mon esprit sur le fait, je me suis jeté dans la méditation la plus profonde, me retirant en moi-même avec toute la contention dont je suis capable ; mais ces efforts n'ont rien produit. Il m'a semblé qu'il faudrait être tout à la fois au-dedans et hors de soi, et faire en même temps le rôle d'observateur et celui de la machine observée. Mais il en est de l'esprit comme de l'œil : il ne se voit pas »[4]. D'où la fantaisie grotesque d'« un monstre à deux têtes emmanchées sur un même cou [...] qui nous apprendrait peut-être quelque nouvelle. Il faut donc attendre que la nature qui combine tout, et qui amène avec les siècles les phénomènes les plus extraordinaires, nous donne un *Dicéphale* qui se contemple lui-même,

1. Je me propose de revenir sur les limites éventuelles de la légitimité du principe de lecture mis en œuvre dans ce chapitre, ainsi que sur la confrontation *a priori* saugrenue de deux esthétiques apparemment si éloignées l'une de l'autre, dans la troisième partie de cet ouvrage, consacrée à la problématique du Beau et des œuvres d'art.

2. Dans la *Lettre sur les sourds et muets*, Diderot fait état de son « idée » de « décomposer pour ainsi dire un homme et de considérer ce qu'il tient de chacun des sens qu'il possède », éd. cit., p. 94.

3. Cest l'aléatoire qui constituait pour Althusser l'« assiette » du matérialisme, comme le rappelle J.-C. Bourdin dans un article de la revue *Multitudes* mis en ligne en juin 2006, « La rencontre du matérialisme et de l'aléatoire chez Louis Althusser ». Je lui emprunte cette image qu'il utilise volontiers dans ses diverses lectures de Diderot, en particulier à propos des « plans perdus » du matérialisme de Diderot, dans *Diderot Le matérialisme*, Paris, P.U.F., 1998.

4. *Lettre sur les sourds et muets*, éd. cit., p. 141.

et dont une des têtes fasse des observations sur l'autre »[1]. Cet étonnant dispositif qui permet au monstre biologique et au monstre littéraire de s'éclairer réciproquement trouve son accomplissement dans ce qui à coup sûr intéresse ici Diderot davantage que la question classique de l'ordre naturel du langage et des inversions, accomplissement dans l'introduction du *hiéroglyphe*[2], parfois synonyme d'« emblème ». De l'*Essai sur les hiéroglyphes*, de Warburton, traduit en 1744, Diderot retient l'analogie entre hiéroglyphe, geste et emblème ; après Bacon et Vico, il donne raison à l'auteur de l'*Essai*, contre Rousseau dans le chapitre V de son *Discours sur l'origine des langues*. L'article « Hiéroglyphe » de l'*Encyclopédie* (VII, p. 205-206) souligne en effet qu'il convient de rapporter l'origine des hiéroglyphes à l'utilité et à la nécessité et non au mystère. Cependant, la fin de l'article fait allusion au caractère sacré, et surtout énigmatique, secret, du hiéroglyphe symbolique, que Diderot nomme hiéroglyphe poétique. Dans la trame de la *Lettre sur les sourds et muets*, l'importance du hiéroglyphe saisi à un niveau de sens relativement indifférent aux considérations de Warburton sur le déchiffrement de l'écriture de l'ancienne Egypte, tient d'abord à sa puissance d'exprimer simultanément une multitude successive. À ce titre, il soutient les deux comparaisons par lesquelles la *Lettre* décrit l'âme : 1) « Notre âme est un tableau mouvant d'après lequel nous peignons sans cesse. [...] Ce tableau existe en entier et tout à la fois ; l'esprit ne va pas à pas comptés comme l'expression »[3]. 2) Notre âme est cette petite figure dont l'oreille est penchée vers les sonorités produites par les petits marteaux qui frappent un timbre dans notre tête, horloge automate. *La modalité de l'expression n'est donc pas réductible à celle de la signification*. C'est pourquoi ce tissu de hiéroglyphes est intraduisible ; si la peinture est seule parmi les arts à montrer la chose, elle a son hiéroglyphe propre ; « les expressions du musicien et du poète, écrit Diderot, n'en sont que des hiéroglyphes »[4], eux-mêmes intraduisibles. C'est aussi pourquoi les gestes du muet de convention et ceux du sourd-muet de naissance, les jeux de couleurs du clavecin oculaire ou la pantomime de l'acteur que l'on regarde au théâtre en se bouchant les oreilles montrent, par leur affinité avec les hiéroglyphes poétiques, que les uns et les autres échappent aux règles de l'usage « correct » du langage de la signification. *Il y a de l'inassimilable à l'ordre*. L'article « Encyclopédie » de l'*Encyclopédie* avait bien marqué par là les limites du projet encyclopédique : « Mais ces termes qui

1. *Ibid.*
2. Le mot et la chose apparaissent à trois reprises dans la *Lettre*, p. 116, 122, 125.
3. *Ibid.*, p. 111.
4. *Ibid.*, p. 129.

demeurent dans une langue nécessairement inexpliqués, les radicaux, ne correspondent-ils pas assez exactement à ces instants intermédiaires que la peinture ne peut représenter ? [...] Nous voilà donc arrêtés dans notre projet de transmettre les connaissances, par l'impossibilité de rendre toute langue intelligible » (*Enc.* V, 638). L'expression hiéroglyphique, le geste énergique de l'image et de la fiction, réfractaires à la traduction, en appellent à un usage pré-linguistique du langage, irréductible à l'ordre de la ressemblance. Les monstres biologiques, réfractaires à la reproduction du semblable et à la classification en appellent à la puissance hasardeuse de la vie organique irréductible à ce même ordre de la ressemblance. « Nous avons fait assez de chemin ensemble et je sens qu'il est temps de se séparer. Si je vous arrête encore un moment à la sortie du labyrinthe où je vous ai promené, c'est pour vous en rappeler en peu de mots les détours »[1]. C'est en ces termes que la conclusion de la *Lettre* est annoncée à son dédicataire, l'abbé Charles Batteux[2]. Dans le labyrinthe fantastique de l'ensemble des écrits de Diderot, peuplés de monstres biologiques littéraires, les exemples sont légion : entre autres, le récit du chaos des origines par l'aveugle mathématicien Saunderson, la description des cyclopes, siamois, hermaphrodites de toutes sortes et la fiction de la planète pépinière de polypes humains dans le second Entretien du *Rêve de d'Alembert*, l'utopie des chèvre-pieds dans la Suite de l'Entretien, les errances de Jacques, les pitreries du Neveu et les bavardages indiscrets des Bijoux.

Diderot, occupé comme il le dit dans cette *Lettre sur les sourds et muets* « plutôt à former des nuages qu'à les dissiper, et à suspendre les jugements qu'à juger »[3], nous laisse dans l'inconfort mais du même coup dans la liberté d'une enquête inachevée, tolérante aux écarts et aux errances, consciente de l'impossible clôture d'une démonstration.

Cependant, il me semble qu'il y a là moins un scepticisme radical qu'une invitation à poursuivre l'examen de cette possible pertinence d'une analogie entre monstres biologiques et monstres littéraires, capable de rendre compte à la fois de leur existence et de leur puissance, par le détour des métaphores et des fictions, faute de les conceptualiser. La présence des monstres dans les textes de Diderot est exemplaire de l'intérêt du caractère indécidable de l'étymologie latine du mot « monstre » : *monstrum*, sans doute, celui qu'on montre, mais aussi celui *qui* montre, qui avertit, qui

1. *Lettre sur les sourds et muets*, éd. cit., p. 132.

2. L'abbé Charles Batteux, nommé professeur de littérature grecque et latine au Collège Royal en 1750, avait publié en 1746 *Les Beaux Arts réduits à un seul principe* où il traite abondamment de la question des inversions organiques.

3. *Lettre sur les sourds et muets*, éd. cit., p. 111.

enseigne (*moneo*), tel un moniteur qui guide. Il montre en effet quelque chose de l'origine hasardeuse des phénomènes et quelque chose des mouvements aléatoires de la matière, matière organique et matière linguistique.

La légitimité et la fécondité conjecturées d'une telle analogie entre monstres biologiques et monstres littéraires tiennent, me semble-t-il, à cette vision des limites, des « confins de cet univers » (I, 169) imaginée par l'aveugle Saunderson et autorisée par le matérialisme qui l'organise. Le hiéroglyphe et le monstre présupposent une remontée sublime à l'informe pur de la matière, agitée par des mouvements aléatoires rétifs à l'usage et à la finalité susceptibles de les soumettre à la juste mesure du modèle d'une forme selon un principe téléologique, ordonné et normé.

Est-ce cela la forme du savoir, qui respecterait les règles du jeu sceptique et le caractère purement spéculatif du matérialisme ? Le rapport d'expression entre le nom et la chose doit-il préférer à tout la fiction, les suppositions et expériences de pensée et continuer à s'orienter vers la vérité tout en sachant que ce n'est que rêver ? Faut-il s'en tenir à la modestie épistémologique de l'*Essai sur les règnes de Claude et de Néron* : « Que le physicien fasse une hypothèse ; qu'il s'occupe à étayer ou abattre cette hypothèse par des expériences ; qu'il nous apporte ensuite le résultat des ses tentatives, j'y consens ; mais qu'il nous épargne l'inutile et fastidieux détail de ses visions. Il ne s'agit pas de ce qui s'est passé dans sa tête, mais de ce qui se passe dans la nature. C'est à elle-même à s'expliquer ; il faut l'interroger et non répondre pour elle. Suppléer à son silence par une analogie, par une conjecture, ce sera rêver ingénieusement, grandement, si l'on veut, mais ce sera rêver » (I, 1221). Il convient donc d'essayer de comprendre au plus juste ce qu'est une « interprétation » et en quoi la tentative de construire un savoir de la nature appartient à ce genre auquel souscrivent aussi le comédien et le médecin. Où situer cette « interprétation », entre science et curiosité ?

CHAPITRE II

ENTRE SCIENCES ET CURIOSITÉ

Multiplier sur le terrain
les centres de lumière [1].

L'article « Incroyable » de l'*Encyclopédie* (VIII, 657) blâme « celui qui ne trouve rien d'incroyable », « homme sans expérience et sans jugement », après avoir énuméré la liste impressionnante de toutes les « circonstances » auxquelles il faut avoir égard avant d'oser se prononcer sur la vérité, voire sur la probabilité, d'un fait. La limite idéale de l'unité encyclopédique[2] – recouvrement sans faille des phénomènes et des connaissances – ne peut dissimuler le pari de son entreprise de savoir : de quoi la science d'une nature changeante peut bien être la science, quels sont ses outils théoriques et ses procédures ?

Comme de coutume, la position de Diderot oscille ici entre les deux pôles d'une tension où il faut tâcher d'inscrire les concepts fondamentaux de sa démarche : 1) La soumission du rationalisme scientifique à l'élan imaginatif de la curiosité. 2) L'orientation de l'interprétation vers l'imitation expressive. Entre ces deux pôles, entre une construction conjecturale et une reproduction mimétique, où situer le modèle « scientifique » diderotien ?

L'article « Curiosité » de l'*Encyclopédie*, écrit par de Jaucourt et évoqué ici au chapitre précédent s'accorde avec l'article « Encyclopédie » de Diderot pour donner raison à l'ambivalence de la curiosité déjà signalée

1. *Pensées sur l'interprétation de la nature*, I, 566.

2. V. Le Ru analyse ce problème dans son article « L'aigle à deux têtes de l'*Encyclopédie* : accords et divergences de Diderot et d'Alembert de 1751 à 1759 », *Recherches sur Diderot et sur l'*Encyclopédie, n° 26, avril 1999, p. 19.

par le *Dictionnaire de Trévoux*[1] : prise en mauvaise part, la curiosité est le désir indiscret du superflu, à inscrire au catalogue des vices, alors que, pris en bonne part, le curieux est « celui qui a désir d'apprendre, de voir de bonnes choses, les merveilles de l'art et de la nature, et de les collectionner »[2]. Diderot écrit en effet à l'article « Encyclopédie » : « Il eût été difficile de proposer un objet plus étendu que celui de traiter de tout ce qui a rapport à la curiosité de l'homme, à ses devoirs, à ses besoins, à ses plaisirs [...]. L'ordre encyclopédique peut être formé soit en rapportant nos différentes connaissances aux diverses facultés de notre âme (c'est ce système que nous avons suivi), soit en se rapportant aux êtres qu'elles ont pour objet ; et cet objet est ou de pure curiosité ou de luxe et de nécessité » (*Enc.* V, 635). Mais un peu plus loin, il avertit : « Pour peu que l'impatience et la curiosité qui nous dominent et interrompent si communément le cours de nos observations jetassent de désordre dans nos lectures, nos connaissances deviendraient isolées » (*ibid.*, 641). De Jaucourt définit la curiosité comme « le désir empressé d'apprendre, de s'instruire, de savoir des choses nouvelles. Ce désir peut être louable ou blâmable, utile ou nuisible, sage ou fou, suivant les objets auxquels il se porte » (article « Curiosité », *Enc.* IV, 577). Il oppose la curiosité qui s'épuise en vaines superstitions (astrologie, divination) à celle « digne de l'homme » qui témoigne de son envie de s'instruire et de s'éclairer. « Elle ne peut être attribuée qu'aux sensations et aux perceptions qui nous affectent et qui nous sont venues par la voie des sens. [...] Il n'y a que les mortels formés par une heureuse éducation qui conduit à ces connaissances intellectuelles ou ceux que la vive curiosité excite puissamment à les découvrir par une profonde méditation, qui puissent les saisir distinctement » (*ibid.*, 578).

Pour s'en tenir à l'*Encyclopédie*, la même hésitation et la même ambivalence se retrouvent dans le *Prospectus*, dans le *Discours Préliminaire* et dans de nombreux articles – «Amateur», «Antédiluvienne», «Cabinet d'histoire naturelle», «Crise», «Éclectisme», «Instinct», «Jouissance», «Locke», «Malebranchisme», «Perfectionner», «Physiologie», «Sensibilité».

INTERPRÉTATION ET CURIOSITÉ

Dès ses premiers écrits, le projet philosophique de Diderot est d'élaborer une « interprétation de la nature ». Que faut-il entendre

1. Édition de 1752, Paris, 7 volumes, volume I, p. 1358.
2. *Ibid.*

par « interprétation » ? Des premières traductions de divers dictionnaires jusqu'aux *Éléments de physiologie*, en passant par les travaux de mathématiques, d'optique et d'acoustique, sans oublier les *Principes sur la matière et le mouvement* ni *Le Rêve de D'Alembert*, cette « interprétation » semble se donner les principes, les outils théoriques et la méthode d'une science de la nature : un socle matérialiste, la filiation de la physique newtonienne, le modèle « expérimental » hérité de Bacon et de Locke, les découvertes communes aux savants contemporains de l'*Encyclopédie*, surtout médecins, chimistes et biologistes. Le problème est de savoir si cette option pour une rationalité scientifique, liquidatrice des anciens systèmes – idéalismes, théologies, mécanismes – donnera à cette « interprétation » la capacité de répondre à la difficulté centrale de cette reconstruction de l'idée de matière sur laquelle la première partie de cet ouvrage s'est interrogée : y a-t-il une solution de continuité entre la matière morte et la matière vivante, et, plus, entre la sensibilité et la pensée ?

Déjà, la dixième pensée des *Pensées sur l'interprétation de la nature* accorde une supériorité à l'instinct sur la raison (I, 564), sur laquelle la trente-deuxième pensée renchérit en encourageant l'apprentissage d'une « habitude de déraison » (I, 572) ! La cinquante-sixième pensée, distinguant l'observateur de l'interprète, souligne que la rationalité scientifique ne suffit pas à cette reconstruction de l'idée de matière (I, 593).

Le désespoir lucide du physicien de jamais relever ce défi en dépassant le stade de la conjecture autorise l'audace du choix d'une autre voie que celle des sciences : celle de l'énergie de la curiosité dont le mode d'interrogation et de problématisation du savoir est assigné à l'imagination. Contrairement aux sciences qui cherchent à *atteindre* l'inconnu d'un réel donné ou modélisé, la curiosité produit des *curiosa* en transgressant les limites du réel. *Le Rêve de d'Alembert* et les *Éléments de physiologie* donnent la mesure de cette puissance interprétative de la curiosité dont *Le neveu de Rameau* et *Les bijoux indiscrets* révèlent la violence, voire la cruauté.

Comment en effet la curiosité prend-elle la relève du scepticisme désabusé du physicien ? Cette tonalité sceptique est donnée par le célèbre aveu des *Éléments de physiologie* : « Qu'aperçois-je ? Des formes, et quoi encore ? Des formes, j'ignore la chose. Nous nous promenons entre des ombres, ombres nous-mêmes pour les autres et pour nous. Si je regarde l'arc-en-ciel tracé sur la nue, je le vois ; pour celui qui regarde sous un autre angle, il n'y a rien »[1]. De Jaucourt lui fait écho à la fin de l'article « Curiosité » de l'*Encyclopédie* : il y a « trop de sujet de se plaindre de ce que la nature a donné tant d'étendue à notre curiosité et des bornes si étroites à notre intelligence » (*Enc.* 578). Maupertuis y verra les limites de sa cosmologie : « Quand je réfléchis sur les bornes étroites dans lesquelles sont renfermées nos connaissances, sur le désir extrême que nous avons de savoir et sur l'impuissance où nous sommes de nous instruire, je serais tenté de croire que cette disproportion qui se trouve aujourd'hui entre nos connaissances et notre curiosité pourrait être la suite d'un pareil désordre »[2].

Ainsi, la curiosité, saisie comme désir inquiet et dépit de ne pouvoir se satisfaire, va promouvoir une pensée de la plus haute extravagance et tout à la fois de la philosophie la plus profonde. De ce point de vue, Diderot instaure-t-il une contradiction entre rhétorique des sciences et rhétorique de la curiosité, particulièrement du point de vue de la relation au progrès ou au perfectionnement des connaissances? Car la réflexion sur la curiosité a toujours été accompagnée d'une dimension axiologique; entre curiosité vertueuse et curiosité vicieuse, l'étymologie renvoie à la *cura* – soin, souci, sollicitude, application, et, indissociablement, l'inquiétude, la crainte, les tourments de l'amour (le curio est celui que le souci amaigrit). Le grec *périépo* – entourer de soins, s'occuper de – déploie l'activité du *polypragmonein*, ce soin excessif du superflu, l'esprit de minutie, la curiosité excessive et indiscrète, l'ingérence dans les affaires d'autrui. Le *periergos* vit dans l'excès, a une activité brouillonne et s'occupe de trop de choses; mais il peut être aussi actif au sens de curieux de s'instruire.

SUR L'« HISTOIRE » DE LA CURIOSITÉ

Dès l'Antiquité, les commentaires de la première phrase du Livre A de la *Métaphysique* d'Aristote manifestent cette ambivalence du jugement sur la valeur et les performances de la curiosité quant à son intérêt théorique, le lien étroit, apprécié ou déprécié, entre curiosité et inquiétude, et la solidarité entre *curiositas* et *studiositas* – application à l'étude, mais aussi ardeur de l'amateur. Dans ce même livre A, Aristote précise un peu plus loin : « C'est seulement quand tout a été disponible, tant le nécessaire pour la vie

1. *Éléments de physiologie*, *op. cit.*, p. 360-361. Dans son ouvrage *Diderot Le matérialisme*, Paris, P.U.F., 1998, J.-C. Bourdin fait un rapprochement très intéressant entre le « matérialisme des confins » et la fonction opératoire que Diderot accorde aux « suppositions ».

2. *Essai de cosmologie*, Paris, Vrin-Reprise, 1984, p. 72.

que ce qui est exigé pour une vie plus facile [...] que la mentalité de recherche devint un besoin [...] comme un homme dont nous disons qu'il est libre parce qu'il agit de son propre gré et non au service d'un autre »[1]. L'âme étant en puissance tout ce qui est, le monde des objets auxquels l'homme a accès ne dépasse ni ses forces ni sa finitude. On peut en appeler à une vie divinisée qui réalise l'homme dans sa plénitude, « et cette vie lui confère la pleine eudémonie »[2].

Contre Aristote, Épicure et Lucrèce condamnent la pulsion de savoir. Épicure établit un parallèle entre l'indifférence théorique et l'absence de souci pratique : seuls les besoins vides ne trouvent pas auprès de la nature leur mesure et n'atteignent pas leur but : « Qui n'est pas comblé par ce qu'il possède est pauvre, même s'il était le maître de l'univers »[3]. Le bonheur est ce qui reste lorsque la nature n'oppresse plus les hommes et leur est tout aussi indifférente qu'aux dieux dans les intermondes. Il n'y a pas pour Épicure d'implication technique ; il s'agit de distancer les phénomènes, non de les produire ; pas de les objectiver, mais de les neutraliser. À la manière du scepticisme pyrrhonien, il convient de promouvoir l'idée de l'indifférence des réponses de la physique vis-à-vis de la configuration de la vie dans le monde. Épicure propose ainsi une véritable méthode de guérison de ce que Sénèque appelle le *morbus graecus*. Lucrèce déplore le regard tourné vers le ciel qui éveille la *cura*, le souci envers les puissances auxquelles l'homme est livré sans défense[4]. La faiblesse de la raison le rend constitutivement sujet à ce souci : « Il n'était pas pensable que je puisse m'étonner constamment »[5]. Cet accent mis sur l'absence d'égards du monde vis-à-vis de l'homme marque la distance considérable entre le monde grec et hellénistique et les « temps modernes » malgré leur référence insistante à l'atomisme antique. Si l'absence d'égards du monde vis-à-vis de l'homme est le signe d'un désordre inhumain, l'étonnement grec apparaît comme la sanction métaphysique de l'irrégularité interne de la curiosité. L'opposition conceptuelle entre le souci du bonheur et la curiosité maladive qui suscite la crainte et l'espérance – donc le malheur – fait naître pour la tradition qui conduit jusqu'à Rousseau un motif de la limitation de soi critique de la curiosité intellectuelle. C'est l'antithèse du

1. Aristote, *Métaphysique*, A, I, 980a et II, 982b.
2. Aristote, *Éthique à Nicomaque*, X, 7, 1177b.
3. Cité par Sénèque, *Lettre à Lucilius*, 9, 28.
4. *De rerum natura*, V, 1204-1240.
5. *Ibid.*, II, 1033 *sq.*

lien aristotélicien entre désir de savoir et essence de la nature humaine [1]. Le stoïcisme, lui, peut à la fois justifier et condamner la curiosité : d'un côté, le thème de la curiosité intellectuelle suscite la légitimité au nom du principe téléologique : une disposition si profondément ancrée ne peut être contraire à l'essence des choses. Mais, d'un autre côté, l'impulsion de l'homme vers le savoir le pousse constamment à transgresser la limite de ce qui tombe sous les sens et à s'adonner face aux objets vagues et obscurs, à cette précipitation et à cette démesure que les principes de la logique et de l'épistémologie stoïciennes devraient réfréner. Si Sénèque, dans un certain contexte théorique, exalte le grand courage de ceux qui entrent dans les recoins secrets de la nature, la *curiositas* ne présente aucun symptôme négatif dans la mesure où elle n'est attisée que par les objets suprêmes et résulte d'une ascèse du souci pour l'essentiel [2]. Avec les mêmes prémisses théologiques, la *Lettre 88 à Lucilius* en appelle à une économie du savoir. L'autolimitation théorique nous garantit de l'intempérance, de la tentation de savoir plus que ce qui est nécessaire, plus que ce qui strictement nous concerne : « Tu n'auras point affaire aux techniciens ; suis la nature [...]. C'est notre dégoût des choses faciles qui nous fait rencontrer les difficultés partout. [...] Pour subvenir à la nature, la nature suffit » [3].

Le procès de la curiosité conduira saint Thomas à opposer *studiositas* à *curiositas*, à insister sur la tension entre souci légitime et souci frivole, à associer enfin la *curiositas* à la *perversitas* qui porte attention *aux* vérités sur la multiplicité des choses du monde au lieu de s'attacher à *la* vérité. Ce procès est ouvert par Cicéron interprétant la tentation d'Ulysse de céder à l'appel des sirènes [4] et l'égarement d'Archimède emporté par l'*ardor studii* : « Que pensez-vous en effet qu'ait été l'ardeur d'Archimède à l'étude, pour que, dans son extrême attention à tracer sur le sable certaines figures, il ne se fût même pas aperçu que sa ville natale était prise ? » [5]. Plutarque hausse le ton dans son traité *De la curiosité* où il associe ce vice à la méchanceté et aux commérages. Augustin s'en fait l'émule, qui consacre à ce péché le chapitre III du Livre V des *Confessions* et tout le chapitre XXXV du Livre VI : Le seul fait de tenter d'expérimenter et de savoir, c'est la concupiscence, la *cupiditas*. Il convient d'opposer usage de l'objet et

1. En ce qui concerne cette « histoire » de la curiosité, je me règle sur les remarques de H. Blumenberg dans *La légitimité des temps modernes*, Paris, Gallimard, 1999, en particulier la troisième partie consacrée à « la curiosité théorique en procès ».

2. *Questions naturelles*, I, 12.

3. *Lettres à Lucilius*, 90, 16 et 18.

4. Cicéron, *Des fins des biens et des maux*, V, 18, § 49 et 50.

5. *Ibid.*, § 48.

jouissance de l'objet, *uti* et *frui*. La curiosité porte atteinte à cette hiérarchie de valeur entre usage et jouissance, besoin et désir. La constatation du *droit* à la *curiositas* la fait entrer dans le catalogue des vices. Son caractère répréhensible en tant que curiosité théorique tient à la prétention du savoir rationnel de prescrire à la nature ses lois. L'établissement de la légalité immuable de la nature exclut la libre et souveraine disposition de Dieu sur sa création.

Le renversement du procès en apologétique de la curiosité dont Diderot est l'un des initiateurs, comme d'un tournant des « temps modernes » trouve son étrange pressentiment dans le roman d'Apulée au deuxième siècle de notre ère, *Les Métamorphoses*, cette radicalisation de la curiosité : le héros se présente « non pas certes comme curieux mais comme néanmoins désireux de savoir tout, ou, en tout cas, beaucoup de choses »[1]. C'est l'explosion des possibles dans l'ouverture d'un espace d'indétermination de ce qu'on est en droit d'atteindre et qui suscite l'admiration pour le singulier, le curieux au sens objectif, le surprenant, ce dont la texture se défait en transitions et métamorphoses extérieures. Le héros du roman est « désireux d'apprendre ce qui est bizarre et surprenant »[2]. Entre ces deux grandes autorités, Aristote et Augustin, l'horizon de la curiosité va s'ouvrir à la conscience de soi des Modernes ; le *Prospectus* et le *Discours Préliminaire* de l'*Encyclopédie* adoptent le blason de Francis Bacon dont l'*Instauratio Magna* en 1620 arbore en couverture une représentation du navire d'Ulysse, cette fois derrière les colonnes d'Hercule, accompagnée d'un mot d'ordre : « Beaucoup iront au-delà et la science en sera accrue ». Heisenberg, commentant dans *Physique et philosophie*[3] un passage du *Novum Organum* du même Bacon[4], caractérise ce tournant comme le passage de la *curiosa industria* qui se réjouit du *lusus naturae* à la *seria utilitas*. Seul Voltaire s'attardera à l'article « Curiosité » de son *Dictionnaire* à la tourner en dérision. À ses yeux, le curieux risque l'absurdité car il porte la marque de l'être fini qui a des prétentions infinies.

Déjà Descartes affichait une certaine ambivalence à l'endroit de la curiosité ; certes il accuse Galilée, dans une lettre à Mersenne du 11 octobre 1638 de « curiosité désordonnée » et dénonce les « sciences curieuses » entachées d'infamie, que sont l'alchimie, la magie et l'astronomie, cependant que l'anatomie et la chimie restent des disciplines extérieures au

1. *Les Métamorphoses*, I, 2.
2. *Ibid.*, III, 14.
3. W. Heisenberg, *Physique et philosophie*, Paris, Albin Michel, 1961, p. 120.
4. *Novum Organum*, II, 27-28.

cursus des études scolastiques[1]. Dans une lettre à Mersenne du 9 février 1639, il introduit l'antithèse « pour mon utilité »-« pour ma curiosité », mais dans une célèbre anecdote rapportée dans une lettre au même le 13 novembre de la même année, il confesse : « Ce n'est pas un crime d'être curieux de l'anatomie [...]. J'allais quasi tous les jours en la maison d'un boucher pour lui voir tuer des bêtes, et faisais apporter de là en mon logis les parties que je voulais anatomiser plus à loisir »[2], lors d'un hiver passé à Amsterdam. Fidèle sur ce point aux Académies des Curieux ou des Inquiets célébrées par Furetière puis Fontenelle[3], l'article « Académie Royale » de l'*Encyclopédie* rend hommage à « l'esprit de sagacité » de la *curiositas*, cette « inquiétude de l'esprit qui l'empêche de se reposer jusqu'à ce qu'il ait découvert l'objet qu'il poursuit, quelque déguisé, quelque caché qu'il puisse être » (*Enc.* I, 56). Charles Bonnet en fait l'essence même de la raison : « Inquiète, ardente, active, la raison ne peut s'arrêter aux effets. Elle veut voir au-delà. Elle se tourne de tous côtés ; elle s'agite, elle s'émeut, elle passe et repasse plusieurs fois devant le même objet. L'aiguille aimantée décline souvent; et combien la raison décline-t-elle dans la recherche du vrai ? Craignons cependant de la gêner trop dans ses mouvements. Son activité pourrait en recevoir de fâcheuses atteintes »[4]. Enfin, Montesquieu incarne l'emblème du courage de la curiosité théorique à une époque où l'on entend sans cesse dire que les frontières de la connaissance théorique seront repoussées à l'infini : « C'est une certaine curiosité que tous les hommes ont et qui n'a jamais été si raisonnable que dans ce siècle-ci. Nous entendons dire tous les jours que les limites des connaissances des hommes viennent d'être infiniment reculées, que les savants sont étonnés de se trouver si savants, et que la grandeur des succès les fait quelquefois douter de la vérité de leur succès »[5].

Quelle place singulière occupe Diderot dans cette apologétique « éclairée » de la curiosité ?

1. *Discours de la méthode*, première partie.

2. *Lettre à Mersenne* du 13 novembre 1639, *Œuvres et lettres*, « Bibliothèque de la Pléiade », Paris, Gallimard, 1953, p. 1063.

3. Évoquées ici dans le premier chapitre de la première partie. Voir note 2, p. 17.

4. Ch. Bonnet, *Considérations sur les corps organisés*, « Corpus », Paris, Fayard, 1985, p. 91-92.

5. Montesquieu, *Discours sur les motifs qui doivent nous encourager aux sciences*, *Œuvres complètes*, « Bibliothèque de la Pléiade », Paris, Gallimard, 1974, I, p. 579.

POUR UNE PHYSIOLOGIE DE LA CONNAISSANCE

Certes il se rallie à cette philosophie du courage de la science rationnelle qu'un directeur de l'*Encyclopédie* ne pouvait que promouvoir. Mais, par un geste spéculatif d'*antagonisme*, propre à la *cohérence contradictoire* de sa pensée, il la transgresse et la nie, en invoquant, dès les trentième et trente et unième pensées des *Pensées sur l'interprétation de la nature* « l'esprit de divination par lequel on subodore », ce « démon familier » qui raconterait « l'histoire fidèle de toutes les extravagances apparentes qui lui ont passé par la tête » (I, 571). Et Diderot d'insister : « Je dis *extravagances* : car quel autre nom donner à cet enchaînement de conjectures fondées sur des oppositions ou des ressemblances si éloignées, si imperceptibles, que les rêves d'un malade ne paraissent ni plus bizarres ni plus décousus ? » (*ibid.*).

L'allégeance de Diderot à la curiosité théorique *des* Lumières (par différence avec *la* lumière malebranchiste) est manifeste dans son article « Encyclopédie » où il s'agit de passer de la « curiosité naïve » à la « curiosité réfléchie ». Cette curiosité ne se comprend pas seulement comme mouvement mais ressaisit sa topographie, fait un état des lieux et tente de savoir comment cela va continuer. Il s'agit d'affirmer son droit sur ce qui était dissimulé, et ce droit est une *possession* de la vérité. L'article « Instinct », signé par Leroy, s'interroge sur les raisons pour lesquelles l'humanité est encore plongée dans les ténèbres : « Pourquoi donc cette espèce humaine, avec tant de moyens de perfectibilité, est-elle si peu avancée dans les connaissances les plus essentielles ? Pourquoi plus de la moitié des hommes est abrutie par la superstition ? » (*Enc.* VIII, 797). À l'article « Bramines », Diderot évoque ces « centres de ténèbres » formés par des sociétés de gens intéressés à plonger le peuple « dans la nuit profonde » (*Enc.* II, 394), à quoi les *Pensées sur l'interprétation de la nature* opposent l'invitation à multiplier sur le terrain les centres de lumière[1]. Une pratique rationnelle de la connaissance scientifique de la nature devrait alors s'ensuivre, sous l'autorité de Bacon, et sans motif de désaccord avec d'Alembert. Ce serait aussi le moyen de renouveler l'antique conception de la solidarité entre savoir et bonheur. Diderot songe certes à un achèvement de l'*Encyclopédie* comme à un devoir objectif pour l'avenir, mais il ne se leurre pas sur le malaise qui accompagne cet espoir. Ce malaise est provoqué par la disparité entre l'intelligence théorique de la réalité et ce qui peut en être transmis à l'individu pour s'orienter dans son monde. La possession de la totalité des vérités disponibles à une époque

1. Formule citée en exergue à ce deuxième chapitre, p. 85.

par un seul individu n'est plus à l'ordre du jour. C'est pourquoi les circonstances particulières qui ont rendu possible l'*Encyclopédie* jettent une incertitude sur la réalisation de conditions similaires à l'avenir : « L'*Encyclopédie* peut aisément s'améliorer; elle peut aussi aisément se détériorer » (V, 535). Les articles « Modification, Modifier, Modificatif, Modifiable » et les articles « Perfectionner » et « Imparfait » soulignent cette ambivalence[1].

Il semble que le partage antagonique, dans la philosophie naturelle de Diderot, entre la méthode scientifique rationnelle et expérimentale, en accord avec l'optimisme théorique de l'apogée des Lumières et la curiosité héroïque fondée sur l'imagination comme mode de problématisation, est l'effet épistémologique de ce malaise.

La curiosité paraît en effet scindée en deux mouvements : elle est l'impulsion originaire qui entraîne l'humanité dans l'éclairement et la maîtrise du réel, sans égard pour l'individu. Mais elle est tout à la fois la perturbation de ce processus, processus déviant parce qu'il continue de pousser l'individu à rechercher la vérité qui le conduirait au bonheur. La teneur de certains articles de l'*Encyclopédie* – « Délicieux », « Éclectisme », « Jouissance », « Théosophe »; la trame de certains contes comme *Les bijoux indiscrets* ou *Le neveu de Rameau* sont encore un indice de cette scission. En transgressant les limites du droit de la connaissance de la nature à *posséder* la vérité, la curiosité, en produisant ses objets, renonce à *la propriété* pour lui préférer *l'anticipation*. C'est sans doute à ce prix qu'il lui est possible d'interpréter la nature au sens d'une « expression » à la manière du comédien du *Paradoxe*, au lieu de s'appliquer à la dominer. Le grand comédien est en effet celui qui donne sens à la nature parce qu'il s'y assujettit au lieu de lui imposer une image qui altère sa vérité.

La mise en œuvre d'une telle curiosité jusque dans les théories physiques, chimiques, biologiques, de Diderot, dans son écriture, dans la mise en scène de ses dialogues philosophiques où se multiplient les fictions et les métaphores, permettrait alors de dégager la signification de l'action commune de l'homme et de la nature. Maupertuis soulignera le sens et la nouveauté de cette *autre* philosophie dans sa *Lettre sur le progrès des sciences* : « La nature par des moyens qu'ils ignorent travaillera toujours de concert avec eux »[2]. Diderot, lui, dans une lettre à Sophie du 20 octobre 1760, contre la méthode et les « méthodistes », s'avoue plus près des trilles

1. Dans l'ouvrage collectif coordonné par B. Binoche, *L'homme perfectible*, Seyssel, Champ Vallon, 2004, F. Salaün interroge la position de Diderot sur cette question en la confrontant à celles de Rousseau et Helvétius, p. 200-217.

2. *Lettre sur le progrès des sciences*, Paris, Aubier Montaigne, 1980, p. 163.

désordonnés du rossignol que de la monotonie du chant du coucou auquel seul l'âne a la sottise de donner sa préférence (V, 260). Dès lors, quelle hypothèse pourrait garantir la *cohérence* propre à la pensée philosophique de Diderot concernant l'usage qu'il fait des sciences dans une philosophie naturelle guidée par l'élan de la curiosité ? Comment rendre raison du bien fondé de la curiosité inquiète comme puissance d'interprétation et de la légitimité de cette puissance d'interprétation à se donner comme science, sinon en accordant à Diderot qu'elle est *en nous* l'expression des mouvements des infimes particules de matière dont l'agitation aveugle édifie au hasard l'organisation du Tout de la nature ? Revenir à l'insistance des *Pensées sur l'interprétation de la nature* : « Je dis *extravagances* » (I, 571), c'est convenir d'une *physiologie* de la connaissance, indissociablement science et curiosité, trace dans le « fromage mou » (IV, 633) de notre cerveau de la curiosité inquiète des corps élémentaires. Le ton de l'adresse au lecteur dans l'Envoi de ces *Pensées* ne trompe pas : il est d'une désinvolture feinte car il est le lieu indissociable de ces extravagances et de ce labyrinthe qu'est le modèle du savoir dans lequel Diderot semble s'amuser à nous égarer. Il faut tenter de mettre en miroir, comme toute l'œuvre nous y invite, les deux pôles du connaître entre lesquels le début de ce chapitre présupposait une tension. Or, la conception plastique des phénomènes de la nature *et* de la pensée ordonne la génération des formes à l'« agitation intestine » (I, 23) de germes minuscules. À ce titre, la chimie est un modèle autant pour l'explication biologique de la genèse et de la structure des êtres matériels que pour celle de la genèse et de la structure des idées. Entre les positions antagonistes de Haller et de Bordeu concernant la physiologie de la sensibilité[1], Diderot tranche en proposant une équivalence entre sensibilité, vie, irritabilité et spontanéité, et en soulignant l'importance du toucher. Dans le chapitre « Phénomènes du cerveau » des *Éléments de physiologie*, en continuité avec l'article « Crise » de l'*Encyclopédie* signé par Bordeu (*Enc.* IV, 471-489), il considère le psychisme comme un ensemble de phénomènes émergeant d'organes divers interagissant selon des rapports immanents de sensibilité. L'article « Élasticité » (*Enc.* V, 444-447) signé par d'Alembert, et les articles auxquels il renvoie, font crédit au néologisme forgé par Turgot – expansibilité – qui emploie aussi celui de perfectibilité. Le privilège de la curiosité inquiète aveugle sur la *laboriosa vigilia* que Descartes préconise à la fin de sa première *Méditation*, en appelle donc à une conception

1. J. Roger en fait une présentation claire et savante dans son ouvrage de référence, *Les sciences de la vie dans la pensée française du dix-huitième siècle*, *op. cit.*, p. 626-630.

analogique de la spontanéité vitale de la sensibilité, enveloppant à l'état embryonnaire les processus supérieurs de la vie organique et de la vie psychique. Dans le chapitre suivant, la mise en perspective d'un exemple scientifique sur le parti pris éclectique de Diderot tentera de jeter un éclairage sur cette modalité de la rencontre entre les noms et les choses qu'est cet « extravagant » modèle du savoir. « Extravagant », pour qui aurait des difficultés à placer cette rencontre entre sciences et curiosité sous le signe de la radicalisation de la conception empiriste et matérialiste de la genèse du savoir. Il n'est certes pas aisé de penser, avec le *Rêve de d'Alembert*, que nous puissions être à la fois l'instrument dont on joue et le musicien, autrement dit de concevoir une continuité sinon une identité entre l'énergie des molécules naturelles, des corps qu'elles engendrent et de leur connaissance dont nous tâchons de rendre compte. C'est pourquoi Diderot a recours – recours déceptif pour la tradition de l'architectonique conceptuelle ? – à une métaphore, celle de l'instrument philosophique, du clavecin sensible, pour soutenir sa détermination du « connaître » comme un « exprimer ».

CHAPITRE III

EXPRIMER

C'est une femme
qui aime à se travestir [1].

Diderot écrit l'article « Éclectisme » de l'*Encyclopédie* en insistant, à la manière des Lumières, sur la libre pensée qu'il incarne et qui engendre plus que de la sympathie entre éclectique et sceptique, plus que de l'affinité entre imagination et savoir positif: « L'éclectique est un philosophe qui foulant aux pieds le préjugé, la tradition, l'ancienneté, le consentement universel, l'autorité, en un mot tout ce qui subjugue la foule des esprits, ose penser de lui-même, remonter aux principes généraux les plus clairs, les examiner, les discuter, n'admettre rien que sur le témoignage de son expérience et de sa raison [...]. Ce n'est point un homme qui plante ou qui sème; c'est un homme qui recueille et qui crible » (*Enc.* V, 270). Il offre du même coup à son lecteur en quête de son « modèle » du savoir la liberté de se tourner vers les « interprètes » de la nature qui tentent de penser l'alternative à laquelle elle les soumet: présence ou représentation? Le comédien et le médecin donnent ainsi à penser au philosophe de la nature le paradoxe du « savoir » auquel il est confronté: quel est, dans la pensée comme dans la pratique, l'art d'exprimer la nature, sachant qu'elle s'imite elle-même en inventant des formes et qu'elle nous invite à une imitation expressive, ouverte aux surprises que peut réserver cet art d'inventer qu'est l'éclectisme? Cette problématique éclate dans le *Paradoxe sur le comédien*. Comme on sait, toute la question de l'art du grand comédien est là : présente-t-il quelque chose qui serait la propre voix de sa sensibilité, ou

1. Douzième pensée des *Pensées sur l'interprétation de la nature* (I, 565).

joue-t-il la représentation ? Comment l'acteur doit-il travailler le jeu de l'expression pour être un excellent interprète ? À l'inverse, le physicien qui, lui, interprète la nature, doit-il mener son interprétation à être un jeu expressif, faisant ainsi de sa voix la voix émanative de la nature ? Doit-il être un « imitateur » ? Le destin de la stratégie spéculative que supposent ces questions en matière de conception du savoir, sera d'être engloutie par le positivisme naissant et le retour au dogme du « système » contre l'esprit systématique prôné par l'éclectisme tel que le comprend l'*Encyclopédie*. C'est d'ailleurs la nécessité pour Diderot de penser la Nature à partir du thème de l'expression qui nuance son hostilité contre deux philosophes qui prennent sa pensée comme dans une « tenaille » : Spinoza et Leibniz sont certes au regard de l'article « Éclectisme » de l'*Encyclopédie* des faiseurs de systèmes mais ce sont les deux grands philosophes de l'expression. En ce qui concerne la relation avec Spinoza ici, l'idée (engagée par Maupertuis et retenue par Buffon) d'un premier animal prototype à partir duquel seraient sorties toutes les espèces vivantes, incline la notion d'expression vers celle de l'émanation d'une variété infinie des formes à partir de l'unité originaire. Quant à la relation avec Leibniz, la tentation d'une monadologie physique, impulsée elle aussi par Maupertuis, permet de donner une consistance à l'hypothèse analysée dans la première partie de cet ouvrage, celle du passage par degrés insensibles de la nature morte à la nature vivante et à l'homme, en inclinant cette fois la notion d'expression vers celle de développement d'un germe. L'expression : émanation ou construction ? Du point de vue de cette interrogation, le comédien n'est pas en reste, car si l'émanation suppose une spontanéité fondée sur une critique de la finalité, la construction autorise une téléonomie, une élaboration vers une fin réussie.

LE PARADOXE ET L'INTERPRÉTATION DE LA NATURE

Là se présente l'intérêt de faire dialoguer *Le Paradoxe* avec *L'Interprétation*, car le comédien et le philosophe jouent tour à tour le rôle réciproque de paradigme relativement à la recherche de ce que c'est que « savoir » et à la prescription souvent intimée par Diderot à l'un et à l'autre : il faut imiter la nature. C'est au cœur de cette problématique de l'imitation de la nature, tour à tour invoquée par le comédien et le philosophe, que gît le jeu de l'expression comme éventuel modèle du savoir, et la richesse de la réciprocité du paradigme.

Le Paradoxe et *L'Interprétation* sont une méditation sur la sensibilité, cette donnée première qui, chez le comédien comme chez le philosophe, doit permettre d'exprimer la production d'une forme; deux doctrines du développement expressif de la forme sont dans ces deux cas condamnées : d'une part, l'idée d'une préexistence de la forme, inscrite dès l'origine dans la matière et imprimée sous l'aspect d'un rôle dans le jeu du comédien; dans ces deux cas, exprimer serait développer de manière linéaire et spontanée un germe toujours déjà là : type de l'espèce, caractère de l'acteur; d'autre part, l'idée d'une combinaison mécanique de parties hétérogènes n'est pas retenue comme pertinente pour rendre compte de la genèse d'une forme dans la nature (Diderot abandonna très vite la tentation mécaniste pour un dynamisme) et la mécanique de l'imitation ne fait jamais de bons comédiens : elle fait des comédiens médiocres qui imitent mécaniquement d'autres comédiens mais qui ne sauraient exprimer la nature. Comme Diderot fut sévère dans le *Paradoxe* à l'égard de Madame Riccoboni, romancière et actrice, « une des plus sensibles que la nature ait formée [...] une des plus mauvaises actrices qui aient jamais paru sur la scène » (IV, 1417), sur laquelle plane l'ombre immense de l'immortel Garrick dans la lettre du 27 novembre 1758 : « Vous vous résoudrez donc à n'être toute votre vie que des mannequins? [...] Vos règles vous ont fait de bois, et à mesure qu'on les multiplie on vous automatise. C'est Vaucanson qui ajoute encore un ressort à son flûteur. Prenez-y garde ... » (V, 81). « Mais oubliez vos règles, laissez-là le technique » (V, 85). Cette lettre, *Le fils naturel* (1757) et le Discours *De la Poésie dramatique*, ont sans doute davantage leur place, et la trouveront, lorsque seront abordés ici les problèmes d'« esthétique ». Cependant ils mettent en place trois thèmes qui font se retrouver le comédien et le philosophe : l'idée d'une dialectique impression/expression, l'importance de la liaison entre les évènements et la recherche de l'unité d'accent. L'artiste interprète au sens où il exprime, comme par des reflets, mille émotions diverses; le philosophe interprète au sens où il tente de saisir dans la nature un même mécanisme qui s'exprime d'une infinité de manières différentes. La métaphysique est d'ailleurs dite « interprétation » parce qu'elle est l'extension *problématique* des faits.

LA MÉTAPHORE

Cette analogie entre le comédien et le philosophe pourrait paraître d'autant plus artificielle que les « rêveries » de Diderot ne laissent pas de prendre appui sur les sciences positives et d'avoir, à leur manière, pour ambition avouée, la construction d'une « science ». Une fois l'abstraction ridiculisée par le personnage de Bordeu dans *Le Rêve*, viennent l'étiologie et le remède : « On a exclu l'idée en séparant le signe de l'objet physique; et ce n'est qu'en rattachant le signe à l'objet physique que la science redevient une science d'idées » (I, 667). Une indication sur la nature de cette entreprise nous est donnée par la *Lettre sur les aveugles* avec la définition de la métaphore : « Mais qu'entendez-vous par des expressions heureuses, me demanderez-vous peut-être? Je vous répondrai, madame, que ce sont celles qui sont propres à un sens, au toucher par exemple, et qui sont métaphoriques à un autre sens, comme aux yeux; d'où il résulte une double lumière pour celui à qui l'on parle, la lumière vraie et directe de l'expression; et la lumière réfléchie de la métaphore » (I, 161). D'emblée, la première difficulté que soulève cette définition tient à l'usage de ces expressions énergiques, heureuses, que sont les métaphores, difficulté liée à la nature de ce projet philosophique, déjà caractérisé dans les chapitres précédents : construire, en lieu et place de ces anciens systèmes de la matière qui ont fait la preuve de leur faillite *une libre enquête sur l'idée de matière*; elle prendra la forme d'un dispositif d'intégration des éléments matériels selon un principe d'ordre régional ouvert et inachevé.

J'ai ici à plusieurs reprises proposé de voir dans la « métaphore-concept » l'outil théorique adéquat à cette libre enquête sur l'idée de matière que serait cette « science d'idées » débarrassée des scories de l'abstraction. Le moment est venu de rendre compte de son contenu, de son mode de fonctionnement et de ses éventuelles limites. Diderot se fait d'ailleurs à lui-même plus d'une fois l'objection de la fécondité philosophique et heuristique de ces « expressions heureuses »; par exemple, dans la *Réfutation d'Helvétius*, en 1773, quatre ans après *Le Rêve*, il dénonce « ce qui tire toute sa force des difficultés dont elle débarrasse, ce qui ne suffit pas en bonne philosophie » (I, 798)[1], la raison ne se contentant pas de comparaisons[2].

Comment en effet légitimer l'abandon de l'architectonique du concept et fonder le recours aux métaphores si l'ambition de cette enquête sur l'idée de matière est bel et bien d'exhiber ses principes – tâche métaphysique – et de nous mener à la source de la sensation – souci ontologique?

La difficulté de ce problème tient à son apparente circularité : il s'agit premièrement de construire *en philosophie* une idée métaphorique de la matière; il s'agit pour cela deuxièmement de donner à la métaphore le pouvoir signifiant du concept en surmontant le mépris auquel nous a accoutumés la relève hégélienne de la métaphore morte. En assumant

1. Remarque déjà évoquée ici, p. 49.

2. C'est l'exigence du « ton » de la philosophie, d'après la *Lettre sur les sourds et muets*; voir ci-dessus, p. 78, note 2.

pleinement la vocation d'emprunt à quoi se résout le destin de toute métaphore, le coup de force de Diderot est de faire de l'emprunt le socle d'une instauration. Le double jeu de la lumière directe et de la lumière réfléchie vise à substituer à la saisie de la *vérité* de la matière par le détour du concept, une analogie dont on peut attendre une *mesure* du visible. Dans ce double jeu de la lumière, l'harmonique de la mémoire remplit non seulement une fonction de réminiscence, mais une véritable activité structurante qui autorise Diderot dans le premier Entretien du *Rêve* à réfuter, contre Condillac et Locke, le dualisme entre jugement et sensation : « L'instrument philosophe est sensible ; il est en même temps le musicien et l'instrument. Comme sensible il a la conscience momentanée du son qu'il rend : comme animal, il en a la mémoire. Cette faculté organique, en liant les sons en lui-même, y produit et y conserve la mélodie. Supposez au clavecin de la sensibilité et de la mémoire et dites-moi s'il ne saura pas, s'il ne se répétera pas de lui-même des airs que vous aurez exécutés sur ses touches » (I, 617).

On comprend alors peut-être un peu mieux que l'expression métaphorique, tributaire des analogies de l'expérience, soit, pour le philosophe à la recherche du « point palpable » ou vraie science de l'idée de matière, sinon l'instrument au moins le guide de sa recherche, dont l'horizon régulateur n'est certes pas le mimétisme mais la connivence ou au moins la sympathie entre l'enchaînement des idées et les chaînons des êtres matériels.

Cependant, la mise en œuvre de cette méthode entraîne Diderot à un comportement disjonctif dans lequel il ne semble pas trancher : ou bien elle est l'occasion de développements sur le génie, l'imagination, l'enthousiasme, dont une digression de l'article « Éclectisme » fait l'apologie (*Enc.* V, 270) et sur l'intuition que l'article « Théosophes » définit comme la perception des rapports subtils entre des réalités inaperçues (*Enc.* XVI, 253) ; de Jaucourt y fait aussi l'éloge de ces hommes de « pressentiment », de puissance de découverte, que furent entre autres Socrate, Paracelse et Van Helmont ; ou bien ce discours de la méthode métaphorique porte Diderot à valoriser les sciences qui présentent à ses yeux de ce point de vue le plus grand intérêt philosophique : deux d'entre toutes celles qu'il a pu fréquenter ou pratiquer se présentent comme de gigantesques métaphores de la matière : la médecine et la chimie, dont les laboratoires sont les véritables théâtres des jeux de la matière.

La fin de l'article « Métaphore » de l'*Encyclopédie*, article de Grammaire rédigé par Beauzée, encourage le recours à cette rhétorique : « Mais la *métaphore* assujettie aux lois que la raison et l'usage de chaque langue lui prescrivent, est non seulement le plus beau et le plus usité des tropes, c'en est le plus utile : il rend le discours plus abondant par la facilité des changements et des emprunts, et il prévient la plus grande de toutes les difficultés, en désignant chaque chose par une dénomination caractéristique [...]. Ajoutez à cela que le propre des *métaphores*, pour employer les termes de la traduction de M. l'abbé Colin, « est d'agiter l'esprit, de le transporter tout d'un coup d'un objet à un autre ; de le presser, de comparer soudainement les deux idées qu'elles présentent, et de lui causer par les vives et promptes émotions un plaisir inexprimable [...]. Nous aimons, suivant la remarque d'Aristote, à voir une chose dans une autre ; et ce qui ne frappe pas de soi-même surprend dans un habile étranger et sous un masque » (*Enc.* X, 440).

Un exemple de métaphore de la matière vivante dans *Le Rêve* : la métaphore de la pépinière des polypes humains, rêvée par d'Alembert dans son délire, est exemplaire de la « science d'idées » revendiquée par Diderot contre les abstractions vides : « Dans Jupiter ou dans Saturne, des polypes humains ! Les mâles se résolvant en mâles, les femelles en femelles, cela est plaisant ... » (I, 630).

En deux pages du *Rêve*, la pépinière de polypes humains exploite au moins quatre formes d'emprunts métaphoriques : emprunt d'une représentation, emprunt d'une expression, emprunt d'une méthode, emprunt d'un modèle. Dans cette exacte antithèse de la métaphore de l'horloge, la matière est saisie comme une énergie plastique capable de métamorphoses, de reproduction par boutures et greffes spontanées, de retournements et inversions ; elle est saisie aussi comme une unité problématique : hétérogénéité ou homogénéité des parties ; saisie enfin comme un moule indéterminé ou imprévisible quant aux formes à venir. Et plus, mais c'est un autre sujet, métaphore sociale, porteuse d'intuitions politiques antagonistes.

S'agit-il vraiment d'une *théorie* de l'expression qui garantirait, projetée sur le modèle diderotien un authentique *savoir* de la relation entre la molécule et l'idée du Tout ? Un détour par le jeu théâtral permet-il de résoudre la difficulté : manifestation ou mime ?

L'expression du grand comédien est en effet la révélation de l'unité, d'un tout, malgré une apparente multiplicité. Cette loi d'unité qui est le fin mot de l'art est très difficile à acquérir et prend la signification d'un idéal-limite pour le comédien soumis à l'indigence du langage articulé. L'article « Génie » de l'*Encyclopédie* y insiste : le besoin d'exprimer les passions qui agitent l'homme de génie « est continuellement gêné par la grammaire et par l'usage : souvent, l'idiome dans lequel il écrit se refuse à l'*expression* d'une image qui serait sublime dans un autre idiome. Homère ne pouvait trouver dans un seul dialecte les *expressions* nécessaires à son génie. Milton viole à chaque instant les règles de sa langue et va chercher des *expressions* énergiques dans trois ou quatre idiomes différents » (*Enc*. VII, 583). Qu'est-ce donc qu'exprimer, pour le grand artiste ? c'est produire une copie inspirée ; c'est la conformité des actions, des discours, de la figure, de la voix, du mouvement, du geste, avec un modèle idéal. Analogiquement, la fonction du modèle du savoir est de « rendre apparente » une unité de relations cachée dans la nature, comme le trésor des trois frères creusant leur terrain, fable des paragraphes 28 et 29 des *Pensées sur l'interprétation* : « C'est ainsi que les chimistes et les géomètres, en s'opiniâtrant à la solution de problèmes peut-être impossibles, sont parvenus à des découvertes plus importantes que cette solution » (I, 570) ; il est donc possible de faire droit au caractère immanent de ce modèle et de considérer l'expressivité comme la présence mimée de cette unité hétérogène, cachée et donnée à la fois. Dans ses *Études sur Diderot*, Yvon Belaval souligne que, chez Diderot, « le vrai éclaire le fictif, le fictif démasque le vrai ; la réalité imaginaire ne se projette plus sur le plan classique du récit, elle occupe toutes les dimensions de son espace ». L'apparent « décousu » de tous ses genres d'écriture exige la grande maîtrise qui « renvoie toujours à l'unité de quelque pensée forte » [1]. De même que dans le *Paradoxe* le comédien peut saisir dans la musique la limite idéale de cette présence mimée de l'unité, pour l'*Interprétation* le philosophe peut chercher ce modèle du côté d'un autre mime idéal dont le mot d'ordre est précisément la fidélité à la nature : le médecin hippocratique.

LE MÉDECIN-PHILOSOPHE

Retenant la leçon de Condillac qui recommande d'imiter la nature et de tout recommencer, le médecin montpelliérain Bordeu [2] – si proche de Diderot qu'il est pour beaucoup dans sa philosophie de la vie et dans sa conception de la physiologie et des organes – loue Hippocrate de « s'être élevé, si on peut dire, par une force au-dessus de l'humaine, jusqu'à la main du Créateur qui pousse à leur fin tous les mouvements de l'économie animale » [3]. À l'article « Crise » de l'*Encyclopédie*, Bordeu se réfère lui aussi à ce modèle qui pourrait révéler le caché : « On désirerait pouvoir surprendre la nature préparant une maladie chronique, la développant et

1. *Études sur Diderot*, Paris, P.U.F., 2003, p. 20 (reprise de l'article Diderot, *Encyclopaedia Universalis*, 1968-1982).

2. Sur la relation à Diderot et sur les questions évoquées ici, voir l'ouvrage de D. Boury, *La philosophie médicale de Théophile de Bordeu*, Paris, Honoré Champion, 2004, en particulier chap. X, p. 187-207.

3. *Recherches sur l'histoire de la médecine*, Éditions Lefeuve, 1882, p. 6.

faisant des efforts pour la terminer. On voudrait assigner les moments favorables pour agir, et ceux où il faut se livrer à l'expectation » (*Enc*. IV, 478). Le « grand art du médecin » serait d'accélérer les crises ou de les retarder à propos c'est-à-dire de réitérer l'histoire de la crise ou de mimer l'art de la nature. Le fait que l'analogie ne puisse pas atteindre le but espéré d'une identité généalogique la caractérise néanmoins comme le seul et vrai fondement de la philosophie et de la vraie médecine ; nous en avons des preuves. En effet, qu'est-ce donc pour Bordeu que l'observation raisonnée d'une maladie, qu'est-ce que la véritable expérience ? L'article « Crise » oppose clairement deux attitudes : ou bien on se fie aux crises, ou bien on se fie aux systèmes. Les chimistes et ceux qui nient les crises sont, d'après une expression de Sydenham « scientes et voluntes » et répondent avec autorité au symptôme dont la lecture leur a permis de faire un diagnostic. Dans ce cas, le modèle du savoir c'est la vision, la nosologie et l'intervention. Au contraire, adopter la doctrine des « crises », c'est *remarquer* qu'il y a dans la nature un *rythme* qui suit *l'unité de lois*. *Remarquer*, c'est faire confiance aux signes que la nature marque sur l'organisme, en faisant « comme si » on pouvait les considérer comme des causes réelles : « Ne nous heurtons point à courir après les premières causes que nous ne connaîtrons vraisemblablement jamais ; bornons-nous à découvrir par l'analogie des *rapports*, dont ceux qui ont l'esprit de l'art pourront tirer quelque utilité (*ibid.*, 488). Celui qui s'en tient à la « vraie observation », c'est-à-dire à « l'observation constatée » est un historien des crises qui fonde la thérapeutique de l'expectation. Il y a quatre degrés de l'observation comme il y a quatre degrés de la médecine : le simple témoin passif, copiste ou imitateur « plat », peut devenir praticien, c'est-à-dire simple médecin populaire ou clinique ; s'il est capable de faire un retour réflexif et synthétique sur ses observations, il devient le « grand observateur » qui, se dépassant lui-même, accède à la médecine philosophique ou transcendante, celle du petit nombre des législateurs de l'art. Cette doctrine s'éclaire par la fonction que Bordeu assigne à la nature dans sa conception de l'organisme : la nature, au sens de l'*unité*, c'est le principe dont se réclame contre l'anatomie la *physiologie*. Contre le mécanisme, la dissection et les cadavres, l'unité physiologique s'impose par l'observation du rythme des organes, unité dont l'évidence se manifeste par la résistance même qu'elle oppose à l'intervention et à l'artifice. Les heures et les jours spécifiques de chaque organe concourent à produire le rythme d'un organisme par « réciprocation et antagonisme ». La célèbre grappe d'abeilles, déjà évoquée ici, fournira l'image de cette unité à laquelle Diderot se charge de donner un sens radicalement matérialiste, en lui confiant la constitution d'un rapport dynamique entre le tout et les parties. Ainsi se rencontrent dans l'interprétation de Bordeu l'idée hippocratique selon laquelle « les natures sont les médecins des maladies » et la conception aristotélicienne de la santé comme entéléchie. Dans l'art de guérir, le guide du médecin, son action, c'est le sentiment, parce que le deuxième sens du mot « nature », le processus unificateur de l'organisme, c'est la *sensibilité* qui n'est en effet qu'un autre nom du *sentiment* que l'on peut encore nommer *sensation*. À l'intérieur même de la référence à une médecine des origines, s'instaure la référence non moins mythique à la leçon originaire de la nature qui produit « la vie générale du corps », leçon perdue par la faute des mauvais systèmes et retrouvée par la grâce d'une sémiotique attentive à la véritable observation. Ce sont les textes médicaux de l'Antiquité, et singulièrement ceux de l'authentique médecine des origines (le corpus hippocratique) qui donnent à lire le déroulement des processus spontanés et originaires de la nature dans le fonctionnement du corps, santé ou maladie. Ainsi Hippocrate est-il dans le texte de ce corpus la première et véridique *répétition* de la nature, qui *s'imite elle-même* lorsqu'elle produit spontanément, de manière immédiate, la santé. Le médecin-philosophe, tout en condamnant *l'artifice* incapable de reproduire l'action naturelle, s'inscrit pourtant dans cette tradition qui assigne à l'art la mission de *mimer* la nature, de rejouer le mouvement naturel où l'acte se développe à partir du germe, de la puissance. Bordeu organise ce projet de mimétisme médical dans une thérapeutique fondée sur une sémiotique elle-même ordonnée autour du principe « holiste » de l'unité vitale de l'organisme.

Mais à quels signes se fier? À ceux qui, sans qu'on puisse les soupçonner de faire un travail de faussaires, opèrent un retour de l'idée sur elle-même, de la nature sur elle-même. Tels sont les signes auxquels Bordeu propose d'avoir recours parce qu'ils remplissent leur mission; tels sont les signes qu'évoque l'article « Séméiotique » de l'*Encyclopédie* : « Il n'y a point de partie dans le corps humain qui ne puisse fournir à l'observateur éclairé quelque signe; toutes les actions, tous les mouvements de cette merveilleuse machine sont à ses yeux comme autant de miroirs, dans lesquels viennent se réfléchir et se peindre les dispositions soit naturelles ou contre-nature [...]. Il semble, à la facilité avec laquelle il est instruit de ce qui se passe dans l'intérieur du corps, que ce soit une machine transparente » (*Enc.* XIV, 937).

La difficulté de rendre compte de l'« expression » autour de ces deux textes de Diderot, le *Paradoxe* et l'*Interprétation*, est surtout celle de saisir le statut exact de ce « résidu » que constitue l'expression dans sa relation entre l'exprimant et l'exprimé. Dans le cas de Diderot, le lieu de l'expression qu'est ce « résidu » est celui d'un dispositif métaphorique où le jeu imitateur d'une unité naturelle cachée, à partir de la révélation d'un modèle idéal, se substitue à la défaillance d'une conceptualisation. Il faut donc établir dans quelle mesure ce dispositif est capable de rendre compte de la pertinence du modèle du savoir dans le cas de la relation entre nom et chose au plan de la philosophie naturelle. Est-ce convaincant si l'on prend pour exemple les monstruosités dont la première partie de cet ouvrage a déjà fait état ? Ce modèle du savoir impulsé par le comédien et le médecin dans la perspective d'un « exprimer » la nature est-il susceptible de rendre compte des « conjectures » de Diderot dans son bestiaire monstrueux ?

UN EXEMPLE : LA « SCIENCE » DES MONSTRUOSITÉS

Maupertuis avait été, lui, entraîné par sa conception de la matière vivante à lier la « science » des monstruosités à l'imaginaire du monstrueux. Dans les « Ménageries des Princes » évoquées par la *Lettre sur le progrès des sciences*, « on pourrait éprouver ce qu'on raconte des troupes de différents animaux qui, rassemblés par la soif sur les bords des fleuves de l'Afrique, y font, dit-on ces alliances bizarres d'où résultent fréquemment des Monstres »[1]. Ces « curiosités », ajoute le texte, spontanées ou forcées, nous « feraient voir bien des merveilles » grâce à des « occasions rares » et des « moyens nouveaux et extraordinaires ». L'empire maupertuisien de la *curiositas*, comme on sait, est illimité : la curiosité produit elle-même ses *curiosa*, projetant l'expérimentation sur le vivant animal et même sur le vivant humain, capable d'exhiber en spectacle la distinction baconienne entre la loi positive de la nature et son droit coutumier (*lex naturae et cursus communis*). Pourquoi n'est-ce « point donner dans les visions ni dans une curiosité ridicule »[2] ? C'est que ces expérimentations promettent de nous transporter hors des marges du réel et de l'ordre que notre existence dans un espace et un temps fragmentaires nous fait percevoir à tort comme l'ordre du monde. Fragmentaires car les premières découvertes de la géologie ont fait apparaître l'état de ruine de l'actuelle nature où l'on ne peut que déchiffrer les « marques incontestables des changements arrivés à notre planète : ces terres fracassées, ces lits de différentes sortes de matières interrompues et sans ordre »[3]. Fragmentaires encore l'ordre et la convenance des espèces dont nous ne voyons aujourd'hui « que la plus

1. *Vénus physique*, éd. cit., p. 167.
2. *Ibid.*, p. 152.
3. *Essai de cosmologie*, éd. cit., p. 74.

petite partie de ce qu'un destin aveugle avait produit »[1]. Le monstrueux est bien tout ce qui nous reste : « Chaque espèce isolée ne peut plus embellir ni faire connaître les autres : la plupart des êtres ne nous paraissent que comme des monstres, et nous ne trouvons qu'obscurité dans nos connaissances »[2].

Comment apaiser l'inquiétude face à ces désordres, sinon en acceptant de s'installer dans les phénomènes du passage, des stades intermédiaires, tels ces « hommes sauvages, des hommes velus, portant des queues, une espèce mitoyenne entre les singes et nous. [...] J'aimerais mieux une heure de conversation avec eux qu'avec le plus bel esprit de l'Europe »[3].

Diderot semble au premier abord se protéger de cette audace de la *curiosité* de Maupertuis lorsqu'il feint, dans les *Pensées sur l'interprétation de la nature*, de redouter les conséquences « spinozistes » d'une doctrine qui attribuerait l'intelligence aux propriétés des éléments de la matière (I, 587-591). En fait, il s'agit de bien autre chose : Diderot décentre la question de l'organisation des particules matérielles en distinguant le problème des monstruosités de celui du monstre, question déjà abordée dans la première partie de cet ouvrage du point de vue de la matérialité vivante et qu'il s'agit maintenant de reprendre du point de vue de son « expression ».

L'interrogation littérale sur l'énigmatique nature du monstre fait irruption dans l'œuvre de Diderot par le scandale de l'aveugle mathématicien Saunderson : « Je conjecture donc que, dans le commencement où la matière en fermentation faisait éclore l'univers, mes semblables étaient fort communs. Mais pourquoi n'assurerais-je pas des hommes ce que je crois des animaux ? Combien de mondes estropiés, manqués, se sont dissipés, se reforment et se dissipent peut-être à chaque instant dans des espaces éloignés, où je ne touche point, et où vous ne voyez pas, mais où le mouvement continue et continuera de combiner des amas de matière, jusqu'à ce qu'ils aient obtenu quelque arrangement dans lequel ils puissent persévérer ? » (I, 169). Dans les *Éléments de physiologie*, Diderot propose sa théorie épigénétique du fœtus – « Qu'est-ce qu'un monstre ? Un être dont la durée est incompatible avec l'ordre subsistant »[4] – d'où suit une étonnante prolifération : « Pourquoi l'homme, pourquoi tous les animaux ne seraient-ils pas des espèces de monstres un peu plus durables ? Pourquoi la nature qui extermine l'individu en peu d'années n'exterminerait-elle pas

1. *Essai de cosmologie*, éd. cit., p. 12.
2. *Ibid.*, p. 73.
3. *Lettre sur le progrès des sciences*, éd. cit., p. 150.
4. *Éléments de physiologie*, éd. cit., p. 265.

l'espèce dans une longue succession de temps? L'univers ne semble quelquefois qu'un assemblage d'êtres monstrueux. [...] Il y a autant de monstres qu'il y a d'organes dans l'homme, et de fonctions : des monstres d'yeux, d'oreilles, de nez qui vivent, tandis que les autres ne vivent pas; des monstres de position de parties, des monstres par superfétation, des monstres par défaut »[1]. On peut alors construire un programme d'études inédit : « Les hommes étant définis comme êtres monstrueux rentrant dans la classe des animaux non perfectibles, on entreprendra d'examiner ces monstres organes par organes; monstres d'imagination, monstres d'estomac, monstres de mémoire ... »[2].

C'est une théorie du « passage » que présuppose la définition du monde comme « succession rapide d'êtres qui s'entresuivent, se poussent et disparaissent; une symétrie passagère, un ordre momentané » (I, 169) où l'agitation désordonnée de la molécule est une « sensibilité sourde » et une « inquiétude automate » (I, 591). Les circonstances « aussi rares que singulières » des greffes spontanées (*Enc.*, article « Greffe », VII, 921) associées aux imprévisibles combinaisons du jeu de dés accordent au hasard un pouvoir fondateur. « Il ne reste que la sensibilité, qualité aveugle, à la molécule vivante, rien de si fou qu'elle. L'homme sage n'est qu'un composé de molécules folles. [...] Examinez ce qui se passe en vous, ce n'est jamais vous qui voulez manger ou vomir, c'est l'estomac; pisser, c'est la vessie; et ainsi des autres fonctions. Veuillez tant qu'il vous plaira, il ne s'opérera rien, si l'organe ne le veut aussi »[3]. La recomposition du Soi dans le mouvement de l'intériorisation est problématisé en termes d'unité des parties dans le tout, chaque molécule sensible ayant son moi avant l'application. Alors se demande *Le Rêve*, « comment l'a-t-elle perdu, et comment de toutes ces pertes en est-il résulté la conscience d'un tout » ? (I, 634).

Les aléas de l'inquiétude automate ou de la sensibilité sourde de la molécule formeraient-ils un monde, ce serait un monde sans intention ni norme ni fin. La métamorphose y tient lieu de seul et unique transcendantal. Paradoxe ou aporie, cette invocation de la puissance absolue de l'individualité hors norme place le lecteur au-delà ou en deçà de la « cohérence contradictoire » par laquelle on a tenté parfois de déterminer le « style » de cette philosophie. Diderot éclaire le sens de cette difficulté en montrant que s'il y a des aveugles, des cyclopes, des chèvre-pieds, des hybrides, des polypes humains, cet « autre » ordre de la nature exige une « autre »

1. *Éléments de physiologie*, éd. cit., p. 265-266.
2. *Ibid.*, p. 267.
3. *Ibid.*, p. 318 et 339.

philosophie. En rabattant l'idée du monstre sur celle, encore informulée, d'« anomalie » – pure différence hasardeuse – Diderot porte attention à la spécificité et au caractère irréductible de l'être individuel, qui déclenchera la violente apologie de l'« original » contre Helvétius dans la *Réfutation* (I, 821).

Du génie jusqu'au médecin de soi-même en passant par la rose sans épine et l'aveugle, se constituent des êtres qui ne sont aucunement déterminés par les lois d'un univers finalisé; ce sont eux au contraire, en tant qu'*originalités* qui *peuvent régler des mondes*. On sait qu'il vaut mieux être comme le neveu du célèbre Rameau un grand vaurien plutôt qu'une « espèce », celle de la médiocrité. Éviter la médiocrité d'être une « espèce », c'est pour la nature comme pour l'homme le risque d'être livré en même temps et indissociablement à *l'énergie* dans le bien et dans le mal selon le *Salon* de 1765 : « Les grands artistes ont un petit coup de hache dans la tête. [...] Je hais toutes ces petites bassesses qui ne montrent qu'une âme abjecte, mais je ne hais pas les grands crimes, premièrement parce qu'on en fait de beaux tableaux et de belles tragédies; et puis c'est que les grandes et sublimes actions et les grands crimes portent le même caractère d'énergie » (IV, 380). Irruption de la singularité capable d'engendrer des mondes, c'est *l'énergie* qui, défiant le temps et l'ordre, prémunit la variété spectaculaire de se « normaliser » en variation exemplaire. L'énergie de nature qui entraîne les mouvements aléatoires de la molécule est-elle susceptible de produire autant de liberté dans le corps social ? Diderot ne recule pas devant la conjecture, dans une lettre à Madame de Maux de novembre 1769: « L'amour sous cet aspect est féroce; il me fait frémir; mais il ne me déplaît pas. C'est le même qui, sous des mœurs plus policées, non moins énergique, deviendrait le germe et la récompense de toutes les vertus » (V, 992). Insoucieux de nous engager dans la perplexité et l'aporie, les monstres de Diderot nous *montrent* en effet « que l'industrie de l'homme est allée beaucoup trop loin » (I, 903) en nous rappelant la leçon de la nature : si les sociétés, formes vivantes passagères et changeantes comme toute matière organisée ont atteint « cette perfection funeste dont nous jouissons » (*ibid.*), c'est que le législateur n'a pas tourné le regard vers le tératologique et ses promesses. Il nous faut espérer celui qui « fixerait l'homme civilisé entre l'enfance du sauvage et notre décrépitude » (*ibid.*) [1].

1. F. Salaün, dans son étude *L'ordre des mœurs : essai sur la place du matérialisme dans la société française du dix-huitième siècle, 1734-1784*, Paris, Kimé, 1996, apporte de précieux éclairages sur ces difficultés que retrouvera la dernière partie de cet ouvrage.

À supposer que ce chapitre ait jeté quelque lumière sur le modèle du savoir appliqué par Diderot à sa philosophie naturelle, il montre en tout cas que la signification et la portée de ce type de relation entre le nom et la chose, et en particulier l'intimité entre imagination et science s'étendent bien au-delà de cette philosophie naturelle, en anthropologie, en esthétique, en politique. Comment pourrait-il en être autrement dès lors que nous avons affaire au directeur de la colossale *Encyclopédie* ?

CHAPITRE IV

LE PROJET ENCYCLOPÉDIQUE DANS LA PHILOSOPHIE

Aucun homme n'a reçu de la nature
le droit de commander aux autres [1].

Il ne saurait être question, dans le cadre de ce chapitre, de prétendre rendre compte des multiples dimensions de ce sujet. Je me propose donc de faire quelques remarques successivement sur l'importance de la décision éclectique de Diderot telle qu'elle apparaît dans l'*Encyclopédie*[2], puis sur la place du matérialisme et enfin sur celle des arts et de l'idée de progrès.

Il convient cependant auparavant de rappeler combien son histoire fut mouvementée, l'immense succès de sa réception – 25000 exemplaires vendus entre 1751 et 1782 – malgré les fureurs et attaques de toutes sortes qu'elle suscita; comment ne pas souligner aussi l'importance sans égale de son rôle dans la construction et la diffusion de la pensée des Lumières, dans l'histoire de la philosophie et dans la construction du matérialisme athée[3]?

1. Article « Autorité politique », *Encyclopédie*, I, 898.

2. *Encyclopédie ou dictionnaire raisonné des sciences, des arts et des métiers par une société de gens de lettres* (titre abrégé par la suite en *Encyclopédie*), éditée par Diderot et d'Alembert, Paris, Briasson, David, Le Breton et Durand, 17 volumes de texte 1751-1765, 11 volumes de planches 1762-1772, puis Paris, Panckoucke et Amsterdam, Rey pour les 7 volumes de suppléments et de tables (1766-1780); réédition avec les suppléments et les tables en 35 volumes, Paris, Fromann, 1966-1967.

3. Faute de pouvoir citer ici les très nombreuses études consacrées à l'*Encyclopédie*, je mentionne l'indispensable et passionnant ouvrage de J. Proust, *Diderot et l'Encyclopédie*, Genève-Paris, Slatkine, 1982, le récent *Subversives Lumières, L'Encyclopédie comme machine de guerre* de V. Le Ru, Paris, Éditions du CNRS, 2007 et l'*Inventer Diderot, les constructions d'un auteur dans l'Allemagne des Lumières*, d'A. Saada, Paris, Éditions du CNRS, 2003, en particulier chap. 3 de la première partie, p. 91-121.

Après la démission de d'Alembert en 1758 et la double condamnation de l'ouvrage par le Parlement de Paris et par Rome en 1759, Diderot, déjà en charge du rôle d'éditeur, assuma alors seul la direction de l'ouvrage et de ses collaborateurs dont plus de 140 auteurs. Lui revint du même coup à cette date la responsabilité du caractère inédit de cette Encyclopédie qui ne pouvait alléguer comme précurseurs que des « dictionnaires », depuis le *Grand Dictionnaire historique* de Louis Moreri (1674) jusqu'au *Dictionnaire de Trévoux* (1704), en passant par ceux de Richelet (1680) et de Furetière (1690), celui de l'Académie (1694) et le *Dictionnaire historique et critique* de Pierre Bayle (1697). Même s'ils ont laissé leur trace dans nombre d'articles, l'*Encyclopédie* leur doit moins, quant à sa genèse, à sa méthode et à son contenu qu'à la *Cyclopaedia* d'Ephraïm Chambers (1728) dont Diderot et d'Alembert entreprirent la traduction dès 1747 et surtout à l'*Historia critica philosophiae* de Jacob Brucker (1744) empruntée par Diderot à la Bibliothèque du roi dès 1750. Si les contingences et difficultés pragmatiques l'ont amené à rédiger un très grand nombre d'articles hétéroclites parmi les 72000 que comptent les 17 volumes, il fut personnellement chargé des entrées concernant la *Description des Arts* et l'*Histoire de la philosophie*.

ENCYCLOPÉDIE ET ÉCLECTISME

Une réflexion sur la place du projet encyclopédique *dans* sa philosophie est donc inscrite dans l'entrecroisement de l'écriture de son œuvre personnelle et de la rédaction du dictionnaire. La lecture du seul article « Encyclopédie » – le plus long de l'ouvrage – permet de dégager deux lignes de force philosophiques, parmi les plus remarquables :

1) En accord sur ce point avec d'Alembert, comme en témoigne le *Discours préliminaire*, et accomplissant ce qu'avait esquissé *La promenade du sceptique*, il s'agit d'exposer philosophiquement l'enchaînement des connaissances sous l'égide du progrès de la raison, contre toute forme d'autorité. L'*Encyclopédie*, la bien nommée « machine de guerre » des Lumières et du matérialisme ! On comprend que ses amis et ses ennemis l'aient communément ainsi désignée. Certes, à en croire le constat désabusé de Cléobule dans *La promenade du sceptique*, « si les hommes n'étaient ignorants que pour n'avoir jamais rien appris, peut-être les instruirait-on; mais leur aveuglement est systématique » (I, 74); alors la vocation exotérique de la recherche de la connaissance dont l'*Encyclopédie* est sans doute la figure la plus éclatante de cette exigence des Lumières semblerait bien dérisoire. Cependant, « dire la vérité, voilà notre devise »

selon le discours *De la poésie dramatique* (IV, 1336) et c'est ce qui fait de Jacques « une espèce de philosophe » plus qu'un « fataliste » face à son maître : « Je sais bien que c'est une race d'hommes odieuse aux grands devant lesquels ils ne fléchissent pas le genou ; aux magistrats, protecteurs par état des préjugés qu'ils poursuivent ; aux prêtres qui les voient rarement aux pieds de leurs autels [...] ; aux peuples, de tout temps les esclaves des tyrans qui les oppriment, des fripons qui les trompent et des bouffons qui les amusent » (II, 765). Ne rien garder secret ! L'article « Bois sacrés » écrit par Diderot pour l'*Encyclopédie* sait que le goût du mystère aime les ténèbres et se fait complice de la superstition (*Enc*. II, 310).

2) L'ordre encyclopédique, souligné par l'arbre du système figuré en tête de l'ouvrage, les sous-titres des articles et surtout par le procédé des « renvois » qui permettent de pallier le défaut de la présentation alphabétique, est revendiqué par ses deux auteurs dans le *Discours préliminaire* comme une théorie du savoir « recentrée » sur « l'ordre le plus naturel », celui du « vrai système » condillacien, fidèle à l'expérience et à l'enchaînement empirique des faits (*Enc*. I, XXX). Diderot met souvent à mal la métaphore architecturale et la subvertit, décrivant l'édifice à l'article « Encyclopédie » tantôt boursouflé, tantôt squelettique, tantôt proportionné, tantôt contrefait : « Et vous comparerez l'ouvrage entier au monstre de l'art poétique, ou même à quelque chose de plus hideux » (*Enc*. I, 396). L'analyse de la reconstruction matérialiste du champ du savoir doit sans doute prendre au sérieux la boutade de son auteur dans le *Supplément au voyage de Bougainville* (1773) : « Méfiez-vous de celui qui veut mettre de l'ordre » (II, p. 575) mais aussi penser le rapport de la forme de la connaissance à la matière du réel dans l'écriture encyclopédique.

Le procédé des renvois est tout d'abord un rempart d'une relative solidité contre la censure dont Diderot le tout premier connaissait déjà la puissance, du donjon de Vincennes à l'« affaire » de l'abbé de Prades ! Jacques Proust, réfléchissant sur la place de l'*Encyclopédie* dans la société française du dix-huitième siècle[1] rappelle que Sylvain Maréchal fait à Diderot une place de choix dans son *Dictionnaire des athées anciens et modernes*. Il était courant de voir dans l'*Encyclopédie* le ferment de l'athéisme, du jacobinisme et du babouvisme et de dénoncer en son directeur l'un des inspirateurs de la conjuration des Égaux. Il importait donc de se protéger, de pouvoir dire et ne pas dire tout en visant l'essentiel : changer la façon commune de penser, détromper le lecteur en faisant appel à son intelligence.

1. *Diderot et l'Encyclopédie*, *op. cit.*, chap. I et II.

Par exemple[1], l'article « Droit naturel », signé de Diderot (*Enc.* V, 115) peut sembler bien timide à quiconque s'en tiendra à sa lecture et s'étonnera de sa frilosité respectueuse du contrat de souveraineté, confronté aux textes politiques du même auteur. Mais à suivre la mention des deux renvois auxquels il fait appel – « Liberté » et « Volonté » – le lecteur est conduit à l'article « Autorité politique » où Diderot fait preuve d'un autre courage politique malgré quelques réserves. Dès lors que l'habitude est prise d'un parcours en réseaux, cet article conduit à celui de « conquête », de là à « esclave », « esclavage » puis « traite des nègres » … et au caractère subversif de l'*Encyclopédie* quant au fondement du droit et aux abus du pouvoir.

Ce procédé permet aussi, par ce jeu des renvois, d'atteindre une problématique d'importance à partir d'un article qui semble se tenir au plan de la simple description. Ainsi de l'article « Prêtres » qui, de renvoi en renvoi pose le problème de l'origine du politique en faisant intervenir l'enjeu des dissensions entre les auteurs[2].

Cet appel à une nouvelle manière de lire et d'exercer librement sa pensée engage l'annexion de l'*Encyclopédie* à la décision philosophique de son directeur et éditeur : le matérialisme éclectique.

ÉCLECTISME, SCEPTICISME, MATÉRIALISME

Le positivisme donnera au mot « éclectisme » le sens d'un syncrétisme confus, dans la deuxième moitié du dix-neuvième siècle, ainsi relégué par Taine ou Renouvier parmi les plus péjoratives des doctrines. Au contraire, ce qui intéresse Diderot à l'article qu'il rédige pour l'*Encyclopédie* (*Enc.* V, 270), ce sont trois caractéristiques essentielles qui rassemblent l'éclectisme ancien et l'éclectisme moderne : en premier lieu, le refus du principe d'autorité, la critique des préjugés, la recherche désintéressée de la vérité, l'horreur du sectarisme, le privilège de l'expérience sur les abstractions, la capacité à viser les limites du savoir, ce qui n'interdit pas, en second lieu, un fort penchant au scepticisme; on reconnaîtra aisément le portrait que l'article « Encyclopédie » de l'*Encyclopédie* incarne en la personne du « libre penseur moderne » (*Enc.* V, 644); enfin, la quête de la variété et de la variation, en lieu et place d'un système de la nature, menée selon une aventure de la pensée par l'image et la métaphore, accueillante à tous les

1. Je me règle ici sur les réseaux de renvois proposés par V. Le Ru dans son ouvrage *Subversives Lumières*, *op. cit.*, où on pourra en suivre d'autres.

2. *Ibid.*

styles et tous les genres d'écriture. La proximité étymologique d'*éklektikè* – apte à choisir parmi des ensembles – et d'*enkuklios paideia* – « ce rond de sciences que les Grecs ont nommé encyclopédie » dit joliment Du Bellay [1] – renvoie donc à toute autre chose qu'au cercle fermé du *sustéma* dont le stoïcisme a sans doute élaboré la première figure dans l'histoire de la philosophie. Ainsi, Diogène Laërce écrit d'un éclectique ancien, Potamon d'Alexandrie, contemporain d'Auguste : « Potamon d'Alexandrie créa une nouvelle secte, dite éclectique, choisissant ce qui lui plaisait dans les doctrines des autres sectes ». On sait avec quelle liberté, avec quelle insolente légèreté, Diderot s'approprie selon son besoin tel médecin, tel peintre, tel comédien, tel philosophe, tel savant, tel homme de métier. Le Lucrèce de Diderot, dépouillé du mécanisme de son atomisme est l'un des plus représentatifs de cette licence théorique. On ne s'étonnera pas que, précédant Du Bellay, Rabelais, au chapitre XX de son *Pantagruel*, ouvre « le vrai puits et abîme de l'encyclopédie » à son héros [2]. La conscience par la bourgeoisie naissante de sa force intellectuelle est mouvement d'émancipation de la raison. Contre le dogme cicéronien de la composition, cet article « Éclectisme » se joint au début de *La Promenade du sceptique* pour invoquer l'effigie d'Horace : « Aucune astreinte ne m'a contraint de jurer sur les paroles d'un maître » [3]. De là les libres propos, les conversations, causeries, excursions, visions, conjectures qui suscitent la protestation de Bordeu dans *Le Rêve* : « C'est que du train où nous y allons, on effleure tout et l'on n'approfondit rien » (I, 656). Mademoiselle de Lespinasse ne manquera pas de lui répondre sur le ton qui convient [4]. C'est une manière de privilégier « l'esprit systématique » contre « l'esprit de système ». L'article « Conjecture » souligne cette opposition au même titre que l'article « Éclectisme » en définissant le discours systématique comme un discours constitué de conjectures ou de suppositions non encore étayées sur une base expérimentale ou sur une collection de faits ; mais la pratique de la philosophie expérimentale est solidaire de la conjecture (*Enc.* III, 870). L'édition de 1753 des *Pensées sur l'interprétation de la nature* établit une forte solidarité entre conjectures, rêves et esprit systématique et l'édition de 1754 procède à une substitution de vocabulaire, « car j'appellerais rêveries [et non « conjectures »] ce que d'autres nommeraient peut-être un

1. *Défense et illustration de la langue française*, 1549.
2. La très belle lettre de Gargantua à Pantagruel étudiant, au chapitre VIII de *Pantagruel*.
3. Horace, *Épîtres*, I, 1, vers 14.
4. « Qu'importe ? Nous ne composons pas, nous causons », ici en exergue au chapitre premier de la deuxième partie, p. 73.

système » (I, 571). C'est qu'il y a plusieurs manières de faire front contre le système et de le liquider en « sceptique ». On peut le faire à la manière des Lumières contre l'argument d'autorité; à la manière du libertinage érudit contre l'esprit de dogme, sa fixité, son intolérance; à la manière du pyrrhonisme moderne de Montaigne et de Bayle contre le principe de certitude; mais il ne faut pas omettre la critique cartésienne du système et c'est d'abord elle qui permet à d'Alembert dans le *Discours Préliminaire* de l'*Encyclopédie* d'établir une distinction claire et radicale entre système et esprit systématique.

Au début de sa *Dialectique négative*, Adorno en avait fait la remarque : « À l'apogée de l'*Aufklärung*, d'Alembert distingua avec raison par référence à Descartes « esprit de système « et « esprit systématique », et la méthode de l'*Encyclopédie* en tint compte ». La double convocation du Descartes du *Discours de la méthode* et des *Regulae* et du Bacon de la méfiance des idoles conduit d'Alembert dans ce *Discours Préliminaire* (*Enc.* I, XV), à assimiler l'esprit systématique au génie de l'invention ou à mettre en scène Leibniz démasquant Descartes. Dans ce même texte, d'Alembert souligne la proximité entre le programme baconien selon lequel on parvient au dernier terme jusqu'au plus absolu en passant par tous les autres et la généalogie cartésienne du savoir dans la Règle VI des *Regulae*. Pour Bacon comme pour Descartes, toutes les choses que nous cherchons à connaître en les comparant pour être en mesure de les enchaîner, sont dites absolues ou relatives. Or, contrairement à l'absolu, le relatif renferme en son concept deux types d'ordre : l'ordre de ce qui participe à l'absolu et peut lui être rattaché et l'ordre de relations de dépendance, de composition, de multiplicité et autres différences. « Ces choses relatives, dit Descartes, s'éloignent d'autant plus des absolues qu'elles contiennent plus de relations de cette sorte subordonnées les unes aux autres; et c'est la nécessité de les distinguer que nous enseigne cette règle, ainsi que l'obligation d'observer leurs connexions réciproques et leur ordre naturel, de telle façon que, partant de la dernière, nous puissions parvenir à ce qui est le plus absolu, en passant par toutes les autres »[1].

Les encyclopédistes ne se laisseront pas prendre plus que Bacon et Descartes à l'illusion de l'esprit de système que pourrait laisser supposer une telle description de la méthode. Si Descartes présente la Règle VII comme s'il s'agissait d'« achever la science »[2], il corrige cette ambition

1. Descartes, *Règles pour la direction de l'esprit*, Règle VI, « Bibliothèque de la Pléiade », Paris, Gallimard, 1953, p. 53-54.

2. *Ibid.*, p. 57.

dans l'intitulé de la Règle VIII en indiquant quand et pourquoi « il faut s'arrêter là »[1].

Certes d'Alembert ne semble guère faire allégeance au scepticisme à l'article « Force » de l'*Encyclopédie* où l'impossibilité de nier le mouvement et l'existence de la matière est telle qu'il n'est pas nécessaire de la démontrer (*Enc.* VII, 711) ; mais le chapitre VI de l'*Essai sur les Éléments de philosophie* convient que « l'essence de la matière et la manière dont nous en formons l'idée restera toujours couverte de nuages. Nous pouvons conclure de nos sensations qu'il y a des êtres hors de nous ; mais cet être que nous appelons matière est-il semblable à l'idée que nous nous en formons ? C'est ce que nous devons nous résoudre à ignorer ». Peut-on sembler plus proche de la profession de foi sceptique de l'article « Matière » du *Dictionnaire philosophique* de Voltaire ? Cette question de la critique sceptique du système est pourtant l'une des dissensions sur lesquelles se brisera l'aigle à deux têtes à la direction de l'*Encyclopédie*. En effet, d'Alembert restera définitivement méfiant à l'égard de « l'art de conjecturer »[2], Diderot accorde la place que l'on sait à l'analogie et aux cordes vibrantes du clavecin sensible qu'est notre pensée. S'il arrive au personnage de Diderot dans *Le Rêve* de ridiculiser le scepticisme du personnage de d'Alembert, c'est que pour le Philosophe, la seule limite du scepticisme est de « renoncer au sens commun et de se précipiter dans un abîme de mystères, de contradictions et d'absurdités » (I, 619), autant dire de se noyer dans des « galimatias » (*ibid.*) c'est-à-dire de verser dans une forme de dogmatisme dont le scepticisme moderne se fait fort de protéger au contraire la raison, dans le sillage de Montaigne et de Bayle. C'est ce scepticisme-là que Diderot associe à l'éclectisme, c'est celui-là qui l'intéresse et dont il fait profession en affichant sa prédilection pour Montaigne, par exemple dans la vingt-quatrième pensée des *Pensées philosophiques* qui se réfère au chapitre XI du livre III des *Essais* : « Le scepticisme ne convient pas à tout le monde [...]. D'où nous vient ce ton si décidé ? N'avons-nous pas éprouvé cent fois que la suffisance dogmatique révolte ? "On me fait haïr les choses vraisemblables, dit l'auteur des *Essais*, quand on me les plante pour infaillibles. J'aime ces mots qui amollissent et modèrent la témérité de nos propositions, *à l'aventure, aucunement, quelquefois, on dit, je pense*, et autres semblables" » (I, 26). Un parallèle entre les pyrrhoniens de *La promenade du sceptique*, l'article « Pyrrhon »

1. Descartes, *Règles pour la direction de l'esprit*, *op. cit.*, p. 61.

2. Par exemple dans ses *Éclaircissements sur différents endroits des Éléments de philosophie*, § VI, p. 229 *sq*.

du *Dictionnaire* de Bayle, les « originaux » du *Neveu de Rameau* et l'article « Pyrrhon » de l'*Encyclopédie* est légitime dès lors que s'y rencontre en tous un scepticisme compatible avec le « tout est lié dans la nature ». C'est ce que retient du portrait de Montaigne l'article « Pyrrhonienne ou Sceptique philosophie » écrit par Diderot pour l'*Encyclopédie* : « Les contradictions de son ouvrage sont l'image fidèle des contradictions de l'entendement humain. Il suit sans art l'enchaînement de ses idées ; il lui importe fort peu d'où il parte, comment il aille, ni où il aboutisse. La chose qu'il dit, c'est celle qui l'affecte dans le moment. Il n'est ni plus lié ni plus décousu en écrivant, qu'en pensant ou en rêvant. Or il est impossible que l'homme qui pense ou qui rêve soit tout à fait décousu. Il faudrait qu'un effet pût cesser sans cause, et qu'un autre effet pût commencer subitement et de lui-même. Il y a une liaison nécessaire entre les deux pensées les plus disparates ; cette liaison est, ou dans la sensation, ou dans les mots, ou dans la mémoire, ou au dedans, ou en dehors de l'homme. C'est une règle à laquelle les fous mêmes sont assujettis dans leur plus grand désordre de raison » (*Enc.* XIII, 608). C'est ainsi que Montaigne ne veut jamais prouver et va toujours prouvant !

La fin de l'article « Enthousiasme » écrit par Cahusac pour l'*Encyclopédie* (V, 719), s'accorde à l'éclectisme, car cet enthousiasme-là est un enthousiasme de la *raison*, qui répugne au dogmatisme, réduit, lui, à un galimatias ; ce n'est pas la moindre leçon du scepticisme moderne.

Il n'y a donc pas pour Diderot incompatibilité entre un éclectisme enthousiaste à vocation inventive, un scepticisme moderne, non pyrrhonien, qui est une digue protectrice contre les risques de dogmatisme – une médecine philosophique – et un matérialisme spéculatif estimant que la compréhension de phénomènes naturels aujourd'hui hors d'atteinte pour la raison est à attendre des sciences de la vie. Dans l'*Encyclopédie*, Diderot trace le programme de ce matérialisme-là à l'article « Naître » (*Enc.* XI, 10) : ce qu'il s'agit de penser, en fait de relation du multiple à l'Un ou forme du Tout, c'est le *passage*, le flux, la transition, l'ordre momentané dont parlait déjà l'aveugle de la *Lettre* de 1749. L'esprit systématique permet de saisir ce passage en nous arrachant à la fixité à laquelle nous condamne l'entendement, terreau du système et du dogme. Quelle est alors la contribution de l'*Encyclopédie* à cette enquête sur l'idée de matière à laquelle se consacre la philosophie de Diderot ?

La nécessité de lire l'*Encyclopédie* selon le système des renvois « prévus de loin et préparés avec adresse » et non selon l'ordre alphabétique, comme Diderot le prescrit à l'article *Encyclopédie* (V, 643) s'impose tout particulièrement à propos de cette problématique de la matière.

Comme le remarque Jacques Proust, « on pourrait concevoir en effet que de l'*Historia critica philosophiae*[1] à l'*Histoire de la philosophie* de l'*Encyclopédie*, il n'y a que la distance qui sépare le christianisme libéral d'une forme radicale du déisme. Mais la distance est bien plus grande et les auteurs de la *Religion vengée* en ont eu la claire conscience : l'*Histoire de la philosophie* et les écrits qui s'y rattachent sont bien l'œuvre d'un philosophe matérialiste »[2].

L'entrée « Homme » qui défend une conception moniste matérialiste (*Enc.* VIII, 275) renvoie à l'article « Âme » pour ne laisser aucun doute sur le sort qui lui est réservé : « De quelque manière que l'on conçoive ce qui pense en nous, il est constant que les fonctions en sont dépendantes de l'organisation et de l'état actuel de notre corps pendant que nous vivons » (*Enc.* I, 341). L'article « Âme » renvoie lui-même à de nombreuses rubriques d'anatomie ainsi qu'à l'entrée métaphysique « Âme des bêtes » où est déconstruit le dogme de l'immortalité de l'âme.

C'est que, bien avant *Le Rêve*, l'engagement de Diderot pour une conception matérialiste des vivants et de leur évolution et la conjecture d'une forme de « vie » de la matière inerte sont illustrés par l'exemple de l'œuf, corps inerte qui devient peu à peu sensible et vivant sous l'effet de la chaleur et de la digestion des aliments. Il suffit de rappeler le « principe » des spinozistes modernes de l'article « Spinoziste » de l'*Encyclopédie* qui *démontre* à partir de cet exemple le développement de tout animal. « De là ils concluent qu'il n'y a que de la matière et qu'elle suffit pour tout expliquer » (*Enc.* XV, 474). On ne s'étonnera dès lors pas qu'un passage célèbre du troisième entretien du *Rêve de d'Alembert* (1769) fasse écho au matérialisme de l'article « Animal » rédigé par Diderot pour le tome I de l'*Encyclopédie*, dès 1751. Il ne faudra donc pas omettre plus loin, à la faveur d'une réflexion sur les rencontres des hommes en sociétés les enjeux politiques d'un anti-spécisme et d'une bio-technologie avant la lettre dont ces deux textes permettent de saisir les fondements et la légitimation.

Pour ce qui concerne ici la fondation d'une philosophie de la matière dès l'*Encyclopédie*, c'est la lecture de Buffon qui a donné à Diderot occasion de l'approfondir. À l'article « Animal » de l'*Encyclopédie*, le

1. Johann Jakob Brucker publia cette histoire de la philosophie en 6 volumes à Leipzig, 1741-1747 et 1767. Après la traduction de la *Cyclopaedia* de Chambers, Diderot lance le prospectus de l'*Encyclopédie*. Il n'est plus question de traduire les deux volumes de Chambers mais de dresser le bilan des connaissances du temps à partir de la critique des dictionnaires antérieurs. Les références à l'*Historia* de Brucker seront alors importantes, sans pour autant justifier les accusations systématiques de plagiat, contre Diderot.

2. *Diderot et l'Encyclopédie*, *op. cit.*, p. 284.

texte des chapitres 1 et 2 du tome I de l'*Histoire naturelle* de Buffon est repris et détourné à la fois par les incises de Diderot : « Le vivant et l'animé, au lieu d'être un degré métaphysique des êtres est une propriété physique de la matière » (*Enc.* I, 474) ; et, un peu plus haut : « On conçoit bien que toutes ces vérités s'obscurcissent sur les limites des règnes et qu'on aurait bien de la peine à les apercevoir distinctement sur le passage du minéral au végétal et du végétal à l'animal [...]. L'observateur est forcé de passer d'un individu à un autre : mais l'historien de la nature est contraint de l'embrasser par grandes masses ; et ces masses il les coupe dans les endroits de la chaîne où les nuances lui paraissent trancher le plus vivement ; et il se garde bien d'imaginer que ces divisions soient l'ouvrage de la nature » (*ibid.*, 471). Ce naturalisme matérialiste tolérant au mélange des espèces, effet sans doute d'un atomisme généralisé où les molécules elles-mêmes et leurs assemblages sont conçus sur le modèle de l'organisation animale, exigera de s'interroger sur une approche du politique : le directeur des premiers tomes de l'*Encyclopédie*, à travers et malgré les « reculades » et ambiguïtés des articles « Autorité politique » et « Droit naturel », entre autres, n'engage-t-il pas déjà une vision « matérialiste » du politique ?

LES ARTS ET MÉTIERS

Encore un effet du procédé des renvois dans cet autre aspect de la question politique dans l'*Encyclopédie* : le statut au premier abord énigmatique du « peuple », compte tenu de l'importance, et c'est peu dire, des arts et métiers et du goût pour les arts utiles qui fait l'unité de la société des gens de lettres. En effet, à l'article « Peuple » rédigé par de Jaucourt, on ne s'étonne point de trouver une confirmation du caractère anonyme de la collaboration des ouvriers et des laboureurs au dictionnaire. Hommage est rendu à Henri IV et « dans aucune histoire on ne rencontre un seul trait qui prouve que l'aisance du peuple par son travail a nui à son obéissance » (*Enc.* XII, 475). Inspiré par Montesquieu, qu'il cite et recopie, Damilaville rédige un long article « Population » (*Enc.* XIII, 88-97) dans lequel il condamne l'asservissement du peuple aux despotismes politique et religieux : « Les hommes ne naissent point où la servitude les attend, ils s'y détruisent. Voyez chez les despotes ; pour qu'ils se multiplient, il faut que leur liberté ne dépende que des lois » (p. 96) et un peu plus loin : « Ceux qui ont dit que plus les sujets étaient pauvres, plus les familles étaient nombreuses ; que plus ils étaient chargés d'impôts plus ils étaient en état de les payer, ont blasphémé contre le genre humain et contre la patrie » (*ibid.*).

Les rédacteurs de l'*Encyclopédie* ont sans doute moins fréquenté qu'ils ne le laissent penser les ateliers des faubourgs. Il n'empêche : la « description des arts et métiers », l'attention portée à la langue des techniques, l'importance par exemple de l'article « Bas » souvent considéré comme le « discours de la méthode » diderotien (*Enc.* II, 98-113), la grammaire des arts, engagent, dès l'*Encyclopédie*, ce que la philosophie politique explicitera à partir d'une mise en perspective matérialiste, dans les Essais, mais aussi les Contes et le théâtre. Une interrogation philosophique sur la relation entre culture savante et culture populaire exige une réflexion sur l'histoire équivoque de l'idée de progrès ainsi que des concepts de culture et de civilisation. L'entreprise encyclopédique des Lumières françaises, en œuvrant à la mise en forme d'une langue des métiers et d'une grammaire des arts, problématise l'existence et la fonction d'une culture populaire *dans* la philosophie. Bouleversant le schème classique de la relation de la pratique à la théorie et des sens à la réflexion, cette intervention du « peuple » dans la pensée philosophique de l'*Encyclopédie* et de l'Universel porte en elle la promesse d'une redéfinition de l'espace linguistique, civil et politique où se déploie la productivité des arts et métiers. Les « arts mécaniques » eux-mêmes obéissent plutôt à une conception organique que mécanique et le vocable qui convient le mieux aux machines comme aux corps de métiers est plus le machinal que le mécanique ; le célèbre métier à bas est décrit à l'article cité ci-dessus comme une « fabrication » dans laquelle il règne « entre ses parties une si grande dépendance, qu'en retrancher une seule ou altérer la forme de celles qu'on juge les moins importantes, c'est nuire à tout le mécanisme. La mécanicité repensée dans le cadre du naturalisme aléatoire permet d'envisager les arts et métiers, les artisans et les machines comme le développement discipliné de l'*énergie* contenue dans la matière. Sur ce point, le geste essentiel de la « correction » encyclopédique proposée par le *Discours Préliminaire* (I, XV), consiste à redéfinir et revaloriser les arts mécaniques et leurs maîtres d'œuvre, artisans et ouvriers. La définition générale des arts, dépassant l'héritage de Bacon et de Locke, dénonce l'avilissement dans lequel ont été tenus des gens très estimables et très utiles au nom de la prétendue supériorité des arts libéraux. Les articles « Artiste » et « Artisan » montrent que ces deux termes peuvent s'appliquer indifféremment aux ouvriers qui « excellent », l'excellence de l'art résultant d'un savant équilibre entre la spéculation et la pratique. Barrat, grâce à qui Diderot put rédiger le fameux article « Bas » est le modèle de cet artisan intelligent capable de « raisonner et bien parler de son art » (*Enc.*, article « Art », I, 266).

L'article « Antédiluvienne » pourrait susciter la tentation de rapporter l'invention des arts au hasard (*Enc*. I, 493). Mais l'inspiration baconienne permet l'hypothèse d'une véritable propédeutique à la découverte, attestée par l'habileté de certains artisans à allier la théorie à la pratique, permettant d'envisager ainsi un progrès des techniques. Ainsi, ces « hommes de forge intelligents », évoqués à la fin de l'article « Acier » (*Enc*. I, 633) qui ont eu « pendant vingt à trente ans le marteau à la main » mais n'ont « pas opéré comme des automates », doivent retenir l'attention : si les métiers se trouvent placés dans l'*Encyclopédie* sous l'égide de la mémoire alors que les sciences relèvent de la raison, pour autant la mémoire n'est pas la routine, et ne trouve au contraire son véritable statut que dans la perspective d'une philosophie sensualiste à laquelle souscrivent les *Pensées sur l'interprétation de la nature*. L'importance du besoin et de l'utilité, associée au caractère essentiel du geste et du toucher, véritables fondateurs des arts et des sciences, ramène l'espèce humaine à son unité matérielle, symbolisée par la perfection des mouvements de la main.

En quittant les ateliers et les outils pour les Salons de peinture et l'écriture, le souci de l'utile pour le plaisir du génie, l'unité de nature se retrouve-t-elle dans la perfection de la tension antagonique de cette énergie ?

TROISIÈME PARTIE

LA PERCEPTION DES RAPPORTS : LES FORMES ESTHÉTIQUES

CHAPITRE PREMIER

L'IDÉE DU BEAU

Éclairez vos objets selon votre soleil,
Qui n'est pas celui de la nature [1].

Le mouvement de pensée qui sépare les *Principes généraux d'acoustique* (1748) du dernier *Salon* (1781) fait la richesse et à la fois la difficulté de la contribution de Diderot à la fondation de l'« esthétique » qui désigne depuis Baumgarten en Allemagne un savoir moderne qui rompt avec la philosophie classique de l'art et sa conception du goût [2]. L'originalité de Diderot s'alimente certes aux sources des premières histoires de l'art et de la littérature dont les ouvrages paraissent dès la fin du dix-septième siècle. Sa culture, dans tous les domaines de l'art, comme en témoigne déjà la *Lettre sur les sourds et muets*, est sans cesse sollicitée et renouvelée par la fréquentation de ses nombreux amis artistes. C'est sans doute la peinture qu'il fréquente le plus assidûment, par les collections qu'il peut voir à Paris, régulièrement présentées au Louvre depuis 1725 au Salon carré [3]. Sa mission de courtier auprès de Catherine II l'oblige de plus à visiter des galeries et expositions hors de France. L'article « Beau » de l'*Encyclopédie* en 1752 signe la rupture avec le passé en proposant une définition qui s'efforce de dépasser la double antinomie objectivité/subjectivité, rationalité/sensibilité : « J'appelle donc beau hors de moi tout

1. *Salon de 1767*, V, p. 1023.

2. Baumgarten est le premier dans son *Aesthetica acroamatica* (1750-1758) à distinguer sous le nom d'« esthétique » la science du beau de nature sensible, ainsi détachée de la connaissance par entendement et raison.

3. La première exposition publique avait eu lieu en 1667 ; Colbert avait alors décidé qu'elle se tiendrait désormais tous les deux ans.

ce qui contient en soi de quoi réveiller dans mon entendement l'idée de rapports ; et beau par rapport à moi tout ce qui réveille cette idée » (*Enc.* II, 176). Déjà les *Principes généraux d'acoustique* et la *Lettre sur les sourds et muets* avaient mis en place cette idée de « perception de rapports » à quoi s'ajoute le principe augustinien de l'unité entre les parties et le tout. Cette définition est compatible avec l'anti-finalisme de Diderot et avec sa critique de l'utilitarisme qu'il attribue à Shaftesbury, tout en prenant en compte la distinction entre la nécessité des productions naturelles et la création normée des œuvres d'art : « On admire le beau dans les ouvrages de la nature ; on l'exige dans les productions de l'art » (*Enc.* II, 161).

LE GOÛT. LES OBJETS DU GOÛT

L'expression de « grand goût » encore utilisée dans les *Salons* marque non seulement la fin de l'esthétique régnante du « petit goût » qui gouverne par exemple les mignardises d'un Boucher ou le libertinage d'un Fragonard; elle s'inscrit dans le « tournant » esthétique des Lumières qui affirme la revendication du Beau contre l'esthétique du goût dépréciée en « petit goût ». La position esthétique de Diderot annonce la radicalité de celle de David pour qui il ne sera plus question de goût pour juger du beau. Le beau et le goût apparaîtront même alors comme deux catégories opposées. Hume soulignait l'importance d'une règle du goût, Kant éradiquait le risque de l'arbitraire par l'universalité de la faculté de juger; le « grand goût » encore évoqué par Diderot se voit évincé par le vocabulaire du « grand » et de la « grandeur », surtout dans les *Salons*, par exemple dans le *Salon de 1759* à propos de la « grande composition » de la *Piscine miraculeuse* de Vien (IV, 195), de la « largeur du faire » de Chardin et de Raphaël (IV, 197), de la « composition immense » de *La Mort de Virginie* par Doyen (IV, 199) ou de la « grande idée » de la *Résurrection* de Rembrandt (IV, 196).

La première partie, signée par Voltaire, de la deuxième entrée de l'article « Goût » de l'*Encyclopédie* (*Gramm. Littér. § Philos.*) souligne de manière radicale et virulente le sens profond du « petit goût » : « Comme le mauvais goût au physique consiste à n'être flatté que par des assaisonnements trop piquants et trop recherchés, aussi le mauvais goût dans les Arts est de ne se plaire qu'aux ornements étudiés et de ne pas sentir la belle nature. Le goût dépravé dans les aliments est de choisir ceux qui dégoûtent les autres hommes; c'est une espèce de maladie. Le goût dépravé dans les Arts est de se plaire à des sujets qui révoltent les esprits bien faits; de préférer le burlesque au noble, le précieux et l'affecté au beau simple et naturel : c'est une maladie de l'esprit » (*Enc.* VII, 761). Il y a là certes un écho de la méchante critique des tableaux du peintre Baudouin par Diderot dans le *Salon de 1767* : « Toujours petits tableaux, petites idées, compositions frivoles, propres au boudoir d'une petite maîtresse, à la petite maison d'un petit maître ; faites pour de petits abbés, de petits robins, de gros financiers ou autres personnages sans mœurs et d'un petit goût » (IV, 667).

Diderot ne ferait-il alors qu'admettre les positions esthétiques les plus communes en son temps et négliger, à la manière de Voltaire, les apories ou contradictions qu'elles soulèvent ?

À l'article « Goût » de l'*Encyclopédie*, l'entrée « Goût » *en peinture* résume assez bien sous la plume de Landois les positions couramment admises : « On dit qu'un tableau est de bon *goût*, lorsque les objets qui y sont représentés y sont bien choisis et bien imités, conformément à l'idée que les connaisseurs ont de leur perfection. On dit, bon *goût*, grand *goût*, *goût* trivial, mauvais *goût*. Le *bon goût* se forme par l'étude de la belle nature : *grand goût* semble dire plus que *bon goût*, et dirait plus en effet si par *grand goût* on entendait le choix du mieux dans le bon : mais *grand goût*, en Peinture, est un goût idéal qui suppose un grand, un extraordinaire, un sublime même tenant de l'inspiration, bien supérieur aux effets de la belle nature ; ce qui n'est réellement qu'une façon de faire les choses relativement à de certaines conditions, que la plupart des peintres n'ont imaginées que pour créer un beau à la portée de leur talent » (*Enc.* VII, 770).

À la recherche de la fondation d'une esthétique matérialiste, Diderot, loin d'adopter ces remarques convenues, les interroge dans leurs moindres détails construisant ainsi sa problématique du goût qui engage trois questions :

– Quels sont les objets du goût ?

–En quoi le goût et le beau en appellent à la « perception de rapports » ?

– Qu'est-ce que le jugement de goût ?

1) L'hiéroglyphe musical, déjà évoqué ici dans le premier chapitre de la deuxième partie, offre une approche privilégiée des objets du goût, comme la figure dans laquelle le sujet peut rencontrer l'objet comme art et l'objet le sujet comme âme. Dans la *Lettre sur les sourds et muets*, alors qu'il s'interroge sur l'ordre naturel des langues et le problème des inversions, Diderot, par la substitution du verbe « éprouver » au verbe « énoncer » (IV, 27) ne se détourne-t-il pas de la linguistique pour reconnaître à la sensation sa nature esthétique au double sens de cet adjectif ? « La formation des langues exigeait la décomposition ; mais voir un objet, le juger beau, éprouver une sensation agréable, désirer la possession, c'est l'état de l'âme dans un même instant » (IV, 30).

À ce titre, la musique serait le paradigme du Beau et l'objet du goût par excellence. *Mademoiselle*, à qui est dédiée l'une des *Additions à la Lettre sur les sourds et muets*[1] avait fait à Diderot une objection à propos « des morceaux de musique auxquels on n'attache point d'images, qui ne forment ni pour vous ni pour personne aucune peinture hiéroglyphique, et qui font cependant un grand plaisir à tout le monde » (IV, 59). Et Diderot de répondre : « Ces morceaux de musique qui vous affectent agréablement sans réveiller en vous ni peinture ni perception distincte de rapports, ne flattent votre oreille que comme l'arc-en-ciel plaît à vos yeux, d'un plaisir de sensation pure et simple » (*ibid.*, 59).

Cette mise en perspective du plaisir esthétique sur une comparaison picturale sans aucune implication de motif ou d'image évoque un plaisir *pur et simple*, délivré de la tyrannie des choses, entre formes libres, indéterminées et sentiment subjectif. La *Lettre sur les sourds et muets* touche aux limites de sa propre pensée en livrant ce message esthétique paradoxal et fort par la médiation de cette comparaison. On ne s'étonnera dès lors pas que, lorsque Diderot s'interroge sur la supériorité de la musique – « comment se fait-il donc que des trois arts imitateurs de la nature, celui dont l'expression est la plus arbitraire et la moins précise parle le plus fortement à l'âme ? » (IV, 60) – il réponde par une nouvelle question : « Serait-ce que montrant moins les objets, il laisse plus de carrière à notre imagination ; ou qu'ayant besoin de secousses pour être émus, la musique est plus propre que la peinture et la poésie pour produire en nous cet effet tumultueux ? » (*ibid.*). Dans une supposée hiérarchie des arts, la musique serait privilégiée parce qu'elle révèle une couche en quelque sorte « archaïque » du goût et serait à ce titre par excellence son objet. « La peinture montre l'objet même, la poésie le décrit, la musique en excite à peine une idée » (*ibid.*). Comment oublier que les cinq premières *Pensées* des *Pensées philosophiques*, comme Voltaire l'avait bien compris[2], attribuent aux passions la vocation esthétique de l'homme, les comparant, après Shaftesbury, à des cordes d'instrument ? Quant au tableau, en tant qu'il peut prétendre à être un objet du goût, c'est à la même condition d'aller bien au-delà de la représentation. C'est ce qui manque, par exemple, au *Jeune Homme vêtu à l'espagnole et jouant de la mandore*, tableau de Drouais le

1. L'identification de la dédicataire de cette *Lettre à Mademoiselle* – Mademoiselle de La Chaux – a été contestée. Voir sur ce point dans l'édition Versini ici utilisée les remarques de la note 2, p. 52, volume IV.

2. En marge de la Pensée III, Voltaire avait noté que « les passions sont les vents qui font aller le vaisseau et le submergent » (DPV II, p. 8, note 3).

fils, objet des sarcasmes de Diderot dans le *Salon de 1765* : « Ce n'est pas de la chair, car où est la vie, l'onctueux, le transparent, les tons, les dégradations, les nuances? c'est un masque de cette peau fine dont on fait les gants de Strasbourg; aussi ce jeune homme attrayant par sa jeunesse, la grâce de sa position, le luxe de son ajustement, est-il froid, insipide et mort » (IV, 366). Ainsi se nouent l'esthétique et l'organique dans l'objet du goût, ce dont rendent compte les *Essais sur la peinture* (1766) et l'article « Composition » de l'*Encyclopédie* par le truchement des concepts de « tout » et de « point de vue » : la beauté de l'œuvre d'art et la vie de l'être naturel sont l'une et l'autre l'effet d'un *organisme pictural* : « Un tableau bien composé est un tout renfermé sous un seul point de vue, où les parties concourent à un même but et forment par leur correspondance mutuelle un ensemble aussi réel que celui des membres d'un corps animal » (*Enc.* III, 772). C'est pourquoi la genèse du goût est dans le « rapport ».

2) En quoi le goût et le beau en appellent à la « perception de rapports » ?

L'article « Consonance » rédigé par Rousseau pour l'*Encyclopédie* souligne que cette hypothèse diderotienne pose plus de problèmes qu'elle n'en résout, dès lors qu'elle présuppose le caractère problématique du double fondement de la musique, dans la physique et dans les mathématiques; il en conteste donc la portée démonstrative, telle qu'elle est proposée par le Philosophe dès les *Principes généraux d'acoustique* « bien qu'elle s'étende facilement à d'autres phénomènes qui se remarquent dans les beaux-arts » et conclut qu'il convient donc de la considérer comme une hypothèse fort vraisemblable mais non démontrée (*Enc.* IV, 51). Rousseau reconduit ainsi – comme d'Alembert – les résonances harmoniques à un niveau purement physique, affirmant ainsi sa position dans la querelle entre Rameau et les « philosophes » [1] et considérant que le plaisir procuré par les rapports harmoniques des sons reste purement sensuel [2]. La figure majeure de Rameau s'inscrit dans une longue tradition marquée par la réception des esthétiques médiévales de la *proportio* [3], tradition dont Diderot a surtout

1. Je me réfère ici à deux ouvrages de C. Kintzler dans lesquels on trouve toutes les précisions nécessaires à l'intelligibilité de cette question complexe : *J.P. Rameau, Splendeur et naufrage de l'esthétique du plaisir à l'âge classique*, Paris, Minerve, 1988, et *Poétique de l'Opéra français de Corneille à Rousseau*, Paris, Minerve, 1991.

2. D'Alembert s'accorde sur ce point avec Rousseau en employant le verbe « pressentir » dans ses *Observations sur notre instinct pour la musique*, Paris, Prault, 1754, p. 44-45.

3. U. Éco, *Le problème esthétique chez Thomas d'Aquin*, trad. fr. M. Javion, Paris, P.U.F., 1993.

retenu l'influence de Malebranche et d'Euler[1]. Vingt ans après les remarques de ses *Principes généraux d'acoustique* de 1748[2], Diderot écrit à Sophie Volland le 4 octobre 1767 : « Ils avaient recherché la raison pour laquelle les âmes sensibles s'émouvaient si promptement, si fortement, si délicieusement au récit des belles actions. Suard avait prétendu que c'était l'effet d'un sixième sens que nature nous avait donné pour juger du bon et du beau. On me demanda ce que j'en pensais. Je répondis que ce sixième sens que quelques métaphysiciens avaient accrédité en Angleterre était une chimère; que tout était expérimental en nous » (V, 782). Le refus d'un sixième sens à la manière d'Hutcheson, le refus des idées esthétiques innées sont la conséquence, par la médiation de ce « tout expérimental » du recours à un modèle commun à la genèse de toutes nos facultés et en particulier de la perception qui est perception de rapports. Selon le principe lockéen de la genèse de la pensée dans les idées sensibles, il convient de substituer à la conception classique de l'âme l'image physiologique du « timbre garni de petits marteaux, d'où partent une multitude infinie de fils qui se terminent à tous les points de la boîte » que décrit la *Lettre sur les sourds et muets* (IV, 28). Si nous élevons sur ce timbre une petite figure, à l'instar de celles dont nous ornons le haut de nos pendules, « cette petite figure sera *l'âme*. Si plusieurs des petits cordons sont tirés dans le même instant, le timbre sera frappé de plusieurs coups, et la petite figure entendra plusieurs sons à la fois » (*ibid.*). Constitué comme l'âme à partir de l'organisme, le goût désigne les sentiments nés de rapports perçus. C'est pourquoi la musique peut être considérée comme le paradigme du goût ainsi défini : « En musique, le plaisir de la sensation dépend d'une disposition particulière, non seulement de l'oreille, mais de tout le système des nerfs. S'il y a des têtes sonnantes, il y a aussi des corps que j'appellerais harmoniques » (IV, 60). C'est aussi pourquoi il est aisé de suivre De Jaucourt dans sa contribution à l'article « Goût » de l'*Encyclopédie* : « Le goût en général est le mouvement d'un organe qui jouit de son objet et qui en sent toute la bonté; c'est pourquoi le goût est de toutes les sensations : on a du goût pour la Musique et pour la Peinture, comme pour les ragoûts,

1. Ces remarques et références renvoient à l'article d'A. Charrak, « La musique entre physique et mathématique », *Dix-huitième siècle*, n° 31, 1999, p. 33-44.

2. Dans les *Additions à la Lettre sur les Sourds et Muets* de 1751, Diderot restait fidèle à cette relation entre perception et proportion : « La perception des rapports simples étant plus facile que celle des rapports composés, et, entre tous les rapports celui d'égalité étant le plus simple, il était naturel de le préférer ; et c'est ce qu'on a fait ». C'est pourquoi en architecture « les ailes d'un bâtiment sont égales, et [...] les côtés des fenêtres sont parallèles ». Quant aux ornements qui permettent parfois de ne pas s'écarter du rapport le plus simple, seul un esprit superficiel les jugerait arbitraires (I, 57).

quand l'organe de ces sensations savoure, pour ainsi dire, ces objets» (*Enc.* VII, 758). La tentation de le suivre est grande en effet, mais est-ce si aisé? Certes cette définition appliquée au goût du beau satisfait aux requisits d'une esthétique matérialiste du fait de cette idée d'une rencontre entre deux matières corporelles. Sans compter que le problème de la diversité des goûts n'exige pas d'autre solution que la diversité des organismes! Pourtant Diderot, lui, ne voit là nulle « solution » mais un problème qui reste entier. Le *Salon de 1767* met en scène la difficulté en imaginant l'abbé Morellet, Marmontel et Naigeon devant un beau buste antique; «Vous aurez trois éloges très différents; auquel vous en tiendrez-vous? sera-ce au mot froid de l'abbé? ou à la sentence épigrammatique, à la phrase ingénieuse de l'académicien? ou à la ligne brûlante du jeune homme? Autant d'hommes, autant de jugements. Nous sommes tous diversement organisés. Nous n'avons aucun la même dose de sensibilité. Nous nous servons tous d'un instrument vicieux en lui-même, l'idiome qui rend toujours trop ou trop peu, et nous adressons les sons de cet instrument à cent auditeurs qui écoutent, entendent, sentent et pensent diversement» (IV, 553). La nécessité de dépasser l'aporie est d'autant plus impérative qu'elle entraînerait un scepticisme radical à l'égard de l'idée de beau dont l'article de l'*Encyclopédie* rappelé plus haut (*Enc.* II, 176) produit la définition : est beau ce qui réveille en moi l'idée de rapports.

Qu'est-ce donc que la sensibilité esthétique pour qu'elle ouvre la voie à autre chose qu'à la fixité d'une norme, sur laquelle la «solution» diderotienne au problème de Molyneux avait attiré la suspicion?

3) Comment donc la diversité des jugements de goût ne signifie-t-elle pas l'arbitraire et comment un beau non relatif n'est-il pas pour autant absolu?

Les *Essais sur la peinture pour faire suite au Salon de 1765* répondent à la question : «Qu'est-ce donc que le goût? Une facilité acquise par des expériences réitérées à saisir le vrai ou le bon, avec la circonstance qui le rend beau, et d'en être promptement et vivement touché» (IV, 515). La genèse du goût ou du « tact » mobilise l'imagination et l'émotivité, en deçà du langage et nous fait aller à l'âme, terreur et plaisir joints. L'enthousiasme pour l'esquisse, la séduction de la musique instrumentale, naissent de l'indétermination des formes qui laissent place à la liberté de l'imagination, à l'intensité d'une émotion portée jusqu'au barbare et au sauvage, comme dans le sublime de la poétique des ruines. L'article « Jouissance » de l'*Encyclopédie*, sans méconnaître la simplicité de mœurs du spectateur ou du lecteur issu de la classe moyenne, est un hymne à la volupté, dont l'énergie, contrairement à la froide raison, donne fermeté d'âme et force de volonté (*Enc.* VIII, 889). L'émotion, la beauté et la vertu n'entrent donc pas en conflit avec la sensation physique et le plaisir dans le sentiment de goût. Cette alliance, née de la redéfinition de la vertu comme *passion*, élève le critique d'art bien au-dessus du seul débat entre le grand goût et le petit goût. En effet, si l'enthousiasme qui réveille l'harmonie des résonances a l'apparence de la spontanéité, il ne se plie pas à un modèle mécaniste, et Diderot d'insister de plus en plus, au fur et à mesure du développement de ses réflexions esthétiques, sur le pouvoir d'*organisation* qui engendre le tact, le jugement, l'enthousiasme et la raison. Certes, chacun est déterminé par sa physiologie et la justesse du goût est tributaire de la fibre et des mouvements du diaphragme où résonne l'harmonie des cordes du clavecin vivant. Pourtant comme le soulignent d'Alembert dans les articles « Goût » et « Collège » de l'*Encyclopédie* (*Enc.* VII, 761 et III, 637) et Diderot en 1775 dans le *Plan d'une Université* pour Catherine II (III, 468), il convient de former et d'éduquer le goût. Le paradoxe dénoué se renoue : le « tact » est préparé par des qualités que la nature seule donne, mais cette qualité, dont la nature contient le germe, s'étouffe ou se vivifie par l'âge selon les conditions de son développement. Il faut tenter de débrouiller les fils de ce nœud et rendre plus intelligible la sensibilité esthétique ainsi présentée, aussi bien du point de vue du goût que du beau, de l'amateur que du créateur.

La sensibilité esthétique

En ce qui concerne le « tact » ou la faculté de juger du beau chez l'amateur d'art, il importe d'être attentif à la perspicacité du soupçon pascalien : l'impression de l'immédiateté et de l'innéité de la nature n'est que coutume qui nous fait succomber à l'illusion du naturel. Joignant la chaîne leibnizienne de la mémoire à ce déni pascalien de l'identité, Diderot passe au crible de ce double soupçon la sensibilité esthétique de l'amateur. Dans le *Salon de 1767*, il démystifie la prétendue spontanéité du tact : « C'est une habitude de juger, sûrement préparée par des qualités naturelles, et fondée sur des phénomènes et des expériences dont la mémoire ne nous est pas présente. Si les phénomènes nous étaient présents, nous pourrions sur-le- champ rendre compte de notre jugement, et nous aurions la science. La mémoire des expériences et des phénomènes ne nous étant pas présente, nous n'en jugeons pas moins sûrement, nous en jugeons même plus promptement ; nous ignorons ce qui nous détermine et nous avons ce qu'on appelle tact, instinct, esprit de la chose, goût naturel » (IV, 753)[1]. Un détour par *Le Rêve de d'Alembert* garantit, si c'est nécessaire, le caractère illusoire d'un jugement spontané, permanent et objectif: « Et vous parlez d'individus, pauvres philosophes! Laissez-là vos individus ... Il n'y en a point, non, il n'y en a point ... Il n'y a qu'un seul grand individu, c'est le Tout » (I, 636). On ne saurait mieux souligner le caractère hautement problématique, sinon énigmatique, de la position d'un Moi qui juge, dans la pensée de Diderot. D'autant que, partout où il le peut, il fait surgir de nouvelles difficultés, comme pour nous convaincre de l'obscurité de l'aporie. Par exemple, du côté de Jacques : « Puis-je n'être pas moi ? Et étant moi, puis-je faire autrement que moi? Puis-je être moi et un autre? Et depuis que je suis au monde, y a-t-il eu un seul instant où cela n'ait été vrai ? (II, 717); et du côté de d'Alembert rêvant : « Je suis donc tel parce qu'il a fallu que je fusse tel. Changez le tout, vous me changez nécessairement; mais le tout change sans cesse » (I, 636). Si le « fait » de l'unité et de l'identité du moi est « clair » comme le revendique le personnage de Bordeu, « la raison du fait ne l'est aucunement » (I, 634) !

Sans anticiper ici sur les éléments de l'anthropologie de Diderot à laquelle sera consacrée la quatrième partie de cet essai, on peut noter que la conjecture proposée, pour éclairer sinon résoudre la difficulté, doit beaucoup à Leibniz, surtout dans les *Éléments de physiologie* et dans la *Réfutation d'Helvétius*, où la constitution de la conscience de soi est rapportée à l'acte de la mémoire qui emmagasine les traces de l'histoire d'une vie. L'article « Sensations » de l'*Encyclopédie* dessine l'unité du moi comme « la perception représentative d'une infinité de petits mouvements indiscernables » ou « une suite rapide de petites secousses confusément aperçues » (*Enc.* XV, 38). Une sorte de principe de dissimilitude est là qui porte ombrage à l'éventualité d'une unité fragile, me rendant à chaque instant différent de ce que j'étais à l'instant précédent, et me dispersant en autant d'organes qu'en comptent mes fonctions corporelles. Selon les *Observations sur Hemsterhuis*, « le moi tient à toutes les faces du monde qui me sont sensibles et que j'ai senties; c'est la mémoire des sensations que j'ai éprouvées et qui font l'histoire de ma vie; histoire qui commence un peu plus tôt ou un peu plus tard pour un individu et un autre individu » (I, 742).

1. On voit l'intérêt d'éclaircir l'étrange relation entre la position de Diderot et la thèse de Kant en matière de jugement de goût. Les pages de C. Duflo dans son ouvrage, *Diderot philosophe*, *op. cit.*, en particulier p. 317-327, sont à cet égard très précieuses.

Que l'on puisse rendre compte de la sensibilité esthétique de l'amateur suppose donc que l'on tente de ne pas négliger ces vicissitudes. Diderot écrit dans les *Essais sur la peinture* : « Chaque âge a ses goûts » (IV, 487). La sensibilité esthétique est donc *indissociablement*, du fait de son fondement dans l'organique, ce qui seul peut convenir au corps et, du fait des expériences qui informent et modifient ce donné, le résultat d'une histoire et d'une éducation. Le *Salon de 1767* rend compte de ce caractère indissociable qui permet de tenir ensemble la diversité et l'absence d'arbitraire, du point de vue des individus comme de celui des sociétés. D'une part, « Parcourez toutes les fonctions de la vie, toutes les sciences, tous les arts, la danse, la musique, la lutte, la course, et vous reconnaîtrez dans les organes une aptitude propre à ces fonctions ; et de même qu'il y a une organisation de bras, de cuisses, de jambes, de corps propre à l'état de portefaix, soyez sûr qu'il y a une organisation de tête propre à l'état de peintre, de poète et d'orateur, organisation qui nous est inconnue, mais qui n'en est pas moins réelle, et sans laquelle on ne s'élève jamais au premier rang ; c'est un boiteux qui veut être coureur » (IV, 753). D'autre part, « Placez la *beauté* dans la perception des rapports, et vous aurez l'histoire de ses progrès depuis la naissance du monde jusqu'aujourd'hui ; choisissez pour caractère différentiel du *beau* en général, telle ou telle autre qualité qu'il vous plaira, et votre notion se trouvera tout à coup concentrée dans un point de l'espace et du temps » (IV, 106).

Cette même indissociabilité caractérise la sensibilité esthétique du créateur : « C'est qu'il y a dans l'exercice de la raison, et même des sens, quelque chose de commun à tous et quelque chose de propre à chacun : cent têtes mal faites pour une qui l'est bien. La chose commune à tous est de l'espèce, la chose propre à chacun distingue l'individu. S'il n'y avait rien de commun, les hommes disputeraient sans cesse et n'en viendraient jamais aux mains ; s'il n'y avait rien de divers, ce serait tout le contraire » (IV, 619). L'acteur Garrick et le peintre Raphaël n'échappent pas plus à la nécessité de l'ordre naturel qu'à la nature exceptionnelle de leur « don » qui nous étonne et suscite notre admiration. Tel est l'un des aspects de leur « paradoxe » dont rend compte le dialogue entre l'abbé et Diderot dans le *Salon de 1767* : « Ce monde n'est qu'un amas de molécules pipées en une infinité de manières diverses. Il y a une loi de nécessité qui s'exécute sans dessein, sans effort, sans intelligence, sans progrès, sans résistance dans toutes les œuvres de Nature. Si l'on inventait une machine qui produisît des tableaux tels que ceux de Raphaël, ces tableaux continueraient-ils d'être beaux ? [...] Faites naître les tableaux dans la nature comme les plantes, les arbres et les fruits qui leur serviraient de modèles, et dites-moi ce que deviendrait votre admiration » (IV, 597-598).

Ce qui est beau, ce qui est objet du goût comme perception de rapports introduit donc à une réflexion sur la relation entre la nature et l'histoire, entre l'« inné » et l'« expérimental ». Sans cela, les remarques ci-dessus ne peuvent provoquer une interrogation sur l'évaluation esthétique ni sur le statut du « modèle » de l'œuvre d'art que Diderot semble persister à référer à la nature. Mise en perspective sur le problème de la représentation, la relation des productions naturelles et des œuvres d'art permet-elle de mieux comprendre la rencontre de ces formes que notre jugement de goût saisit comme « belles » ?

CHAPITRE II

LA NATURE ET L'ART : LE PROBLÈME DE LA REPRÉSENTATION

Combien le précepte d'embellir la nature
a gâté de tableaux ![1].

La fin de la longue querelle entre les Anciens et les Modernes vers 1715 n'annonce cependant pas le dernier mot des débats houleux qui l'ont animée. Même si Fénelon avait tenté de les dépasser et de les clore, il n'a pas pour autant résolu les redoutables difficultés qu'ils ont soulevées. En écrivant dans une lettre à La Motte qu'« il faut observer le vrai et peindre d'après nature »[2], il ne réalise pas par là l'accord des deux partis. C'est que, aussi traditionnelle soit-elle, l'expression « Imiter la nature » associe deux notions qui sont aussi problématiques l'une que l'autre. Le chapitre cinquième du tome second des *Bijoux indiscrets*, intitulé « Entretien sur les lettres », sur le ton badin qui lui est propre, rend très clairement compte de l'embarras qu'engage ce précepte. Ricaric, savant érudit, introduit une distinction entre les « faces différentes » de la nature : « Toutes sont vraies, mais toutes ne sont pas également belles » (II, 122); c'est pourquoi l'Académie qui recueille dans ses ouvrages ces faces différentes de la nature, présentes et passées, « est encore le sanctuaire du bon goût » (II, 122); et ses beaux jours ne nous offrent ni philosophes ni poètes auxquels nous n'en ayons aujourd'hui à opposer. Ainsi, c'est au nom de la « belle nature » que la cause des Anciens est opposée au courtisan Sélim qui

1. *Encyclopédie*, article « Composition », III, 773
2. Fénelon, lettre à La Motte du 22 novembre 1714, *Œuvres de Fénelon*, Paris, Lefèvre-Pourrat, 1838, t. IV, p. 561.

rétorque à Ricaric : « Et que m'importe à moi des règles, pourvu qu'on me plaise ? », d'autant que « les Modernes, jouissant des trésors amassés jusqu'à leur temps, doivent être plus riches que les Anciens » (*ibid.*). Par la voix de Mirzoza, Diderot reprend l'alternative académisme ou naturalisme en proposant un compromis qui ne va pas sans ambiguïtés : « Je n'entends point les règles, continua la favorite, et moins encore les mots savants dans lesquels on les a conçues ; mais je sais qu'il n'y a que le vrai qui plaise et qui touche (*ibid.*, p. 123). Ainsi, Mirzoza ne lève pas l'équivoque entre la « belle nature » et la « pure nature » et en reste de ce fait à la thèse d'une *mimesis* réductrice : « Je sais encore, dit-elle, que la perfection d'un spectacle consiste dans l'imitation si exacte d'une action, que le spectateur, trompé sans interruption, s'imagine assister à l'action même » (*ibid.*). C'est en contestant le « beau essentiel » du Père André dans le *Traité du Beau* après avoir rejeté l'imitation de la « belle nature » de l'abbé Batteux dans la *Lettre sur les sourds et muets* que Diderot est en mesure de repenser et d'approfondir la relation entre les belles formes et les formes naturelles[1]. D'un dilemme à l'autre, il s'agit maintenant de mettre cette relation en perspective sur le conflit entre le dogmatisme et le pyrrhonisme non sans avoir réfuté, au nom d'une critique radicale du finalisme, l'identification du beau à l'utile, thèse soutenue par Shaftesbury dans son *Essai sur le mérite et la vertu* ; l'utilitariste anglais y soutient « qu'il n'y a qu'un beau, dont l'utile est le fondement : ainsi tout ce qui est ordonné de manière à produire le plus parfaitement l'effet qu'on se propose, est suprêmement *beau*. Si vous lui demandez : qu'est-ce qu'un *bel homme*, il vous répondra que c'est celui dont les membres bien proportionnés conspirent de la façon la plus avantageuse à l'accomplissement des fonctions animales de l'homme »[2].

LA NATURE ET L'ART

C'est dans les *Pensées détachées sur la peinture, la sculpture et la poésie pour servir de suite aux Salons* et plus précisément au *Salon de 1781* que Diderot règle définitivement son compte au finalisme en matière d'art

1. La *Lettre sur les sourds et muets* est une réponse à un ouvrage de 1746, *Les Beaux-Arts réduits à un même principe* – ce principe étant l'imitation de la « belle nature » – de l'abbé Batteux, ouvrage qui eut un grand succès. Peu de temps après la *Lettre sur les sourds et muets*, l'article « Beau » paraît en 1752 dans le deuxième tome de l'*Encyclopédie*. Il sera réédité à part en 1772 sous le titre de *Traité du Beau*. Diderot y réfute la thèse du Père André, jésuite, ami de Malebranche, auteur d'un *Essai sur le Beau* paru en 1741, dont l'information érudite ne restera pas inexploitée par notre philosophe !

2. En réalité, ce passage est un commentaire par Diderot de sa traduction de 1745.

et jette du même coup une grande clarté sur le statut de la nature dans les beaux-arts. Pour cela, il lui faut inventer ou au moins renouveler la signification d'une catégorie habituellement réservée à un autre usage : « Pour dire ce que je sens, il faut que je fasse un mot, ou du moins que j'étende l'acception d'un mot déjà fait ; c'est *naïf*. Outre la simplicité qu'il exprimait, il y faut joindre l'innocence, la vérité et l'originalité d'une enfance heureuse qui n'a point été contrainte ; et alors le naïf sera essentiel à toute production des beaux-arts » (IV, 1051). Poussin et Raphaël sont exemplaires de ce rejet de la « manière » qui « est dans les beaux-arts ce que l'hypocrisie est dans les mœurs » (*ibid.*). Fuyons la convention, fuyons cette tentation du canon traditionnel de la « belle nature » qui remet inévitablement en cause la vision matérialiste et nécessitariste que Diderot s'est employé à construire dans sa philosophie et sur laquelle il revient dans ses écrits sur le théâtre. Dans les *Entretiens sur le Fils Naturel*, Dorval prescrit au dramaturge « l'imitation de la nature, et de la nature la plus forte » (IV, 1182) car « les beautés ont dans les arts le même fondement que les vérités dans la philosophie. Qu'est-ce que la vérité ? la conformité de nos jugements avec les êtres. Qu'est-ce que la beauté d'imitation ? La conformité de l'image avec la chose » (*ibid.*, 1181). Les *Essais sur la peinture* soutiennent le projet d'une imitation idéale de la nature, heureusement impossible ... du fait des limites de notre connaissance, voire de notre ignorance : « Si les causes et les effets nous étaient évidents, nous n'aurions rien de mieux à faire que de représenter les êtres tels qu'ils sont. Plus l'imitation serait parfaite et analogue aux causes, plus nous en serions satisfaits » (IV, 467-468). Que doit donc être la fiction de l'art pour ne point se confondre avec le faux, si le concept de nécessité tient une telle place dans la réflexion esthétique de Diderot ? « La principale idée bien conçue doit exercer son despotisme sur toutes les autres. C'est la force motrice de la machine qui, semblable à celle qui retient les corps célestes dans leurs orbes et les enchaîne, agit en raison inverse de la distance » (*ibid.*, 502).

Dans le chapitre « Exprimer » (II, III), l'hypothèse d'une possible rencontre entre le philosophe, le comédien et le médecin revendique une conception de l'interprétation comme art de l'expression ou de l'émanation, substituant le principe de l'immanence à celui de la représentation. Cependant, si Diderot suit les conséquences du « néo-spinozisme » quant à la condamnation du libre-arbitre, cela ne le conduit pas à confondre les automates – simples marionnettes à quoi nous réduit le sultan des *Bijoux indiscrets* (II, 216) – avec les machines dans lesquelles l'ordre de la nécessité laisse place à un certain « jeu ». L'adresse « à Monsieur Grimm » dans *De la poésie dramatique* fait ainsi la différence entre le peuple et

« quelquefois » le philosophe qui ne fait rien « autre chose, si ce n'est se rappeler des sons et de les produire combinés dans un certain ordre » (IV, 1299) et le poète, « surtout épique ou dramatique » qui « a reçu de la nature, dans un degré supérieur, la qualité qui distingue l'homme de génie de l'homme ordinaire, et celui-ci du stupide : l'imagination, sans laquelle le discours se réduit à l'habitude mécanique d'appliquer des sons combinés » (*ibid.*, 1300-1301).

Cette mention de « l'imagination » signifie-t-elle à la date de ce texte (1758) que Diderot envisage un pouvoir créateur de l'art ?

Beaucoup plus tôt dans son œuvre, dans les *Additions à la lettre sur les sourds et muets*, il répond à une question de Mademoiselle de La Chaux à propos des morceaux de musique qui n'évoquent aucune image; cette question lui donne occasion d'introduire la distinction entre le plaisir réfléchi qui naît de l'imitation et le plaisir direct et naturel de la sensation et d'affirmer que l'union des deux accroît le sentiment du beau dont le plaisir direct ne donne qu'un pâle éclat : « Je suis sûr que jamais clair de lune ne vous a autant affectée dans la nature que dans une des *Nuits* de Vernet » (IV, 60). La nature « embellie » par le génie de l'artiste est bien plutôt la nature naturante que la nature naturée; ainsi en va-t-il de la courbe que Michel-Ange donna au dôme de Saint Pierre de Rome. Dans une lettre du 2 septembre 1762, Diderot explique à Sophie que si l'artiste a formé la courbe de la plus grande résistance, c'est que « polisson au collège », « en luttant, en poussant de l'épaule, il avait bientôt senti quelle inclination il fallait qu'il donnât à son corps pour résister le plus fortement à son antagoniste » (V, 423). Ce sont les *Pensées détachées sur la peinture* qui répondent clairement à la question de savoir où est le modèle qui fournit la « bonne manière » d'imiter la nature : « Il ne faut donc pas confondre un modèle intérieur avec un modèle extérieur » (IV, 1057). C'est pourquoi « le poète commande au peintre, mais l'ordre qu'il lui donne ne peut être exécuté que par l'expérience, l'étude de longues années et le génie » (*ibid.*, 1058). Le mot « poétique » désigne l'ensemble des méthodes que la pratique des sciences et des arts nous a permis d'ériger en règles, passagères et relatives. Cette position témoigne ici de la fidélité de Diderot à son matérialisme : l'esthétique en effet part du réel, c'est-à-dire de la nature multiforme animée du perpétuel mouvement créateur d'espèces nouvelles.

ART, VÉRITÉ ET FICTION

De ce fait, tous les arts sont *dans* la philosophie et il convient de repenser la fiction par-delà la doctrine de la séparation des genres affirmée par le *Prospectus* de l'*Encyclopédie*, par l'article « Conte, Fable, Roman » (*Enc.* IV, 111) de d'Alembert et l'article « Roman » (*Enc.* XIV, 342) de Jaucourt : ces textes s'accordent à ranger l'essai philosophique du côté de la raison et de la vérité et le roman du côté de l'imagination et de la fiction. Par exemple, l'article « Conte, Fable, Roman » souligne la fausseté de ces « récits qui ne sont pas vrais : avec cette différence que *fable* est un récit dont le but est moral, et dont la fausseté est souvent sensible, comme lorsqu'on fait parler les animaux ou les arbres ; que *conte* est une histoire fausse et courte qui n'a rien d'impossible ou une *fable* sans but moral ; et *roman* un long *conte* » (*Enc.* IV, 111). Mais la fiction ne se confond pas avec le romanesque ni avec son caractère péjoratif à condition que l'on ait affaire à des « bons romans » comme ceux de Richardson dont Diderot fait le panégyrique : « Par un roman, on a entendu jusqu'à ce jour un tissu d'événements chimériques et frivoles, dont la lecture était dangereuse pour le goût et pour les mœurs. Je voudrais bien qu'on trouvât un autre nom pour les ouvrages de Richardson, qui élèvent l'esprit, qui touchent l'âme, qui respirent partout l'amour du bien, et qu'on appelle aussi des romans. Tout ce que Montaigne, Charron, La Rochefoucauld et Nicole ont mis en maximes, Richardson l'a mis en action » (*Éloge de Richardson*, IV, 155). Il dit en romancier ce que Diderot dit en philosophe. « Energie libérée, énergie domptée » propose Jacques Chouillet[1] pour désigner « les deux versions, l'une poétique, l'autre encyclopédique, d'une seule et même philosophie de la matière » que *Les Bijoux indiscrets* illustrent remarquablement.

Ainsi, les écrits esthétiques comme les œuvres d'art abordent des problèmes proprement philosophiques et le mode d'écriture de Diderot témoigne de cette alliance : « Je pense chez moi, le jour, la nuit, en société, dans les rues, à la promenade ; ma besogne me poursuit. J'ai sur mon bureau un grand papier, sur lequel je jette un mot de réclame de mes pensées, sans ordre, en tumulte, comme elles viennent. Lorsque ma tête est épuisée, je me repose ; je donne le temps aux idées de repousser [...] Cela fait, je reprends ces réclames d'idées tumultueuses et décousues et je les ordonne, quelquefois en les chiffrant [...] S'il se présente quelque idée nouvelle dont la place soit éloignée, je la mets sur un papier séparé. Si mes lectures m'inspirent quelque nouvelle idée, je l'ajoute en marge, car, paresseux de copier, je réserve toujours de grandes marges »[2]. C'est en ce point que

1. Dans son ouvrage *Diderot poète de l'énergie*, Paris, P.U.F., 1984, p. 63.

2. Cité par J. Pommier, dans *Diderot avant Vincennes*, Paris, Boivin & Cie Éditeurs, 1939, p. 97.

s'affirment et se croisent la confiance dans une écriture de la rencontre – voire de la rencontre aléatoire – et la conviction qu'un seul et même savoir s'accomplit selon deux modes d'expression réticents à toute tentative de hiérarchie. En effet, en quels termes convient-il de parler du savoir du peintre ? Devrait-il être universel, au sens où Léonard avait incarné cette confusion du savant et de l'artiste en un temps d'indéfinition des champs scientifiques particuliers ?

Ce modèle du « savant peintre » est désormais traité avec une méfiance évidente à l'égard d'un savoir rationnel de modèle cartésien. Outre l'esprit de finesse de Pascal et la prééminence de l'imagination sur l'entendement en matière de peinture selon Colbert cité par Félibien[1] qui a recours au terme de « spirituel », il est possible de penser l'union de l'instance de la raison et de celle de l'imagination en faisant du peintre « un auteur ingénieux et savant, en ce qu'il invente et produit des pensées qu'il n'emprunte de personne. De sorte qu'il a cet avantage de pouvoir représenter tout ce qui est dans la nature, et ce qui s'est passé dans le monde, et encore d'exposer des choses toutes nouvelles dont il est comme le créateur »[2].

Ce spectaculaire retournement sera souligné par Watelet dans son *Dictionnaire des arts* : « Les Arts, dont il est question dans ce dictionnaire, ne seraient pas ce qu'on appelle libéraux, si toutes leurs parties constitutives étaient soumises à des démonstrations rigoureuses. C'est par les parties qui ne se peuvent démontrer mais qui se conçoivent et se sentent, qu'elles appartiennent au génie et au sentiment; c'est par ces parties que tout homme ne peut être Architecte, comme tout homme pourrait parvenir à être Maçon »[3]. Entre Félibien qui défend en 1667 les intérêts supérieurs de la peinture en lui autorisant toutes les licences et le droit à neutraliser le savoir « scientifique » fût-ce celui de l'anatomie et de l'optique[4], et les trois magnifiques formules de Du Bos : « Il faut pour ainsi dire copier la nature sans la voir »[5], de Dandré-Bardon : « Il est rare, ainsi que nous l'avons observé ailleurs, qu'un modèle qui n'est affecté d'aucun sentiment vrai présente celui que nous ressentons, avec autant d'énergie que nous pouvons l'exprimer, quand nous sommes notre propre modèle »[6], et enfin d'André Watelet : « cette belle partie de l'art, l'expression, est presque toute

1. Félibien, *Conférences de l'Académie Royale*, Paris, A. Mérot, 2e éd., 2003, p. 46.
2. *Ibid.*, p. 51.
3. Watelet, *Dictionnaire des Arts*, Paris, 1792, t. I, p. 365.
4. Félibien, *Entretiens*, V, p. 254.
5. Du Bos, *Réflexions critiques sur la poésie et la peinture*, 7e éd., 1770, I, p. 221.
6. Dandré-Bardon, *Traité de peinture*, Paris, 1765, p. 73-74.

idéale »[1], Diderot dira : « Demandez à Chardin ou à Greuze ... ». Cette conception du savoir du peintre situé à mi-chemin de celui du connaisseur et du savant fait écho dans le style du roman à la co-présence paradoxale de plusieurs plans logiques, en particulier dans les divers dispositifs du comique dans *Jacques le Fataliste*. Diderot fait preuve dans ses considérations sur la peinture comme dans ses romans de la possible coexistence des opposés à condition d'éviter les concepts injustement restrictifs. Or, le rire unit deux concepts normalement incompatibles entre eux à un niveau où leur incompatibilité disparaît[2]. Il s'agit dans la fiction romanesque de construire un dispositif dans lequel on ne refuse pas les contraires mais où l'on nie plutôt leur caractère contradictoire. Cette tension engendre une vision du monde dans laquelle le comique se déploie selon une liberté d'association qui transgresse les « concepts » et fait appel aux « complexes ». À l'article « Distraction » de l'*Encyclopédie*, Diderot y discerne une « excellente qualité de l'entendement » : « La *distraction* a sa source dans une excellente qualité de l'entendement, une extrême facilité dans les idées de se réveiller les unes les autres. C'est l'opposé de la stupidité qui reste sur une même idée » (*Enc.* V, 1061). Ce même plan logique se retrouve dans la *conversation* dont on sait l'engouement de Diderot jusque dans les textes les plus « spéculatifs ». Dans une lettre à Sophie d'octobre 1760, de nouveau se manifeste la fécondité de la rencontre dans la création artistique : « Un homme jette un mot qu'il détache de ce qui a précédé et suivi dans sa tête; un autre en fait autant et puis attrape qui pourra. [...] Prenons une couleur, le jaune par exemple : l'or est jaune, la soie est jaune, [...] la paille est jaune : à combien d'autres fils ce fil ne répond-il pas ? La folie, le rêve, le décousu de la conversation consistent à passer d'un objet à un autre par l'entremise d'une qualité commune » (V, 271).

1. Watelet, *Dictionnaire des Arts*, *op. cit.*, t. III, p. 192.

2. De nombreuses analyses ont rendu compte de cette antinomie liée à la situation comique : par exemple Baudelaire dans *L'Essence du rire* (*Curiosités esthétiques, Les Œuvres Complètes de C. Baudelaire*, Paris, Louis Connard, 1923, p. 369-396) ; plus tard, H. Bergson dans *Le Rire*, Paris, P.U.F., 1972 ; G. Bataille dans *L'Expérience Intérieure, Somme athéologique*, Paris, Gallimard, 1954) ; M. Bakhtine dans *L'œuvre de François Rabelais et la culture populaire au Moyen Âge et sous la Renaissance*, Paris, Gallimard, 1970. Tous soulignent dans le renversement comique la capacité de créer un nouveau type de discours dialogique, le roman.

LE COMIQUE

Ces réseaux de fils tissés par d'aléatoires rencontres tels les réseaux de fils tissés par les rencontres non moins aléatoires des molécules inquiètes, attestent entre autres raisons de la mise en présence d'une esthétique matérialiste. La vérité de cette *autre* expression du savoir *est* comique ; comique certes, mais vraie car elle embrasse notre propre nature contradictoire comme le conclut le Neveu : « Rira bien qui rira le dernier » (II, 695). La liberté de la fiction comique autorise une critique de la rigidité de n'importe quel système abstrait, qu'il soit narratif ou philosophique. Le rire joyeux et libre de *Jacques le fataliste* est une façon de saisir et surtout de renverser la conceptualisation fixe de la réalité ; pari pour un écart fondateur, il s'oppose à l'ordre selon une méthode *secrète* que Diderot annonçait dans l'article « Encyclopédie » : « Quand il le faudra [...] ils opposeront les notions ; ils feront contraster les principes ; ils attaqueront, ébranleront, renverseront *secrètement* quelques opinions ridicules qu'on ne saurait insulter ouvertement » (*Enc.* V, 643). La tension comique provoquée par le jeu de questions-réponses selon lequel s'organise le discours narratif de *Jacques* n'est rien d'autre que la vibration de la corde tendue au-dessus de l'abîme entre la signification probable de la question dont on attend confirmation par une réponse adéquate et la réponse donnée, scandaleusement inappropriée, au moins à une lecture « sensée ». Ainsi en va-t-il du dialogue entre l'Hôtesse et Jacques (II, 782) :

L'Hôtesse. — Ces messieurs vont-ils loin ?

Jacques. — Nous n'en savons rien.

L'Hôtesse. — Ces messieurs suivent quelqu'un ?

Jacques. — Nous ne suivons personne. [...]

L'Hôtesse. — Ces messieurs voyagent pour leur plaisir ?

Jacques. — Ou pour leur peine.

L'Hôtesse. — Je souhaite que ce soit le premier.

Jacques. — Votre souhait n'y fera pas un zeste, ce sera selon qu'il est écrit là-haut.

La garantie du rapport entre fiction et vérité se joue dans l'écart des exigences entre le narrateur-Jacques et le lecteur-Maître : on ne peut raconter une histoire du début jusqu'à la fin : « Il est bien évident que je ne fais point un roman, puisque je néglige ce qu'un romancier ne manquerait pas d'employer. Celui qui prendrait ce que j'écris pour la vérité, serait peut-être moins dans l'erreur que celui qui le prendrait pour une fable » (II, 722). C'est qu'il est impossible de réduire la réalité humaine à la logique du système ou d'appliquer à la réalité la perspective conceptuelle, tentatives désespérées que Jacques explique à sa manière à son maître : « Mon cher maître, la vie se passe en quiproquos. Il y a les quiproquos d'amour, les quiproquos d'amitié, les quiproquos de politique, de finance, d'église, de magistrature, de commerce, de femmes, de maris ... » (II, 753). En rejetant l'emploi conventionnel du langage, le comique révèle l'infinité de significations cachées sous les mots et propose une *autre* logique dans laquelle perception et émotion ne le cèdent en rien aux idées et aux concepts. Du même coup, il souligne la difficulté de se faire comprendre par soi-même et par les autres, de « dire la chose comme elle est » (II, 751). L'écriture romanesque permet de soutenir la croyance dans les quiproquos de l'existence. Ce modèle idéal du poète et du peintre, c'est celui que le grand comédien conquiert dans l'illusion même de la *mimesis*. On connaît le véritable sens du *Paradoxe* : « C'est l'extrême sensibilité qui fait les acteurs médiocres ; c'est la sensibilité médiocre qui fait la multitude des mauvais acteurs ; et c'est le manque absolu de sensibilité qui prépare les acteurs sublimes » (IV, 1384).

LE GESTE. THÉÂTRE ET CINÉMA

Travail interprétatif du philosophe, travail interprétatif du comédien : l'un et l'autre emploient les « trois moyens principaux » qu'énumère la quinzième pensée des *Pensées sur l'interprétation de la nature* : « l'observation de la nature, la réflexion et l'expérience » (I, 566). Le philosophe de la nature interprète les parties qui la constituent ; le comédien interprète les rôles de l'existence humaine. L'un et l'autre donnent sens à leur composition en faisant usage de la raison et des sens en même temps, ce qu'incarne superbement la comédienne Clairon douée de cette « facilité de connaître et de copier toutes les natures. [...] Tantôt le poète a senti plus fortement que le comédien, tantôt, et plus souvent peut-être, le comédien a conçu plus fortement que le poète ; et rien n'est plus dans la vérité que cette exclamation de Voltaire entendant la Clairon dans une de ses pièces : « Est-ce bien moi qui ai fait cela ? Est-ce que la Clairon en sait plus que Voltaire ? [...] Quel était donc son talent ? Celui d'imaginer un grand fantôme et de le copier de génie. [...] Elle avait trouvé ce qu'Eschine récitant une oraison de Démosthène ne put jamais rendre, le mugissement de la bête » (IV, 1402).

Une sorte de « dialectique » de l'interprétation et du modèle fonde le théâtre dans une esthétique matérialiste mais aussi primitiviste et intensiviste telle que la décrit le chapitre XVIII, *Des Mœurs*, du *Discours sur la poésie dramatique* : « Quand est-ce que la nature prépare des modèles à l'art ? C'est au temps où les enfants s'arrachent les cheveux autour du lit d'un père moribond ; où une mère découvre son sein, et conjure son fils par les mamelles qui l'ont allaité ; où un ami se coupe la chevelure et la répand sur le cadavre de son ami … […] Je ne dis pas que ces mœurs sont bonnes, mais qu'elles sont poétiques » (IV, 1331).

Le tempérament de Diderot le pousse à accentuer l'expression du geste, à lui donner un déploiement intense qui tend au spectaculaire, sinon au frénétique. Ainsi, les *Entretiens avec Dorval* font fi des normes de décence et de goût courantes à l'époque et donnent la légitimation de l'effet « maximal » au théâtre : « Nous parlons trop dans nos drames ; et conséquemment, nos acteurs n'y jouent pas assez … Le pantomime jouait autrefois toutes les conditions … choisissant dans chaque état ce qui lui est propre; dans chaque action ce qu'elle a de frappant … Le pantomime joue et le philosophe, transporté, s'écrie : « Je ne te vois pas seulement ; je t'entends. Tu me parles des mains » (IV, 1143). On ne s'étonnera dès lors pas que le personnage du Neveu incarne l'« original », dénonciateur des hommes asservis par les normes sociales, ces médiocres qui ne méritent que d'être considérés comme des « espèces ». Le génie du Neveu va jusqu'à visualiser la musique par la gestuelle : « Vous vous seriez échappé en éclats de rire, à la manière dont il contrefaisait les différents instruments. Avec des joues renflées et bouffies, et un son rauque et sombre, il rendait les cors et les bassons ; il prenait un son nasillard pour les hautbois ; précipitant sa voix avec une rapidité incroyable pour les instruments à cordes dont il cherchait les sons les plus approchés ; il sifflait les petites flûtes, recoulait les traversières ; criant, chantant, se démenant comme une forcené, faisant lui seul les danseurs, les danseuses, les chanteurs, les chanteuses, tout un orchestre, tout un théâtre lyrique, et se divisant en vingt rôles divers ; courant, s'arrêtant, avec l'air d'un énergumène, étincelant des yeux, écumant de la bouche » (II, 677-678). On pourrait multiplier à l'envi les pantomimes géniales de celui qui, sans doute plus que tout autre, sut laisser dire la *vérité* de son corps – cette prouesse que de nombreux metteurs en scène de théâtre ont mise à profit.

On sait comment par ses pratiques excentriques de spectateur de théâtre – décrites dans la *Lettre sur les sourds et muets de 1751* (IV, 21) – Diderot souhaitait un spectacle qui soit à part égale pour l'œil et pour l'oreille, un œil et une oreille « non synchrones » [1]. Alors, pourquoi pas le cinéma ? Au chapitre « Bouquiniste » de son *Tableau de Paris*, Louis-Sébastien Mercier écrit : « Pour nous bientôt, nous ne lirons plus que sur des écrans » [2],

1. Cette remarque, comme celles qui suivent, prennent appui sur le stimulant article de J.-C. Bonnet, « Diderot a inventé le cinéma », *Recherches sur Diderot et sur l'*Encyclopédie, octobre 1995, n° 18-19, p. 27-33.

2. Louis-Sébastien Mercier, *Tableau de Paris*, Paris, 1783, t. II, chap. 144, p. 78.

déplorant ainsi la paresse de ses contemporains qui l'inclinent à prophétiser une pratique de la lecture réduite à celle des sentences et des motifs brodés sur les « écrans », ces pare-feu du dix-huitième siècle. À la suite de Jean-Claude Bonnet, il est aisé de céder à l'envie de comprendre cette formule bien au-delà de son sens littéral, Mercier comme Diderot ayant clairement pressenti l'importance de la substitution de l'image à l'écrit. Eisenstein a écrit en 1943 un article traduit et publié en français en 1984 dans la revue « Europe » sous le titre « Diderot a parlé de cinéma », convaincu que le « quatrième mur » rencontré dans le *Salon de 1767* et dans le *Discours de la Poésie dramatique* engageait la même chose « que le théâtre d'artistes de 1898 », c'est-à-dire ce dont seul le cinéma est capable par l'infinie variation des montages, des jeux, des plans, de la magie de nouer simultanément ce qui se passe dans la salle, sur la scène, dans les coulisses et entre plusieurs intrigues : le renoncement à l'image frontale et linéaire.

Dans le *Salon de 1767*, Diderot rend compte de l'aisance avec laquelle les peintres l'ont adopté : « Cela vient apparemment de ce que mon imagination s'est assujettie de longue main aux véritables règles de l'art, à force d'en regarder les productions ; que j'ai pris l'habitude d'arranger mes figures dans ma tête comme si elles étaient sur la toile ; que peut-être je les y transporte, et que c'est sur un grand mur que je regarde quand j'écris » (IV, 575) Dans le *Discours sur la poésie dramatique*, il s'adresse aux poètes et aux acteurs : « Soit donc que vous composiez soit que vous jouiez, ne pensez non plus au spectateur que s'il n'existait pas. Imaginez au bord du théâtre un grand mur qui vous sépare du parterre. Jouez comme si la toile ne se levait pas » (IV, 1310).

Qu'est-ce qu'un son ? Qu'est-ce qu'une image ? Quels rapports entre vérité, erreur, fable, fiction ? « Monsieur Diderot. Moi ». Ainsi présente-t-il son portrait par Van Loo dans le *Salon de 1767* en ajoutant : « J'aime Michel ; mais j'aime encore mieux la vérité » (IV, 531) non sans évoquer plus loin les multiples masques de son vrai visage, faisant écho à l'article « Fiction » de Marmontel dans l'*Encyclopédie* : « C'est donc au peintre à composer des productions et des accidents de la nature un mélange plus vivant, plus varié, plus touchant que ses modèles. Et quel est le mérite de les copier servilement ? Combien ses copies sont froides et monotones, auprès des compositions hardies du génie en liberté [...] C'est un monde nouveau qu'on demande aux arts » (*Enc.* VI, 680).

À l'article « Éclectisme » de l'*Encyclopédie*, Diderot souligne fortement la supériorité de la puissance de l'enthousiasme sur celle de l'imagination : « L'enthousiasme est un mouvement violent de l'âme, par lequel nous sommes transportés au milieu des objets que nous avons à représenter; alors nous voyons une scène se passer dans notre imagination comme si elle était hors de nous» (*Enc.* V, 276). Extériorisation, incorporation, matérialisation, telles sont les manifestations remarquables de cette esthétique matérialiste qui assigne la cause première de l'enthousiasme à la raison. Dans le fragment du même article «Enthousiasme» rédigé par Cahusac, cette causalité n'a rien de saugrenu: «C'est la raison seule cependant qui le fait naître; il est un feu pur qu'elle allume dans les moments de sa plus grande supériorité. Il fut toujours, de toutes ses opérations, la plus prompte, la plus animée. Il suppose une multitude infinie de combinaisons précédentes qui n'ont pu se faire qu'avec elle et par elle. Il est, si on ose le dire, le chef d'œuvre de la raison. Comment peut-on le définir comme on définirait un accès de folie? (*Enc.* V, 719-720). C'est pourquoi le théâtre, la poésie, la peinture, la musique, voire le cinéma (!) sont *de* et *dans* la philosophie de Diderot. Il ne faut cesser de se répéter le mot d'ordre esthétique de *Jacques*, déjà cité ici, entre roman et conte, entre désir et critique: «Celui qui prendrait ce que j'écris pour la vérité serait peut-être moins dans l'erreur que celui qui le prendrait pour une fable». De ce fait, en affirmant qu'«On ne peut s'intéresser qu'à ce que l'on croit vrai» (II, 916) Jacques nous invite à la fois au plaisir suscité par toutes les formes d'art et au dépassement philosophique de la traditionnelle dualité entre l'adaequatio et l'aletheia en matière de vérité. Est-ce autre chose qu'un des nombreux visages de cet extraordinaire pouvoir de l'éclectisme qui organise l'alliance de la philosophie et de la poésie sous le signe de la rencontre aléatoire? Diderot critique d'art ne nous invite-t-il pas, en salonnier inédit, à ces délicieuses promenades guidées par le génie de la belle nature et l'enthousiasme de son modèle idéal?

CHAPITRE III

DIDEROT CRITIQUE D'ART : PROMENADES DANS LES *SALONS*

Chardin est entre la nature et l'art ;
il relègue les autres imitations au troisième rang.
Il n'y a rien en lui qui sente la palette [1].

Évoquant les « relations tout à fait intimes » de Diderot avec les artistes, qui auraient fait de lui « le premier écrivain français », les Goncourt voient en lui l'initiateur de la critique d'art[2]. Pourquoi ? Parce qu'il invente l'authenticité de ce genre nouveau, autrement nommé « Salons », qui prend vraiment son essor à partir de 1746 – « la vie fiévreuse de la conversation » avec les artistes, « la vivacité, le brio, le sautillement, le désordre un peu fou, le tintamarre »[3]. Tel est bien le ton des *Salons*, dialogues avec des interlocuteurs multiples, fictifs ou réels, avec l'auteur ou l'acteur de l'œuvre, avec le spectateur, avec lui-même, rédigés comme une correspondance avec Grimm, dont les sollicitations pressantes ont permis à Diderot de donner corps à son intérêt à la fois pour les arts plastiques et pour l'unité des beaux-arts, déjà manifeste dans ses premières œuvres, dans les articles de l'*Encyclopédie* – en particulier l'article « Composition » : « Nous ne pouvons trop inviter les peintres à la lecture des grands poètes, et réciproquement les poètes ne peuvent trop voir les ouvrages des grands peintres ; les premiers y gagneront du goût, des idées, de l'élévation ; les seconds, de l'exactitude et de la vérité » (*Enc.* I, 125).

1. *Salon de 1769*, IV, 843.
2. *Journal*, texte établi par R. Kopp, Paris, Laffont, 2004, t. II, p. 1222.
3. *Ibid.*

Sa passion pour la peinture et la sculpture, née de sa fréquentation assidue des expositions dans la Grande Galerie du Louvre et dans le Salon carré, inaugurées dès 1667 par Colbert et l'Académie Royale, l'entraînera, à la faveur d'autres circonstances, à visiter de nombreuses galeries, en France et à l'étranger. C'est en visitant le *Salon de 1759* que Diderot voit dans le métier de critique le moyen de renouveler et de développer ses perspectives esthétiques antérieurement élaborées. En effet, les théories esthétiques présentées dans les *Salons* ne se peuvent comprendre que dans le sillage de ses autres écrits sur l'art et surtout de ses propres œuvres romanesques, poétiques, musicales et théâtrales. L'étude, élogieuse ou sévère, d'un tableau ou d'une sculpture présentés dans tel ou tel Salon, nous renvoie à l'ambition de la *Lettre sur les sourds et muets* : saisir « l'universelle analogie » (IV, 34) entre les arts, « rassembler les beautés communes de la poésie, de la peinture et de la musique » (*ibid.*, 43), du théâtre et du roman, dont l'unité fragile s'accomplit dans la manifestation de l'esprit dans le symbole. Cet esprit s'incarne dans l'emblème poétique, « tissu d'hiéroglyphes entassés les uns sur les autres » (*ibid.*, 34), porté à sa plus haute expression par la peinture de Chardin, vanté dans tous les *Salons* comme « le maître à tous pour l'harmonie » (*Salon de 1769*, IV, 842).

Confondant la « partie technique » et « la partie idéale » en un tout, la valeur artistique d'une œuvre se définit par le critère de l'unité, organisation de petits éléments (couleurs, formes, dessins, volumes) subsumés sous une totalité organique, à la manière de l'ordre des vivants. La pertinence de cette analogie autoriserait l'hypothèse d'une esthétique matérialiste, au sens où les normes ont leur source en nous, individuellement et collectivement. La plume insolente et paradoxale de Diderot accorderait cette position matérialiste avec le « platonisme » dont on l'a souvent crédité, dès lors qu'il voit dans la « magie de l'art » la puissance de transcender l'imitation d'un modèle pour faire surgir l'essence de l'objet représenté. C'est encore la grandeur de Chardin par exemple dans le *Troisième tableau de rafraîchissement* du *Salon de 1765* (IV, 348).

Ainsi, en matière de « critique d'art », Diderot s'emploie à mettre en œuvre tout autre chose qu'une « méthode », même s'il évoque l'efficacité de la « méthode du centre » (dans les *Salons de 1765* et *1767*) capable de faire saisir au lecteur l'unité vivante et la totalité harmonieuse de l'œuvre, à partir d'une description analytique. Mais l'enthousiasme de Diderot pour la beauté artistique le conduit bien au-delà, le fait entrer en sympathie ou en antipathie avec « l'humeur » de l'œuvre dont s'empare sa « verve » rebelle à la stylistique classique, capable de nous faire vivre dans la terreur et le plaisir confondus les drames des naufrages de Vernet ou des ruines d'Hubert Robert. L'exigence d'une nouvelle écriture esthétique rejoint celle d'une nouvelle écriture philosophique, qui prennent l'une et l'autre la mesure de la nécessité d'aller à la recherche du principe de Vie : « Modèle idéal de la beauté, ligne vraie au-dessus de laquelle les "grands maîtres" peuvent s'élancer en se jouant, pour produire le chimérique, le sphinx, le centaure, l'hippogriffe, le faune, et toutes les natures mêlées » (*Salon de 1767*, IV, 525).

LE PROBLÈME DE L'IMITATION

Contre le mot d'ordre du retour à l'antique soutenu par le grand ouvrage de Winckelmann, *Histoire de l'art des Anciens*[1], Diderot partage avec Rousseau l'amour de la « nature » entendue ici comme le spectacle des paysages que les deux philosophes portent au premier plan de la peinture. Mais jamais Diderot ne réduit l'art du peintre de paysage ou de tout autre motif, pas plus que l'art du sculpteur, aussi talentueux soit son « technique », à une imitation réussie. Son admiration pour Vernet va à la puissance créatrice du peintre, c'est-à-dire à son génie. Contrairement à Voltaire, à l'article « Génie » de son *Dictionnaire philosophique*, qui en appelle à la mesure et à la doctrine du « goût classique », Diderot a donné une place centrale à sa conception « enthousiaste » du génie dans l'ensemble de son œuvre, continûment, et dans la diversité de genre et d'écriture de ses textes. Enthousiaste, le génie de l'âme de Vernet s'épanche comme celui de l'âme de Greuze que les tableaux décrits dans le *Salon de 1765* laissent se répandre « librement », peu économe de la « chaleur », de la « verve pure » et du « feu » qu'elle transmet au lecteur du *Salon* ou au spectateur du tableau (IV, 388). Enthousiaste aussi, parce que la force naturante paradoxale du génie, à l'œuvre aussi bien chez le peintre que chez tout autre créateur, est la puissance de porter à l'esprit *l'unité* des infinies variétés de la force productrice de la nature.

Le bref fragment *Sur le génie*, proche de l'article « Éclectisme » signé par Diderot dans l'*Encyclopédie*, et de l'article « Génie » attribué à Saint-Lambert, peut être lu comme la synthèse très dense des remarques foisonnantes, éparses dans toute l'œuvre : « Il y a dans les hommes de génie, poètes, philosophes, peintres, musiciens, je ne sais quelle qualité d'âme particulière, secrète, indéfinissable, sans laquelle on n'exécute rien de très grand et de très beau »[2]. Il faut en venir, comme Bordeu dans *Le Rêve*, et

1. Dresde, 1764, traduit en français en 1766.
2. Diderot, *Œuvres esthétiques*, Paris, Garnier, 1959 (rééd. 1968), p. 19.

contre Helvétius, à l'origine du faisceau de fibres, à « une certaine constitution des humeurs »[1], à l'instinct de cette « machine rare »[2] si proche de la machine vivante leibnizienne dont l'énergie perceptive se déploie sur la chaîne de la mémoire. On ne s'étonnera alors pas, du fait de son origine physiologique, que l'imagination soit dotée par les *Éléments de physiologie* d'un « œil intérieur » (I, 1292) qui lui permet d'étendre sa vue à tous les phénomènes et fonde sa singularité dans une sorte d'esprit prophétique.

Dans son abondante correspondance avec Falconet, même si Diderot tient à souligner quelques désaccords tout au long de leur interminable débat sur la postérité, il est tout près d'admettre le propos de son ami sculpteur : « Le génie, ce pur don de la nature, est la cause unique des grandes choses » (V, 621). Ni modèle idéal ni pur technique, seule l'inspiration est la véritable création, re-création souvent très éloignée de la réalité que nous connaissons. Comme tout cela est devenu étranger à la « critique d'art scientifique » que revendiquait par exemple Jacques Gautier d'Agoty dont les *Observations sur la peinture et les tableaux anciens et modernes* parues en 1753 rendaient compte des *Salons* de 1751 et 1753 ! L'application du savoir scientifique à la critique picturale le conduit à recourir à la chambre obscure, cet œil artificiel qui reproduit en grand le fonctionnement de l'organe. La conviction que la peinture doit imiter la nature a la portée d'une leçon à l'adresse des artistes : les tableaux doivent être faits de telle sorte que se reproduisent à l'identique les effets qui s'enchaînent de l'objet extérieur à l'image rétinienne. Il désigne ainsi ce qui se passe dans l'œil : « La Nature peint dans les yeux de tous les hommes et de tous les animaux, à chaque instant des *tableaux* extrêmement finis, bien composés et enrichis des effets des couleurs les plus merveilleuses »[3]. Déjà auparavant, le Père Castel avait considéré que la physique devait guider la pratique : « Je me suis laissé prévenir de cette idée que c'était à la Physique de définir la même nature que tous les arts s'efforcent d'imiter ; et que le but unique du physicien devait être de révéler aux artistes de tous les genres leur modèle commun »[4]. Faut-il rappeler que dans cette controverse qui débat de l'étendue des relations entre les arts et les sciences tout au long du dix-huitième siècle, c'est Rousseau qui fait front à ce courant « scientiste » et s'élève contre cette hégémonie du modèle scientifique ? Dans son *Essai sur l'origine des langues*, il marque l'enjeu : « Mais dans ce siècle où l'on

1. Diderot, *Œuvres esthétiques*, *op. cit.*, p. 20.
2. *Ibid.*
3. *Observations sur la peinture et les tableaux anciens et modernes*, p. 263.
4. R. P. Castel, *Traité de physique sur la pesanteur universelle des corps*, Paris, 1724, préface.

s'efforce de matérialiser toutes les opérations de l'âme et d'ôter toute moralité aux sentiments humains, je suis trompé si la nouvelle philosophie ne devient aussi funeste au bon goût qu'à la vertu »[1], et conclut brutalement : « Il n'y a sorte d'absurdités auxquelles les observations physiques n'aient donné lieu dans la considération des beaux-arts »[2].

Pour saisir la position inconfortable et profonde des *Salons* de Diderot dans ce débat, il convient d'évoquer au moins celles de Condillac et de Watelet qui ne prennent radicalement parti ni pour l'une ni pour l'autre tendance. Dans son *Essai sur l'origine des connaissances humaines*, Condillac accorde à la peinture le pouvoir de remonter à une étape originaire de l'humanité, en deçà de l'abstraction liée à l'apparition du langage verbal et de ce fait son incapacité à se soumettre aux exigences d'une science. Le *Traité des Systèmes* voit dans les règles exposées par certains traités bien plus la description a posteriori des effets que l'apprentissage des causes ! La peinture est ainsi ce voyage jusqu'au retour à l'origine, loin d'un univers quadrillé par le savoir rationnel.

Quant à Watelet, dès *L'art de peindre*, sa référence à la physique en matière d'art est essentiellement solidaire de l'esprit encyclopédique. D'où son insistance sur la notion de « chaîne » qui unit la peinture à la philosophie, à la morale, à l'histoire naturelle, à la science de l'équilibre, à l'optique, à l'anatomie et à la chimie. Cette union des sciences et des arts qui est au centre des propos de Watelet permet de comprendre ce qui peut paraître inattendu au premier abord : le haut degré de subjectivité par rapport à l'œuvre d'art. En effet, il s'agit moins de la défaite du modèle scientifique que du principe d'une esthétique dans laquelle l'artiste et le spectateur vivent dans un monde régi par des lois universelles – la référence essentielle de Watelet est la science newtonienne – qui les laissent dans l'ignorance et l'incompréhension mais dont ils tirent une source de plaisir. D'où son goût pour l'art des jardins qui peut faire rêver à l'accord entre l'ordre de la nature et celui de nos sensations de plaisir tout autant inconnaissables l'un que l'autre.[3].

Comment les *Salons* de Diderot appréhendent-ils la peinture au cœur de ce débat ?

En se demandant, par différence avec d'autres critiques ou philosophes de l'art comment Diderot décrit les tableaux et les sculptures, les interprète

1. *Essai sur l'origine des langues*, Paris, GF-Flammarion, 1993, chap. XV, p. 113.

2. *Ibid.*, chap. XVI, p. 114.

3. Sur ces questions voir les travaux de B. Saint-Girons, par exemple *Le paysage et la question du sublime*, en co-direction avec Ch. Burgard, Paris, Réunion des Musées nationaux-Seuil, 1997.

et légitime ses jugements, puis en cherchant à établir ce qu'est pour lui le critère ou la valeur de ces œuvres, il conviendra de se demander si ses théories esthétiques, dont le principe est commandé par une indissociabilité entre plaisir et philosophie, ne laissent pas présager une appréciation de toute son œuvre comme une esthétique généralisée.

ÉCRIRE SUR LA PEINTURE ET LA SCULPTURE

Dans les *Salons de 1761* et *1763*, Diderot esquisse deux « méthodes » de description et d'interprétation des œuvres exposées, qui seront vraiment développées, légitimées et fondées dans les *Salons de 1765* et *1767*.

Parvenu presque à la fin du roman *Jacques le Fataliste*, le lecteur est convié à une conversation artistique pendant que Jacques déshabille son maître : « Monsieur, aimez-vous les tableaux ? – Oui, mais en récit ; car en couleur et sur la toile, quoique j'en juge aussi décidément qu'un amateur, je t'avouerai que je n'y entends rien du tout ; que je serais bien embarrassé de distinguer une école d'une autre ; qu'on me donnerait un Boucher pour un Rubens ou pour un Raphaël » (II, 851). Et le maître d'intimer à Jacques l'ordre de le lui « raconter » brièvement car il tombe de sommeil. Cet insensé glissement de genre qu'insinue le verbe « raconter », telle est la mission des *Salons* où Diderot s'applique à écrire les images. Ecrire, c'est-à-dire décrire, interpréter et juger en mettant en place deux méthodes de description, l'analytique ou « méthode du centre » selon laquelle une composition bien ordonnée n'a qu'une ligne de liaison, c'est-à-dire fait preuve d'unité et la poétique qui témoigne de l'incapacité de l'analytique à rendre compte de la vie de l'art, déjà soulignée dans le *Salon de 1763* : « Pour décrire un Salon à mon gré et au vôtre, savez-vous, mon ami, ce qu'il faudrait avoir ? Toutes les sortes de goût, un cœur sensible à tous les charmes, une âme susceptible d'une infinité d'enthousiasmes différents, une variété de style qui répondît à la variété des pinceaux » (IV, 237). Une telle difficulté confine à l'impossibilité : « Encore si l'on avait devant soi le tableau dont on écrit ; mais il est loin, et tandis que la tête appuyée sur les mains, ou les yeux égarés en l'air, on en recherche la composition, l'esprit se fatigue et l'on ne trace plus que des lignes insipides et froides » (*ibid.*). Décrire l'image, écrire l'absence[1]. Comment *écrire* que « la peinture est

1. Cette approche diderotienne de la critique d'art évoque à mon sens une proximité de notre philosophe avec des recherches contemporaines sur cette question du « tableau » ; je songe par exemple et entre autres aux travaux de L. Marin, de G. Didi-Huberman et de M. Foucault.

l'art d'aller à l'âme par l'entremise des yeux ? » (IV, 408). Réfléchissons à deux difficultés de l'entreprise, parmi beaucoup d'autres sans doute, à partir de deux exemples qui me semblent paradigmatiques : la célèbre « Promenade Vernet », et les « Ruines » d'Hubert Robert, l'un et l'autre dans le *Salon de 1767*. Diderot mesure la difficulté de suivre par l'écriture le pinceau de Vernet, au point de recourir à une mystification ainsi annoncée : « J'avais écrit le nom de cet artiste en haut de ma page, et j'allais vous entretenir de ses ouvrages, lorsque je suis parti pour une campagne voisine de la mer et renommée pour la beauté de ses sites » (IV, 594). Ce procédé du « détour »[1] s'organise autour d'une fiction qui permet à Diderot de décrire les tableaux comme s'il marchait dans les paysages représentés tout en conversant avec un abbé censé lui montrer les beaux spectacles de la nature. Par ces deux moyens, écrire sur la peinture tend à réaliser l'équivalence entre la description et le tableau : « J'allais, accompagné de l'instituteur des enfants de la maison, de ses deux élèves, de mon bâton et de mes tablettes, visiter les plus beaux sites du monde. Mon projet est de vous les décrire et j'espère que ces tableaux en vaudront bien d'autres » (*ibid.*). La forme du récit lui permet de lier la description et l'interprétation, sans compter les digressions sur les problèmes esthétiques et philosophiques. En effet, c'est bien la texture du lien qui est conjecturée plus que réalisée : dans la promenade du second site, à la faveur du récit de deux vers des *Géorgiques* de Virgile[2], Diderot souligne la difficulté de la vicariance espérée : « Je rêvai à la différence des charmes de la peinture et de la poésie ; à la difficulté de rendre d'une langue dans une autre les endroits qu'on entend le mieux » (IV, 601). C'est pourtant dans le seul discours destiné à une communauté d'amis que les *Salons* prennent sens : « Un plaisir qui n'est que pour moi me touche faiblement et dure peu. C'est pour moi et mes amis que je lis, que je réfléchis, que j'écris, que je médite, que j'entends, que je regarde, que je sens ; dans leur absence, ma dévotion rapporte tout à eux, je songe sans cesse à leur bonheur » (Quatrième site, IV, 607). Mais la promenade du sixième site interroge la capacité à recevoir ce discours : « Mais pourquoi y a-t-il si peu d'hommes touchés des charmes de la nature ? – C'est que la société leur a fait un goût et des beautés factices. – Il me semble que la logique de la raison a fait bien d'autres progrès que la logique du goût. [...] Il est bien plus aisé de démêler le vice d'un raisonnement que

1. Sur cette question, voir l'analyse de C. Duflo dans son ouvrage *Diderot philosophe*, *op. cit.*, p. 362 *sq*.

2. Virgile, *Géorgiques*, I, v. 43-44 : « Au début du printemps, quand la glace fond et coule des monts enneigés, et que les mottes de terre se réduisent en poussière sous le souffle du Zéphyr ».

la raison d'une beauté » (IV, 619). Si le jugement est la qualité dominante du philosophe et l'imagination la qualité dominante du poète, l'écart entre les mots et les images reste un obstacle insurmontable, le signe de l'impossible traduction.

Les « Ruines » d'Hubert Robert, outre qu'elles nous font saisir la fragilité de tout système social et peuvent par là en appeler à une révolte contre l'injustice, évoquent l'une des leçons de la philosophie naturelle, si manifeste dans l'art du portrait : l'infinie variabilité de toute chose, souvent insaisissable et la fragilité de l'existence humaine tendue entre l'éternité du cosmos et l'imprévisibilité des temps à venir. Dans le *Salon de 1767*, commentant son portrait par Michel Van Loo déjà évoqué ici, Diderot alerte les spectateurs à venir : « Mes enfants, je vous préviens que ce n'est pas moi. J'avais en une journée cent physionomies diverses, selon la chose dont j'étais affecté. J'étais serein, triste, rêveur, tendre, violent, passionné, enthousiaste. Mais je ne fus jamais tel que vous me voyez là » (IV, 532).

UN CRITÈRE D'ÉVALUATION ?

C'est surtout sur ce point qu'il nous faut ôter nos lunettes kantiennes, en particulier en ce qui concerne le rapport entre l'art et la nature [1], essentiellement parce que pour notre philosophe, contrairement à Kant, le jugement de goût est le même si l'on juge de la beauté artistique ou de la beauté naturelle (comme on le voit dans la « Promenade Vernet »). Rares sont pour Diderot les artistes dont le génie est tel qu'il est capable de faire apparaître l'harmonie entre les inconciliables, de rassembler la multiplicité dans une unité. Chardin est peut-être le seul peintre à faire de la totalité artistique une véritable unité, ce critère des critères aux yeux de Diderot : « C'est une vigueur de couleur incroyable, une harmonie générale, un effet piquant et vrai, de belles masses, une magie de faire à désespérer, un ragoût dans l'assortiment et l'ordonnance. Éloignez-vous, approchez-vous, même illusion, point de confusion, point de symétrie non plus, point de papillotage ; l'œil est toujours recréé parce qu'il y a calme et repos. On s'arrête devant un Chardin comme d'instinct, comme un voyageur fatigué de sa route va s'asseoir, sans presque s'en apercevoir, dans l'endroit qui lui offre un siège de verdure, du silence, des eaux, de l'ombre et du frais » (*Salon de 1767*, IV 593). Autant dire qu'il n'est pas pertinent d'admettre, avec la tradition, la distinction entre forme et contenu, que Diderot nomme « la

1. Sur ce point aussi, voir l'analyse de C. Duflo dans *Diderot philosophe*, *op. cit.*, p. 318 *sq*.

partie technique » et « la partie idéale », pas plus que de ne pas convenir de la nécessité de fréquenter les ateliers des peintres et des sculpteurs pour s'y familiariser avec les « termes d'art ». La correspondance avec Falconet et le *Salon de 1765* qui se souvient de l'article « Sculpture » du même Falconet dans l'*Encyclopédie* en témoignent : « La sculpture est faite et pour les aveugles et pour ceux qui voient ; la peinture ne s'adresse qu'aux yeux. En revanche la première a certainement moins d'objets et moins de sujets que la seconde : on peint tout ce qu'on veut ; la sévère, grave et chaste sculpture choisit » (*Salon de 1765*, IV, 441). Et Diderot d'avouer que c'est grâce, entre autres, à son ami Falconet et aux « termes d'art » qu'il lui a appris qu'il a quelque chance d'élaborer un juste critère d'appréciation. Il écrit à Falconet le 15 novembre 1769 : « Je ne juge que de ce que je connais et sur le reste, qui tient au technique, je ne suis point humilié de recourir aux lumières des gens de l'art. [...] Avec ce que la nature m'a donné de goût et de jugement, et les yeux de Vernet, de Vien, de Cochin, de Chardin, que j'emprunte quand il me plaît, il est difficile qu'on me trompe » (V, 999). Cette indissociabilité entre théorie et pratique enseignée par tous les arts croise la rencontre entre plaisir et philosophie et nous invite à nous demander si l'ensemble de l'œuvre de Diderot ne doit pas être conçue comme une esthétique généralisée.

CHAPITRE IV

PLAISIR ET PHILOSOPHIE : UNE ESTHÉTIQUE GÉNÉRALISÉE ?

> Interrogez un peintre, un poète, un musicien, un géomètre, et vous le forcerez à rendre compte de ses opérations c'est-à-dire à en venir à la métaphysique de son art [1].

C'est à partir d'une mise en perspective du matérialisme éclectique de Diderot sur cette conjecture d'une esthétique généralisée, que sa philosophie fait signe à nos interrogations contemporaines. Il a été question plusieurs fois dans les chapitres précédents de ce qui résiste au concept; n'est-ce pas à dire que le champ esthétique pourrait être le lieu de la construction spéculative de problèmes philosophiques et métaphysiques face auxquels les systèmes traditionnels restent muets? En effet, Diderot fait souvent appel à l'esthétique en fonction des problèmes philosophiques qu'elle aborde. Il nous invite ainsi à replacer la métaphysique, la philosophie de la nature, voire la morale et la politique du côté de l'esthétique.

UNE PENSÉE DU PLAISIR

Tout d'abord, à un premier niveau du sens de l'*aisthesis*, il faut bien admettre que nombre de philosophes auraient tenté en vain de se faire entendre si, à l'instar de Platon, dans certains de ses dialogues, ils avaient systématiquement renvoyé les joueurs de flûte! Au contraire, comme le conseille l'article « Grecs » de l'*Encyclopédie*, il est sage de suivre Socrate qui ne négligeait pas le sel de la plaisanterie et ne pouvait pas imaginer de

1. *Encyclopédie*, article « Métaphysique », t. X, p. 440.

convaincre sans plaire (*Enc.* VII, 904). Dans le *Discours Préliminaire* de *La Promenade du sceptique*, Cléobule se souvient, lui, des avantages du sucre de la poésie lucrétienne : « Un moyen sûr de satisfaire votre goût sans irriter personne, ce serait de composer une longue dissertation historique, dogmatique et critique, que personne ne lirait et à laquelle les superstitieux seraient dispensés de répondre. [...] Au lieu que si vous le prenez sur le ton de Bayle, de Montaigne, de Voltaire, de Barclay, de Woolston, de Swift, de Montesquieu, vous risquerez sans doute de vivre plus longtemps » (I, 77). Diderot, lui, écrit en homme de théâtre et pour le théâtre, pas seulement dans ses romans mais aussi dans ses œuvres « philosophiques » dont la trilogie du *Rêve de d'Alembert* est, de ce point de vue, paradigmatique. C'est dans ce même texte que se nouent diverses figures de vérité, essentiellement philosophique, esthétique, morale et scientifique. Qu'il existe des parallèles entre la représentation de la nature donnée par les savants et celle des artistes et écrivains, nous le savons au moins depuis Léonard de Vinci. Diderot, lui, retrouve d'instinct dans son esthétique une image du monde que les scientifiques construisaient par d'autres voies. Sans les particules newtoniennes, la psychologie de Locke n'aurait pas pu présenter une théorie de la sensation; sans les objections faites aux géomètres, la vérité-processus ne se serait pas substituée à la vérité-substance; sans les unes et les autres, l'essor des sciences de la vie serait inexplicable et l'imaginaire scientifique resterait inaperçu à l'horizon des *Salons*[1]. C'est que cette représentation diderotienne de la vérité, à la fois esthétique et esthétisée – pour reprendre un mot de Paolo Quintili[2] – n'aurait pas cours si elle n'était fondée dans une épistémologie sensualiste et une physiologie de la sensibilité dont sont à leur tour tributaires les philosophies de l'art, de la morale, voire du politique dans une certaine mesure.

Tâchons de juger la validité de notre interrogation et la pertinence d'une recherche de l'éventuelle unité inconfortable de l'œuvre de Diderot du côté de l'esthétique, à l'aune de la seule *Lettre sur les aveugles*.

1. Faut-il rappeler que, là encore, nous éprouvons la contemporanéité de Diderot ? Lorsque M. Foucault construit son archéologie du savoir dans *Les mots et les choses*, il s'appuie autant sur l'art en étudiant *Les Ménines* que sur les lettres et les sciences ...

2. Dans son article « De la vérité comme *adaequatio* à la vérité comme processus dans la philosophie de Diderot », *Recherches sur* Diderot *et sur l'*Encyclopédie, n°30, avril 2001, p. 33.

LA LETTRE SUR LES AVEUGLES

L'approche interrogative, mesurée, conjecturale de la mise en place d'une « assiette »[1] pour le matérialisme dans cette *Lettre* a été évoquée ici au chapitre III de la première partie de cette étude. On y voit combien Diderot était soucieux d'éviter la tentation du système dont le modèle était certes celui de Descartes ou de Spinoza, mais tout autant celui de l'empirisme sensualiste de Condillac-Berkeley. Là encore, la lecture doit être attentive à l'expression nuancée du texte : il ne faut pas courir le risque de l'illégitimité du fondement en transformant, par un coup de force, une simple « conformité à la raison et à l'expérience » (I, 147) en un premier axiome, procédé que Diderot dénoncera dans la *Suite de l'apologie de l'abbé de Prades* en 1752 à propos du « rien n'est dans l'entendement qui ne fut auparavant dans le sens » (I, 524). Pour parvenir à la « science d'idées » qui nous fait défaut (*Le Rêve*, I, 667) et se ranger aux côtés des néo-spinozistes pour lesquels Diderot rappelle dans l'article « Spinoziste » de l'*Encyclopédie* qu'« il n'y a que de la matière, mais sensible » (*Enc*. XV, 474), il faudra donc se résoudre à un certain parti pris pour une imagination naturante, celle même que les *Salons* rencontrent chez les grands peintres et les grands sculpteurs. En effet, dès lors que la sensibilité de la matière est dotée du pouvoir d'inventer une infinité de formes, la sensation se voit délivrée de la passivité par laquelle la tradition l'a caractérisée.

Il me semble qu'il est possible de se tourner, pour tester la fécondité et le pouvoir de déchiffrement du sens de la *Lettre* du point de vue *esthétique* de cette imagination naturante, vers la distinction que fit il y a quelques années Lucien Sève entre une logique antagonique marquée par une crise de fonctionnement et une logique antagonique marquée par une crise de développement : l'absence de la première est le signe du système en philosophie, et masque sa crise de développement, condition pourtant de l'avenir de ce système[2]. Rappelons que l'antagonisme désigne la logique spécifique d'une contradiction dont le développement porte la nécessité essentielle d'une suppression ou exclusion du contraire qui domine et qui confère à tous les aspects de la chose son identité. On pourrait faire l'hypothèse que Diderot, dans la *Lettre*, contre la logique du système,

1. Selon le mot d'Althusser – repris par J.-C. Bourdin – déjà évoqué ici dans la deuxième partie de cette étude (premier chapitre, p. 80).

2. L. Sève, *Une introduction à la philosophie marxiste*, Paris, Messidor, 1980. J.-P. Jouary, dans une introduction très suggestive à un choix de textes de Diderot – *Diderot et la matière vivante*, Paris, Messidor, 1992 – a souligné l'intérêt de l'usage de ces concepts pour éclairer les stratégies du discours diderotien.

contre la logique de la contradiction, contre la logique de la « cohérence contradictoire » (à laquelle on a souvent voulu le ramener), fait usage de la logique antagonique à deux niveaux : premièrement comme procédé stratégique de dénonciation, pour débusquer l'absurdité d'un système. Deux effets exemplaires de cette stratégie dans la *Lettre* : Saunderson, dans son anti-prosopopée des merveilles de la Nature, et l'erreur de Condillac-Berkeley qui assignent la formation de nos connaissances à une passivité des sensations. Dénonciation d'une crise de fonctionnement. Deuxièmement, cette fois non pas un antagonisme cherché, mais un antagonisme trouvé, heurté par Diderot à son corps défendant, comme une faille dans sa propre argumentation. Deux exemples : le mot d'ordre récurrent du recours à la pratique comme au critère de la vérité ne l'empêche pas de revendiquer la nécessité du passage à l'invisible, voire à l'occulte, en se recommandant de l'autorité de Lucrèce et de sa méthode analogique, en particulier de ce qui tient lieu d'un traité de la vision dans le quatrième chant du *De natura rerum* ; et aussi et surtout l'usage qu'il fait des sciences dans son argumentation philosophique, usage souvent métaphorique, aux ordres d'une *imagination naturante*. Manifestation d'une crise *esthétique* de développement.

Ces conflits et dissonances de l'intersensorialité peuvent-ils être pensés à partir de la remarque relative à l'aveugle et sourd de naissance : « Les sensations qu'il aura prises par le toucher seront, pour ainsi dire, le moule de toutes ses idées » (I, 151) ?

Qu'en est-il donc d'une logique antagonique saisie comme règle des conflits et des dissonances dans l'intersensorialité ? S'agit-il là de la « logique » qui préside à l'organisation esthétique dès lors qu'elle se substitue à l'ancien principe d'équilibre ou de dédommagement ?

Les nombreuses occurrences de la vicariance des organes, de l'organe qui supplée celui qui manque, de celui qui se développe grâce à la défaillance de l'autre etc. semblent soutenir une symbolique de la connivence et de la traductibilité. Dès lors, il y aurait une alternative et une seule : ou bien un sens commun assure l'échange et le code central d'un savoir *naturel* commun, ou bien chaque sens a une structure discursive spécifique, et le caractère *naturel* quoi que différent de chaque code assure l'échange et la traduction. Après Lucrèce[1] et Montaigne[2] – les sens sont incapables de se réfuter ou de se rectifier mutuellement – et avec Hume dans ses

1. *De natura rerum*, chant IV, vers 482-484 et vers 579.
2. *Essais*, II, XII, « Bibliothèque de la Pléiade », Paris, Gallimard, 1962, p. 573.

Dialogues sur la religion naturelle[1] – les langues ne sont pas toutes également capables de produire telle ou telle idée, elles ne sont pas égales en inventivité – Diderot manifeste son scepticisme et sa déception face à l'hypothèse d'une telle connivence : « J'ai parcouru les *Éléments d'algèbre* de Saunderson, dans l'espérance d'y rencontrer ce que je désirais d'apprendre de ceux qui l'ont vu familièrement, et qui nous ont instruits de quelques particularités de sa vie ; mais ma curiosité a été trompée, et j' ai conçu que des éléments de géométrie de sa façon auraient été un ouvrage plus singulier en lui-même et beaucoup plus utile pour nous » (I, 163). Saunderson, hanté par la performance de sa table arithmétique en matière de traductibilité, ne lui aurait pas donné l'ampleur d'une géométrie de la main ou d'une géométrie de la main *avec* l'œil. Quelques années plus tard, en 1751, la *Lettre sur les sourds et muets* construira la fiction de « la société des cinq sens ». L'aveugle montre qu'un corps est en réalité et toujours *deux* corps : un corps *visible* exhibé au dehors, un corps *sensible* replié en dedans[2]. Comme l'écriture sur la peinture, ces deux corps se croisent en un point *aveugle* et *muet*. L'esthétisation de la métaphysique que l'aveugle débarrasse de toute morale arrache les choses à l'autorité du concept pour les situer dans un lieu indistinct – celui de la Promenade Vernet ou de la raie de Chardin, celui de la statue du Laocoon, celui des mélodies de la musique italienne – et les saisir non comme des objets mais comme une médiation entre une forme indéterminable et le sentiment de plaisir. Dans la *Lettre à Mlle*, Diderot rend compte de la relation entre un sujet et le monde sensible : « En musique, le plaisir de la sensation dépend non seulement de l'oreille, mais de tout le système des nerfs. S'il y a des têtes sonnantes, il y a aussi des corps que j'appellerais volontiers harmoniques ; des hommes en qui toutes les fibres oscillent avec tant de promptitude et de vivacité, que sur l'expérience des mouvements violents que l'harmonie leur cause, ils sentent la possibilité de mouvements plus violents encore, et atteignent à l'idée d'une sorte de musique qui les ferait mourir de plaisir » (IV, 60). Et Diderot, insistant sur la leçon philosophique de la non vicariance des sens dérivée de l'expérience esthétique de la non vicariance des arts, de leur polyphonie et de la diversité des « portes » du corps, rend hommage au « savoir » de l'aveugle comme à celui du sourd-muet : « Quelle analogie y a-t-il entre *cette espèce de crayons* et le printemps, les ténèbres, la solitude, etc., et la

1. *Dialogues sur la religion naturelle*, trad. fr. M. Malherbe, Paris, Vrin, 2005, p. 201.

2. Dans son ouvrage sur les écrits de jeunesse de Diderot, *Diderot ou le défi esthétique*, Paris, Vrin, 1999 – dont mon fil d'Ariane rend ici hommage à plusieurs analyses – A. E. Sejten fait référence p. 211 à la « chair » de la coexistence du « corps propre » et du monde ainsi désignée par Merleau-Ponty dans *Le visible et l'invisible*, Paris, Gallimard, 1964.

plupart des objets ? » (*ibid.*). S'il y a une unité du sujet pensant, ce n'est pas l'unité de la tradition philosophique, c'est son unité sensible qu'il est vain de vouloir immobiliser dans une identité car elle est mobile, changeante, sans cesse se corrompt et se recrée. S'il est possible de conjecturer ici que l'esthétique fait la leçon à la métaphysique, c'est au sens où le corps de l'aveugle « prouve » la non objectivation du monde.

ESTHÉTIQUE ET ÉPISTÉMOLOGIE

Pour autant, et malgré un paradoxe insurmontable au premier abord, cette esthétisation du penser n'abandonne pas l'épistémologie au magasin des accessoires, en prenant au sérieux un thème essentiel des *Salons*, celui de l'art comme donnant la vue. Diderot prête à Chardin le pouvoir de recréer les yeux de l'amateur de peinture auquel le *Salon de 1763* donne une leçon de déchiffrement d'un tableau : « Pour regarder les tableaux des autres, il semble que j'aie besoin de me faire des yeux ; pour voir ceux de Chardin, je n'ai qu'à garder les yeux que la nature m'a donnés, et m'en bien servir » (IV, 264). C'est ainsi que se révélera « la chair même du poisson » dans *La Raie dépouillée* (*ibid.*, 265). Dans le *Salon de 1767*, Vernet arrache le promeneur à l'aveuglement obscur pour le conduire au lumineux aveuglement par le vrai : « Si vous aviez un peu plus fréquenté l'artiste, il vous aurait peut-être appris à voir dans la nature ce que vous n'y voyez pas » (IV, 596).

La doctrine du « modèle idéal », développée dans ce même *Salon* et déjà ébauchée en 1758 dans le *Discours sur la poésie dramatique* – où elle est présentée comme la nécessité pour le peintre d'altérer l'état naturel et de *construire* un état artificiel s'il entend parvenir à « imiter » la nature (IV, 1348) – rencontre la conception du savant génial qui, contrairement au savant médiocre, s'élève au-delà d'un ordre prétendument immuable de la nature. Telle est en effet la « nature subsistante » du *Salon de 1767* qui ne peut prétendre à être considérée comme la « belle nature » [1] : « Ces gens qui parlent sans cesse de l'imitation de la belle nature, croient de bonne foi qu'il y a une belle nature subsistante, qu'elle est, qu'on la voit quand on veut, et qu'il n'y a qu'à la copier. Si vous leur disiez que c'est un être tout à fait idéal, ils ouvriraient de grands yeux ou ils vous riraient au nez » (IV, 521). Or, contrairement au savant médiocre, l'interprète de la nature oppose à

1. Sur ces questions, voir l'ouvrage de G. Stenger, *Nature et Liberté chez Diderot après l'*Encyclopédie, Paris, Universitas, 1994, en particulier le premier chapitre.

une prétendue nature subsistante – c'est-à-dire à une conception mécaniste traditionnelle – la *complication* de l'univers.

En écrivant l'article « Compliqué » pour l'*Encyclopédie*, Diderot décrit la nature comme « tout ce qui contient un grand nombre de rapports qu'il est difficile d'embrasser et de concevoir distinctement » (*Enc.* III, 766). La cinquante-sixième pensée des *Pensées sur l'interprétation de la nature* fait état du rôle essentiel de cette *complication* ignorée par le simple observateur de la nature dans le domaine des sciences comme par le plat imitateur dans le domaine de l'art : « Une des principales différences de l'observateur de la nature et de son interprète, c'est que celui-ci part du point où les sens et les instruments abandonnent l'autre ; il conjecture, par ce qui est, ce qui doit être encore ; il tire de l'ordre des choses des conclusions abstraites et générales, qui ont pour lui toute l'évidence des vérités sensibles et particulières ; il s'élève à l'essence même de l'ordre » (I, 593). Le « paradoxe » est donc bien commun à l'artiste, au comédien et au savant qui ne prétendent pas exhiber un objet vrai mais un objet semblable au vrai. Dans le premier cas, il faut rapporter l'acte de la représentation de la nature à une causalité nécessaire, dans le second, il s'agit de prendre en compte une dialectique de la nécessité et de la liberté, autrement nommée vicissitude, qui associe l'inventivité de l'imagination à la chaîne des connexions de la mémoire. Dans la *Réfutation d'Helvétius*, Diderot s'en explique : « Tout s'est fait en nous parce que nous sommes nous, toujours nous, et pas une minute les mêmes » (I, 855). L'esthétique de Diderot, comme son épistémologie, part du réel, c'est-à-dire de la nature multiforme animée du perpétuel mouvement créateur de variétés nouvelles. Si l'unité de la création artistique et scientifique s'affirme ainsi comme matérialiste, elle se manifeste aussi comme le fait de la rencontre aléatoire des éléments entre eux, nature et œuvre d'art, des interprètes entre eux, savant et artiste, des mouvements du regard entre le spectateur et l'inventeur. Ce nouveau modèle de la nature, scientifique ou artistique fait allégeance à l'éclectisme dès lors qu'il joint nécessité et contingence, c'est-à-dire inaugure une *autre* pensée de la liberté.

ESTHÉTIQUE ET POLITIQUE

De ce fait, pour paraphraser le style des indignations de *Jacques*, cette science capable de nous faire plaisir serait-elle la voie vers une politique elle aussi esthétique et esthétisée ? Plaisanterie ? Loin de là, comme en témoignent les premières pages composées par Diderot pour la troisième édition de l'*Histoire des deux Indes*, parue en 1780, dont la stratégie d'écriture vaut aussi pour *Jacques le fataliste* et le *Supplément au Voyage de Bougainville*. L'imaginaire de la fable donne son souffle de vérité et de liberté au politique : « Élevé au-dessus des considérations humaines, c'est alors qu'on plane au-dessus de l'atmosphère, et qu'on voit le globe au-dessous de soi. [...] C'est de là qu'on voit la tête orgueilleuse du tyran s'abaisser et se couvrir de fange, tandis que le front modeste du juste touche la voûte des cieux. C'est là que j'ai pu véritablement m'écrier : je suis libre, et me sentir au niveau de mon sujet »[1]. La généalogie scientifique commune à l'esthétique et au sensualisme permet de construire un modèle objectif de ce passage du particulier à l'universel[2]. Le lien social est le lien du corporel et du social qui implique, de nouveau ici, un dépassement du langage. Ainsi, dans la *Lettre sur les sourds et muets*, Diderot a recours au *tableau* pour désigner l'immobilisation comme le cœur de la dimension narrative (IV, 29-30). S'il est juste de soutenir que l'écriture de Diderot figure une théorie empiriste de l'intersubjectivité, l'esthétisation du politique ne signifie rien d'autre qu'une fondation du social sur le désir, une extériorisation de l'intériorité des sujets.

Nous prenons donc plaisir à nous accomplir dans des activités aussi diverses que la philosophie, les sciences, les mœurs et le politique; mais cela ne suffit pas à légitimer la conjecture d'une identification de l'œuvre de Diderot comme une esthétique généralisée. Encore faut-il prendre en compte l'enracinement de toutes ces activités dans un modèle de la nature lié à la sensorialité et à l'imagination.

La rencontre des hommes dans des formes éthico-sociales permet-elle donc d'attendre du matérialisme éclectique de Diderot un potentiel libérateur ?

1. Sur cette question, voir M. Duchet, *Diderot et l'*Histoire des deux Indes *ou l'écriture fragmentaire*, Paris, Nizet, 1978, p. 9-11.

2. T. Eagleton voit dans ce modèle esthétique la possibilité d'ouvrir une communauté de sujets liés par le désir fraternel plutôt que par une loi hétéronome, dans *The ideology of Aesthetic*, Oxford, Blackwell, 1990, p. 27.

QUATRIÈME PARTIE

LA RENCONTRE DES HOMMES : LES FORMES POLITIQUES

CHAPITRE PREMIER

LE MOI. NATURE ET LIBERTÉ. PUISSANCE ET POUVOIR

N'est-il pas vrai que nous ne sommes que des marionnettes ?[1].

LE MOI

Dans *Le Rêve*, d'Alembert endormi fait l'une des plus belles « excursions » que nous ait donné la littérature philosophique à propos du Moi et de son unité : « Qu'est-ce qu'un être ... La somme d'un certain nombre de tendances ... Est-ce que je puis être autre chose qu'une tendance? [...] Naître, vivre et passer, c'est changer de formes ... Et qu'importe une forme ou une autre? » (I, 637). Voilà de quoi ébranler la belle assurance de Mademoiselle de Lespinasse qui, un peu plus haut, tournait en dérision le besoin de « verbiager » pour mettre en question la chose la plus évidente du monde, celle de l'unité et de la permanence du Moi (*ibid.*, 632). Bien des *raisons* sont là qui mettent en cause la prétendue transparence de ce *fait* et interrogent sa véritable *raison* cachée. Ici, comme souvent chez Diderot, le portrait du Neveu incarne l'illusion de cette évidence, « cette fastidieuse uniformité que notre éducation, nos conventions de sociétés, nos bienséances d'usage ont introduite » (*Le Neveu de Rameau*, II, 624) et révèle la vérité qu'elle dissimule : « Rien ne dissemble plus de lui que lui-même » (*ibid.*).

Or, l'anthropologie, constituée comme telle au siècle précédent, s'était bien donné comme vocation d'établir *l'identité* propre à l'homme[2], tâche

1. *Les Bijoux indiscrets*, II, 216.

2. Voir l'article « Anthropologie » écrit par J.-B. Robinet pour son *Dictionnaire universel des sciences morale, économique, politique et diplomatique* paru en 1778.

dont l'article « Identité » de l'*Encyclopédie* souligne la difficulté. En effet, si « l'identité d'une chose est ce qui fait dire qu'elle est la même et non une autre ; il paraît ainsi qu'identité et unité ne diffèrent point, sinon par un certain regard de temps et de lieu » (*Enc.* VIII, 494, article anonyme), il n'en va pas de même pour les êtres corporels qui perdent leur identité à l'occasion d'une altération de leur figure ou de leur mouvement, et pour une « substance intelligente » dont l'unité ou indivisibilité demeure, quelles que soient ses modifications. Ayant rejeté l'âme – ce « petit harpeur inintelligible » – dans le vide idéaliste des abstractions (*Éléments de physiologie*, I, 1316), Diderot se heurte à la question du Moi comme à une énigme avouée par l'article « Personnalité » de l'*Encyclopédie* : « La question de la personnalité est une de ces matières difficiles et même mystérieuses sur lesquelles on disputera tant qu'il y aura des hommes. Rien n'est plus près de nous que nous-mêmes ; comment donc arrive-t-il que ce *moi*, ce qui constitue mon essence personnelle, me soit si peu connu ? » (*Enc.*, Supplément, IV, article anonyme). De nouveau la vicissitude et l'imprévisibilité des rencontres sont au cœur de cette énigme, essentiellement figurées par le rôle de l'habitude et de la multiplicité interne à l'individu. Jacques rend compte de ces deux facteurs comme d'une sorte de principe de dissimilitude qui porte ombrage à l'unité fragile, obscure, voire aporétique de l'identité supposée du Moi : « Puis-je n'être pas moi ? Et étant moi, puis-je faire autrement que moi ? Puis-je être moi et un autre ? Et depuis que je suis au monde, y a-t-il eu un instant où cela n'ait été vrai ? » (*Jacques le fataliste*, II, 717).

L'habitude

La journée de d'Alembert racontée par le personnage de Bordeu dans *Le Rêve* (I, 664) et celle de d'Holbach présentée comme « l'histoire expérimentale » du « je veux » dans les *Éléments de physiologie* (I, 1299) rivalisent de performances narratives et comiques pour convaincre le lecteur de l'illusion commune aux deux géomètres. L'un et l'autre rapportent leurs actions à un moi mû par un sujet volontaire et libre. Il n'y a là que force de l'habitude réduite non seulement à la tyrannie des tendances mais à un mouvement mécanique comme le souligne la conclusion lapidaire de l'« histoire expérimentale » de la journée de d'Holbach : « Il ne sait rien, mais rien du tout de ce qu'il a fait [...] : il a pensé, il a senti, mais il n'a pas agi plus librement qu'un corps inerte, qu'un automate de bois qui aurait exécuté les mêmes choses que lui » (*ibid.*).

Faut-il forcer à ce point le trait ? Qu'en est-il donc de l'habitude ? C'est elle qui permet de dépasser l'antinomie entre permanence et changements du moi, autant dire d'échapper au spiritualisme comme Diderot le fait observer à Hemsterhuis: « Ce qui vous montre l'homme passif dans ces circonstances, c'est que vous ne vous êtes pas demandé une seule fois ce que c'est que l'habitude; question très embarrassante, non pour un matérialiste, mais bien pour un spiritualiste » (I, 745). De quelles circonstances s'agit-il? De rien moins que de celles qui permettent d'établir la nature de l'altérité ou plutôt de comprendre comment la sympathie circule d'un moi à l'autre. « C'est que tout cela n'est que le phénomène du couvreur que nous voyons suspendu à une corde et qui nous transit de frayeur. [...] Combien de circonstances où nous frémissons, quoiqu'il n'y ait aucun danger pour celui que nous voyons » (*Observations sur Hemsterhuis*, I, respectivement 744 et 745). Le caractère machinal, plutôt que mécanique, de l'habitude n'autorise donc en rien un traitement péjoratif de cette faculté dont l'importance morale et sociale est ici mise en évidence à travers sa fonction dans le jeu de l'altérité. Il y a plus: l'antinomie, dans la personnalité, de la permanence et du changement, est levée par l'habitude en tant qu'elle désigne l'ensemble des expériences et connaissances acquises souvent à notre insu. Les tendances auxquelles d'Alembert dans *Le Rêve* rapporte l'identité du Moi relèvent donc moins d'un réductionnisme qu'il n'y paraît.

Il convient certes de rappeler que chaque individu est forgé par son organisation physiologique qui l'adapte au mieux à son emploi dans la société! La fiction des *Bijoux indiscrets* est donc moins bouffonne qu'elle le semble au premier abord: « Les insulaires n'étaient point faits comme ailleurs. Chacun avait apporté en naissant des signes de sa vocation: aussi en général on y était ce qu'on devait être. Ceux que la nature avait destinés à la géométrie avaient les doigts allongés en compas; mon hôte était de ce nombre. Un sujet propre à l'astronomie avait les yeux en colimaçon; à la géographie la tête en globe [...] Il n'en était pas chez ce peuple comme parmi nous, où tels qui, n'ayant reçu de Brama que des bras nerveux, semblaient être appelés à la charrue, tiennent le timon de votre État, siègent dans vos tribunaux ou président dans votre académie; où tel qui ne voit non plus qu'une taupe, passe sa vie à faire des observations, C'est-à-dire à une profession qui demande des yeux de lynx » (II, 211). Bouffonnerie mise à part, la *Réfutation d'Helvétius* ne dit pas autre chose: « En quoi consiste donc l'importance de l'éducation? ce n'est point du tout de faire du premier enfant communément bien organisé ce qu'il plaît à ses parents d'en faire, mais de l'appliquer constamment à la chose à laquelle il est propre: à l'érudition, s'il est doué d'une grande mémoire; [...] et que le premier chapitre d'un bon traité d'éducation doit être de la manière de connaître les dispositions naturelles de l'enfant » (I, 856). De même, dans *Le Rêve*,

« selon la branche tyrannique qui prédomine, l'instinct qui se diversifie dans les animaux, le génie qui se diversifie dans les hommes; le chien a de l'odorat, le poisson l'ouïe, l'aigle la vue; d'Alembert est géomètre, Vaucanson machiniste, Grétry musicien, Voltaire poète : effets variés d'un brin du faisceau plus vigoureux en eux qu'aucun autre et que le brin semblable dans les êtres de leur espèce » (I, 659-660).

Néanmoins, la plasticité de l'habitude est au cœur de la relation qu'elle entretient avec la mémoire et le temps dont il convient maintenant d'examiner la fonction respective dans l'identité du moi, aussi tributaire soit-elle de l'organisation physiologique de l'individu.

Malgré l'infinie variété des modes de présence à soi qui obscurcit considérablement la transparence de l'unité de la conscience de soi, une relative certitude est établie par les *Observations sur Hemsterhuis* : « Le *moi* tient à toutes les faces du monde qui me sont sensibles et que j'ai senties; c'est la mémoire des sensations que j'ai éprouvées et qui font l'histoire de ma vie; histoire qui commence un peu plus tôt ou un peu plus tard pour un individu et un autre individu » (I, 472). L'article « Sensations » de l'*Encyclopédie* dessine l'unité du moi comme la « perception représentative d'une infinité de petits mouvements indiscernables » ou « une suite rapide de petites secousses confusément aperçues » (*Enc.* XV, 34). C'est que les sensations font sortir l'âme hors d'elle - même, « en lui donnant l'idée confuse d'une cause extérieure qui agit sur elle, parce que les sensations sont des perceptions involontaires; l'âme en tant qu'elle sent est passive, elle est le sujet d'une action; il y a donc hors d'elle un agent » (*ibid.*, 36). Mais l'article ne s'en tient pas à l'opposition traditionnelle entre la réceptivité passive du corps et l'activité libre du sujet pensant : « Parce que nous éprouvons dans mille occasions qu'il y a des sensations qui entrent par force dans notre âme, tandis qu'il y en a d'autres dont nous disposons librement, soit en les rappelant, soit en les écartant, selon qu'il nous en prend envie. Il est évident que cette diversité de voies par lesquelles nos sensations s'introduisent dans l'âme, suppose que les unes sont produites en nous par la vive impression des objets extérieurs, impression qui nous maîtrise, qui nous prévient, & qui nous guide de gré ou de force; & les autres par le simple souvenir des impressions qu'on a déjà ressenties » (*ibid.*). Cette seconde voie, celle du « simple souvenir », est si importante qu'elle occupe un lieu essentiel dans le dispositif métaphysique de la relation du mot à l'idée. C'est en tout cas la conviction de Jacques lorsqu'il tente de convaincre son maître qu'il n'y a pas « de blessure plus cruelle que celle du genou » (II, 715). Si Jacques s'embarrasse dans une « métaphysique très subtile » (II, 725), elle est néanmoins « peut-être très vraie ».

En effet, Jacques ne cherchait rien moins que « faire concevoir à son maître que le mot douleur était sans idée, et qu'il ne commençait à signifier quelque chose qu'au moment où il rappelait à notre mémoire une sensation que nous avions éprouvée » (*ibid.*). Ni âme ni forme substantielle de l'individu, la conscience de soi doit s'expliquer sans faire appel à un quelconque élément hétérogène à la matière. Tel est le rôle de la mémoire que livre la leçon du *Rêve de d'Alembert* : d'une part, à la question de d'Alembert : « À travers toutes les vicissitudes que je subis dans le cours de ma durée, n'ayant peut-être pas à présent une des molécules que j'apportais en naissant, comment suis-je resté moi pour les autres et pour moi ? » (I, 652), Bordeu étend sa réponse au problème de l'unité de tout animal : « Que c'était par la mémoire qu'il était lui pour les autres et pour lui ; et j'ajouterais par la lenteur des vicissitudes » (*ibid.*) ; d'autre part, commentant le rôle essentiel de l'origine du « réseau » dans la constitution de l'unité de tout animal, Mademoiselle de Lespinasse précise « que c'est la mémoire de toutes ces impressions successives qui fait pour chaque animal l'histoire de sa vie et de son soi » (I, 646).

La mémoire et le temps, ces deux conditions de possibilité du moi, donnent à penser le problème de son unité, une fois de plus au risque d'une tension entre organisation et histoire, tension qui donne quelque crédibilité à la fondation d'un rassemblement politique des individus. Encore faut-il conquérir cette fondation au prix de la juste compréhension d'une anthropologie du moi multiple.

La multiplicité du Moi

Vicissitudes et tension réduisent ainsi l'unité à l'illusion et au mensonge, au moral comme au physique. Les formations monstrueuses jalonnent les *Éléments de physiologie* : « Il n'y a pas sur toute la surface de la terre un seul homme parfaitement constitué, parfaitement sain. L'espèce humaine n'est qu'un amas d'individus plus ou moins contrefaits, plus ou moins malades » (I, 1317). Non point qu'à la manière de Rousseau il nous faille admettre une altération tragique de l'unité originelle mais au contraire bel et bien notre fond constitutif. Il convient donc de se représenter le Moi comme un assemblage de niveaux, ce dont témoigne Diderot dans une *Lettre* à Falconet le 10 janvier 1766 : « Que suis-je ? des rêves, des pensées, des idées, des sensations, des passions, des qualités, des défauts, des vices, des vertus, du plaisir, de la peine » (V, 582). Tel est le manifeste esthétique de la Nature, codicille d'une *Lettre* au même et à Mademoiselle Jollot, du 18 juillet 1768 : « Nous sommes tous sortis du fourneau de nature avec un coup de feu, une fêlure. Cette nature est bien bizarre. Elle commence son ouvrage comme si elle s'était proposé un chef d'œuvre; puis crac, par un caprice, un tour d'esprit brusque, elle donne l'entorse à quelque partie. Son ouvrage le plus parfait est celui qui a le moins de défaut » (V, 838). Le premier niveau de cet assemblage qui constitue le Moi est lui-même multiple, c'est le corps, ce « peloton de contradictions » (IV, 561) que décrit le *Salon de 1767* : « Il n'y a rien de naturel, rien d'inné que des fibres plus flexibles, plus roides, plus ou moins mobiles, plus ou moins disposées à osciller » (*ibid.*, IV, 535). Puis viennent les organes, au second niveau, chaque organe étant aussi sensible et vivant qu'un animal : « Ce n'est jamais vous qui voulez manger ou vomir, c'est l'estomac, pisser c'est la vessie, et ainsi des autres fonctions; l'œil est un chien qui mène l'aveugle que nous sommes, les intestins, à l'aspect de mets friands s'agitent de gaieté comme des serpents etc. » (I, 1308). Puis vient le cerveau, cette instance qui distingue un individu d'un autre à partir des sensations qu'ils éprouvent et qui agissent sur ce « fromage mou » (*Salon de 1767*, IV, 632) qu'une légère altération dans la machine peut réduire de l'état de génie à celui d'imbécillité : « Un homme organisé de telle manière n'a donc pas la même aptitude naturelle à l'esprit et au génie qu'un autre homme, et la source de leur différence sera dans l'organisation; il en sera de l'homme à grande mémoire et de l'homme à mémoire honnête comme du chien couchant et du lévrier : l'âme de l'un se porte tout entière à son nez, et l'âme de l'autre tout entière à ses yeux. Et voilà l'origine de la variété des esprits dans l'espèce humaine et de la variété des instincts entre les animaux » (*Réfutation d'Helvétius*, I, p. 845). Dans une lettre à Madame Necker du 6 septembre 1774, Diderot désigne certes l'auteur des *Salons* comme son « vrai » moi : « Mais c'est moi, trait pour trait; je n'ai fait que me copier, sans la moindre rature » (V, 1255) et il avoue à Madame d'Epinay dans une lettre d'octobre 1767 qu'il n'est heureux qu'à la condition « d'être moi, moi tout pur » (V, 787). Nous savons pourtant que ce prétendu « moi tout pur » a fait la preuve, ne serait-ce que par le caractère si divers de ses écrits, qu'il est plutôt le mélange de choses multiples, voire contradictoires, comme le « scélérat » évoqué à la fin de la dernière scène d'*Est-il bon ? Est-il méchant ?* : « — Est-il bon? Est-il méchant? — L'un après l'autre. — Comme vous, comme moi, comme tout le monde » (IV, 1501). Reconnaissons que cette multiplicité de la nature du Moi rend bien énigmatiques la production de nos actions et le sens de la causalité.

NATURE ET LIBERTÉ

Dans la *Réfutation d'Helvétius*, Diderot semble pourtant nous faciliter la tâche en résumant clairement sa position sur cette question : « Tout s'est fait en nous parce que nous sommes nous, toujours nous, et pas une minute les mêmes » (I, 855). Encore faut-il l'entendre au plus juste pour ne pas accabler son auteur d'incohérence. De fait, la pensée de Diderot sur ce point se voit réduite à deux conceptions communes aussi fréquentes l'une et l'autre que contradictoires : comme le rappelle l'exergue de ce chapitre, Diderot rejetterait la liberté au nom d'un mécanisme physiologique enseigné par sa philosophie naturelle ; mais, à l'inverse, ce « tout s'est fait en nous » n'exalte-t-il pas l'hymne à la liberté de celui qui, emprisonné à Vincennes en 1749, avait écrit la phrase célèbre de *La Promenade du sceptique* dès 1747 : « Imposez-moi silence sur la religion et le gouvernement et je n'aurai plus rien à dire » (I, 76) ? Comment rétablir une cohérence de la relation entre Nature et Liberté malgré cette contradiction apparente ?

Les marionnettes

Dans le chapitre 26 du tome 1 des *Bijoux indiscrets*, Mirzoza, méprisant les sages et leurs grands mots, engage une métaphysique qui, ne considérant la nature qu'avec les yeux de l'expérience, nous apprend « qu'elle a placé l'âme dans le corps de l'homme, comme dans un vaste palais, dont elle n'occupe pas toujours le plus bel appartement » (II, 95). L'illusion d'une liberté de la volonté ne saurait être mieux dénoncée comme ne saurait être mieux mise en évidence l'influence ici de la révocation par Locke d'un pouvoir absolu de faire ou de ne pas faire : « Demander à un homme si sa volonté est libre, c'est tomber dans une aussi grande absurdité que si on lui demandait *si son sommeil est rapide* ou *sa vertu carrée* : parce que la liberté peut être aussi peu appliquée à la volonté, que la rapidité du mouvement au sommeil, ou la figure carrée à la vertu »[1]. Le « fatalisme » dont on s'accorde au dix-huitième siècle à voir la source dans une lecture grossière des systèmes de Hobbes et de Spinoza et dans le *Traité des Trois Imposteurs*, place la pensée de Locke dans une perspective nécessitariste à laquelle Diderot apporte sa caution dans sa célèbre *Lettre à Landois* du 29 juin 1756 (V, 53-58). La croyance dans une volonté libre étant réduite à un « préjugé bien vieux », la liberté à un mot « vide de sens », la seule causalité envisageable est celle de « la chaîne des évènements » qui range la morale au

1. J. Locke, *Essai philosophique concernant l'entendement humain*, Amsterdam, 1758, II, 31, 15, p. 154 ; trad. fr. J.-M. Vienne, Paris, Vrin, 2001.

magasin des accessoires avec la louange et le blâme, le vice et la vertu. La bienfaisance et la malfaisance prennent la place de ces valeurs obsolètes, facilitant la juste organisation de la vie sociale et permettant de réconcilier tout un chacun, à l'instar de l'auteur de la *Lettre*, avec le genre humain. La distinction entre le volontaire et le libre, établie par exemple dans les articles « Affection », « Droit naturel » et « Imparfait » de l'*Encyclopédie* (*Enc.* I, 158; V, 115; VIII, 584) est étayée par les observations des chimistes et des médecins dont le « fatalisme » illustre la troisième partie des *Éléments de physiologie* : « La volonté n'est pas moins mécanique que l'entendement. La volition précède l'action des fibres musculaires : mais la volition suit la sensation; ce sont deux fonctions du cerveau; elles sont corporelles » (I, 1298). Ainsi, la volonté s'enracine dans le désir, qui est sa vérité.

Quelle liberté ?

Des précisions de vocabulaire s'imposent donc. D'Alembert l'avait bien compris, qui expliquait à Frédéric II dans une lettre du 2 août 1770 : « Il me semble que si on voulait s'entendre, on éviterait bien des disputes à ce sujet. L'homme est libre, en ce sens que, dans les actions non machinales, il se détermine de lui-même et sans contrainte; mais il ne l'est pas, en ce sens que, lorsqu'il se détermine, même volontairement et par choix, il y a toujours quelque cause qui le porte à se déterminer, et qui fait pencher la balance pour le parti qu'il prend » [1]. Autant dire qu'il faut lever la confusion entre nécessité et prédestination, entre fatalité et fatalisme philosophique, entre liberté et libre arbitre. Contrairement à la prédestination, la nécessité, loin d'en appeler à l'infaillibilité et à l'arbitraire, rend possible sinon une science au moins une intelligibilité des phénomènes naturels et de la production des actions humaines. Loin de se réduire au libre arbitre, la liberté le nie en admettant la nécessité, au nom du fatalisme philosophique. Il faut donc accorder à l'adjectif « libre » la priorité sur le substantif « liberté » comme nous y engage la *Lettre sur les sourds et muets* dès lors qu'« on s'est imaginé que l'adjectif était réellement subordonné au substantif, quoique le substantif ne soit proprement rien et que *l'adjectif soit tout* » (IV, 13). L'acte libre n'est pas rendu impossible par la conception linéaire de la causalité dérivée de la mécanique classique mais fondé au contraire dans un autre modèle, celui de la causalité « complexe », pour reprendre

1. D'Alembert, lettre du 2 août 1770, dans *Œuvres Complètes*, t. V, Genève, Slatkine, 1967, p. 297.

un mot de Michel Serres [1]. Les rencontres socio-politiques seront donc le fait d'hommes « libres » au sens, d'une part, où la nécessité de leurs actes inclut contingence et aléatoire et au sens où, inquiets et imaginatifs, ils déploieront leur « histoire » sur le mode de l'imprévisibilité. Ce modèle de la causalité complexe permet de tenir ensemble l'enchaînement nécessaire des causes dont dépendent les actions d'un individu et une plasticité du cerveau humain telle qu'elle donne droit à envisager la liberté comme « auto-détermination ». La mise en regard de deux textes peut, au moins partiellement, en rendre raison. Dans les *Observations sur Hemsterhuis*, Diderot écrit : « J'ai tout à l'heure soixante ans. Quelle que soit la multitude des causes qui aient concurré à me faire ce que je suis, je suis une cause une. Je n'ai jamais, au moment où je parle, qu'un effet à produire. Cet effet est le résultat nécessaire de ce que j'ai été depuis l'instant le plus éloigné de l'instant présent, jusqu'à cet instant présent » (I, 718) ; et, dans les *Éléments de physiologie* : « Il faut regarder la substance molle du cerveau comme une masse d'une cire sensible et vivante, mais susceptible de toutes sortes de formes, n'en perdant aucune de celles qu'elle a reçues, et en recevant sans cesse de nouvelles qu'elle garde » (I, 1289). Cependant, l'affirmation de cette paradoxale liberté fataliste se heurte à quelque scepticisme lorsque se croisent les deux niveaux de sens de la notion de liberté : métaphysique et juridique.

PUISSANCE ET POUVOIR

La position esthétique de Diderot nous a déjà accoutumés à l'idée que le Beau s'achète à un prix élevé, celui de la libération de l'énergie créatrice/destructrice, au risque de la dissolution de la moralité de l'action libre. De ce point de vue, pouvoir n'est pas puissance, volonté n'est pas violence. Le *Discours de la poésie dramatique*, en 1758, laissait entrevoir un risque : « La poésie veut quelque chose d'énorme, de barbare et de sauvage » (IV, 1331) ; un an après, l'article « Théosophes » de l'*Encyclopédie* confirme et convertit le risque en réalité, au nom du principe selon lequel « le génie et la folie se touchent de bien près » (*Enc.* XVI, 260). Le *Salon de 1767* reconnaît qu'il y a une morale propre aux artistes et à l'art, « et que cette morale pourrait bien être le rebours de la morale usuelle » (IV, 614-615). Qu'il s'agisse de la louange de Racine, mauvais père, mauvais époux, au début du

1. M. Serres, *Hermès I, La communication*, Paris, Minuit, 1968, p. 10-15. L'étude de M. Suzuki, « Chaîne des idées et chaîne des êtres dans le *Rêve de d'Alembert* », *Dix-huitième siècle*, n° 19, 1987, p. 328-333, s'inscrit aussi dans ce travail de redéfinition du concept de causalité.

Neveu de Rameau, ou de celle du méchant et génial Bacon dans l'article « Platonisme » de l'*Encyclopédie*, la morale énergique des méchants l'emporte par sa puissance sur le pouvoir de la vertu. À ce stade de la réflexion de Diderot, ce n'est pas le seul lien individuel entre bonheur et vertu qui est engagé mais bien le lien social, mis en perspective sur le scepticisme quant à l'existence et aux avantages d'une hypothétique morale universelle. Au plan individuel, le Neveu ou Madame de la Pommeraye font la preuve par l'exemple que le bonheur prend paradoxalement racine dans le fait d'être malheureusement né, de préférer mourir plutôt que de se corriger en luttant contre une passion dominante nuisible aux autres, voire à soi-même.

Cependant ce serait se fourvoyer que se limiter aux effets désastreux que laisse présager la rencontre de tels flibustiers et criminels dans une société dont la forme politique ferait plus songer à l'imaginaire sadien qu'aux projets diderotiens. C'est qu'au plan de l'ordre général et à celui de l'histoire, la conception matérialiste de la rencontre donne un tout autre sens et une toute autre valeur aux criminels et aux méchants … pourvu qu'ils ne soient pas des « espèces » comme dit avec mépris le Neveu, mais des génies ou au moins des âmes fortes ! La transgression de l'ordre et de la vertu, quel que soit le mal commis dans la vie privée, a toutes les chances de combler l'exigence collective, d'autant plus qu'on l'envisagera au futur. Au cours de son interminable débat avec le sculpteur Falconet sur la question de la postérité[1], Diderot perturbe la leçon de Rousseau dans le *Discours sur les sciences et les arts*[2] en justifiant l'individu qui se consume dans le mal par les progrès de l'espèce. Dans une lettre adressée à Falconet vers le 10 septembre 1766, il écrit : « Si le sentiment de l'immortalité est une chimère; si le respect de la postérité est une folie, j'aime mieux une belle chimère qui fait mépriser le repos et la vie, une illustre folie qui fait tenter de grandes choses, qu'une réalité stérile, une prétendue sagesse qui jette et retient l'homme rare dans une stupide inertie » (V, 700).

Si une erreur intellectuelle nous pousse à croire que l'homme est un être libre et volontaire, une « science » matérialiste du corps autorise au

1. Diderot et Falconet entretiennent en effet une longue correspondance de décembre 1765 à décembre 1773 ; une partie de cette correspondance, de décembre 1765 au printemps 1767, désignée habituellement sous le titre *Le pour et le contre* ou *Dispute sur la postérité* et destinée à une publication, est consacrée à une polémique sur le rôle de la postérité dans la création artistique. Cette *Dispute* a été publiée sous le titre *Le pour et le contre* par Les Éditeurs Français Réunis, à Paris en 1958.

2. Dans ce *Discours* paru en 1750, Rousseau demandait le sacrifice des créateurs sublimes au profit des bons citoyens dont les leçons du cœur nous ramènent à l'état de nature. Dans la première partie du *Discours*, évoquant la déchéance de la Rome moderne par rapport à la Rome antique, il fait dire à Fabricius : « Insensés, qu'avez-vous fait ! ».

contraire la prééminence d'une politique de la puissance sur une politique du pouvoir. Pour comprendre un tel renversement, il faut tout d'abord admettre que, d'une certaine manière, c'est le corps qui décide : la rencontre politique des hommes est la rencontre d'êtres sensibles qui cherchent le bonheur et l'utile, naturellement portés vers l'autre sexe en raison de leur instinct de conservation et de leur plaisir. Cela suppose une théorie matérialiste de l'action et des passions mais aussi une théorie matérialiste du savoir qui fait de celui-ci une arme de la puissance des individus en société. En ce sens, la transmission du savoir et sa « popularisation » sont le moyen de déposséder les maîtres de leur pouvoir, c'est-à-dire de projeter une société qui exprime la puissance des individus et non le pouvoir usurpé par quelques-uns grâce aux diverses stratégies de l'illusion. Diderot se prononce clairement en faveur de ce matérialisme politique en 1770 dans le *Supplément au voyage de Bougainville* : lorsque les Européens s'apprêtent à quitter Otaïti, un vieillard fait ses adieux à Bougainville : « Et toi, chef des brigands qui t'obéissent, écarte promptement ton vaisseau de notre rive : nous sommes innocents, nous sommes heureux, et tu ne peux que nuire à notre bonheur. Nous suivons le pur instinct de la nature, et tu as tenté d'effacer de nos âmes son caractère. Ici tout est à tous, et tu nous as prêché je ne sais quelle distinction du tien et du mien » (II, 547). Mais la chose était entendue dès l'article « Autorité politique » de l'*Encyclopédie* en 1751 : « Aucun homme n'a reçu de la nature le droit de commander aux autres [...]. La puissance qui s'acquiert par la violence, n'est qu'une usurpation, et ne dure qu'autant que la force de celui qui commande l'emporte sur celle de ceux qui obéissent; en sorte que si ces derniers deviennent à leur tour les plus forts, et qu'ils secouent le joug, ils le font avec autant de droit et de justice que l'autre qui le leur avait imposé. La même loi qui a fait *l'autorité*, la défait alors : c'est la loi du plus fort » (*Enc.* I, 898). On reconnaîtra sans peine la célèbre argumentation que Rousseau dirigera contre le « droit du plus fort », en 1758, dans le chapitre III du Livre I du *Contrat social.*

Il faut alors identifier la « juste » puissance qui doit permettre de tenir tête au pouvoir usurpé des tyrans selon le matérialisme politique diderotien. C'est la légitime puissance des besoins et intérêts naturels des hommes, sans doute écho de la « multitude » spinoziste qui n'a nul besoin de contrat pour se constituer en peuple, contre la tradition du juridisme politique[1].

1. Sur cette question très complexe, ici grossièrement suggérée, voir surtout la quatrième partie de l'*Éthique* de Spinoza et le remarquable ouvrage d'A. Negri, *L'anomalie sauvage. Puissance et pouvoir chez Spinoza*, trad. fr. F. Matheron, Paris, P.U.F., 1982.

Cette puissance politique est donc l'effet naturel de la sensibilité et des besoins, ou, contre Hobbes, une sociabilité originaire qui concilie aisément bonheur et vertu, assignant à la rencontre des hommes au sein du politique la fonction de protéger les faibles contre les forts, car « sans un glaive qui se meuve également sur la surface d'un peuple [...] le faible demeure exposé à l'injure du plus fort » selon l'article « Grecs » de l'*Encyclopédie*, signé de Diderot (*Enc.* VII, 908).

Ainsi, la puissance est l'autre nom de la dignité des hommes, fût-elle celle des grands criminels ou du Neveu. Cela ne se peut que si la morale est une figure du politique, celui-ci étant entendu comme une orientation vers la recherche du bonheur de l'individu compatible avec le bonheur de tous. Voilà une conception de la vertu que n'aurait pas démenti Bayle, une idée du Juste qui, entre autres conditions, ne fait appel à aucune transcendance, voire exige son rejet, et en particulier celle d'un Dieu.

CHAPITRE II

L'ATHÉISME ET SES CONSÉQUENCES POLITIQUES

N'êtes-vous pas Monsieur Diderot ?
Oui, Madame.
C'est donc vous qui ne croyez rien ?
Moi-même [1].

L'ATHÉISME

Le personnage de d'Alembert ouvre le premier Entretien du *Rêve* par une position de principe sur laquelle Diderot n'a pas varié, au moins depuis son emprisonnement à Vincennes après la publication de la *Lettre sur les aveugles* en 1749 : « J'avoue qu'un être qui existe quelque part et qui ne correspond à aucun point de l'espace ; un être qui est inétendu et qui occupe de l'étendue ; qui est tout entier sous chaque partie de cette étendue ; qui diffère essentiellement de la matière et qui lui est uni ; qui la suit et qui la meut sans se mouvoir ; qui agit sur elle et qui en subit toutes les vicissitudes ; un être dont je n'ai pas la moindre idée ; un être d'une nature aussi contradictoire est difficile à admettre » (I, 611). La théorie des idées fausses, issue du sensualisme lockien, est particulièrement dirimante à l'égard de toute tentative de preuve de l'existence de cet « être » dont nous ne pouvons avoir une expérience sensible.

Si l'on a, à loisir, reproché à Diderot d'avoir varié dans l'élaboration de sa pensée jusqu'à se laisser aller à des contradictions mal ou peu justifiées, voilà une idée, celle de Dieu, qui porte donc en elle une contradiction sans

1. *Entretien d'un philosophe avec la Maréchale de ****, 1775, I, 929.

appel reléguant la philosophie chrétienne dans un illusoire et grossier finalisme.

L'existence de Dieu

Certes les *Pensées philosophiques*, parues au printemps 1745, sont introduites par un célèbre aveu: « J'écris de Dieu » (I, 19); mais *La Promenade du sceptique*, composée dès le début de 1747, le bouleverse par une non moins fameuse déclaration du Discours préliminaire, déjà citée plus haut : « Imposez-moi silence sur la religion et le gouvernement, et je n'aurai plus rien à dire » (I, 76). Négation absolue de Dieu et de l'immortalité de l'âme : là-dessus, Diderot ne variera plus et y insistera fermement à la fin de sa vie : « Vous autres [les Anglais], vous mêlez la théologie avec la philosophie, c'est gâter tout, c'est mêler le mensonge avec la vérité, il faut sabrer la théologie » [1].

Dès la *Lettre sur les aveugles*, l'essentiel de l'argumentation athée et anti-finaliste de Diderot est mis en place. Dans son dialogue avec le pasteur Holmes, l'aveugle mathématicien Saunderson propose trois modes de réfutation de l'existence de Dieu liés au caractère contradictoire d'un tel être.

1) L'argument traditionnel des merveilles de la nature dont le spectacle appelle nécessairement un créateur suprême est trois fois mis en échec par l'aveugle : ignorant ce qu'est un spectacle, Saunderson ne reconnaît pas plus de prodige dans les objets saisis par la vision que dans les organes rencontrés par le toucher. De plus, vus ou touchés, leur prétendu témoignage d'un mécanisme admirable est mis en échec par les défaillances ou intermittences de l'ordre. Les aveugles sont des « productions monstrueuses » (I, 168) qui sont sans doute la trace de la « multitude d'êtres informes » et des « combinaisons vicieuses » de la matière chaotique « à la naissance des choses et des temps » (*ibid.*) [2].

2) L'ordre n'étant donc parfait ni dans l'espace ni dans le temps, pourquoi et comment remonter inévitablement à un Dieu créateur parfait malgré une allégeance à la physique de Newton ? L'aveugle rappelle les philosophes à leur mission en les invitant à dépasser le simple ici et

1. Les fragments des *Mémoires* de sir Samuel Romilly concernant Diderot – qui lut à son comparse l'*Entretien avec la maréchale de* *** – ont été édités en 1840. Ils rapportent des entretiens d'octobre 1781, publiés en français dans la revue *La Pensée*, n° 114, avril 1964, p. 118-119.

2. Sur les détails et les enjeux de ce dialogue entre Holmes et Saunderson, qui sonne le glas du finalisme, voir l'ouvrage déjà cité de C. Duflo, *Diderot philosophe*, Paris, Champion, 2003, p. 99-122.

maintenant : « Ô philosophes ! transportez-vous donc avec moi, sur les confins de cet univers, au-delà du point où je touche et où vous voyez des êtres organisés ; promenez-vous sur ce nouvel océan, et cherchez à travers ses agitations irrégulières quelques vestiges de cet être intelligent dont vous admirez ici la sagesse ! » (I, 169).

3) Acceptons la supposition d'un ordre ; il est momentané sauf si nous nous laissons prendre au piège du « sophisme de l'éphémère » que d'Alembert évoquera plus tard dans le *Rêve* (I, 633).

Le même *Rêve* désignera la « seule espèce de Dieu qui se conçoive » (I, 639) par l'un des termes d'une analogie elle-même tirée d'une comparaison de l'organisation animale à une toile d'araignée faite par Mademoiselle De Lespinasse. Dieu serait l'araignée d'un monde en toile, les « méninges » du monde. C'est le personnage de Bordeu qui, à l'instar de l'article « Spinosiste » de l'*Encyclopédie* (*Enc.* XV, 474), donne toute sa force à l'analogie de l'araignée dans sa toile : un tel Dieu est matériel, mortel, dénué d'omniscience, immanent ; encore faut-il nuancer cette immanence, car entre le centre et les confins il y a déperdition de la transmission d'autant que les corps sont seulement *contigus* et non point *continus*[1].

L'irréligion

La Religieuse paraît dans la *Correspondance littéraire*, d'octobre 1780 à mars 1783. Diderot prit plaisir à écrire cette mystification, ou plutôt ce véritable canular[2] qui lui permit d'attaquer la religion par le biais d'un roman noir où sont décrits et dénoncés l'obscurantisme, la cruauté et l'aliénation, apanage des couvents. La disposition naturelle des femmes se tourne en hystérie et en « vapeurs » qui gagnent toutes les cloîtrées. Les spectres de la mort, de la folie et des pires atrocités sont dépeints à loisir. À plusieurs reprises, Suzanne manque de succomber à la tentation du puits profond dans le jardin. « Où est-ce que la nature, révoltée d'une contrainte pour laquelle elle n'est point faite, brise les obstacles qu'on lui oppose,

1. S. Audidière analyse la signification et la portée de cette analogie à l'article « Dieu » de *L'encyclopédie du* Rêve de D'Alembert *de Diderot*, *op. cit.*, p. 129-131.

2. Diderot et quelques compères encyclopédistes avaient imaginé de faire une farce à leur ami le marquis de Croismare, farce qui dépassa leurs intentions puisque celui-ci s'y laissa prendre, d'où le mélange étonnant de correspondance réelle et de fiction publié dès 1770 dans la *Correspondance littéraire* ; il s'agit des lettres de Madame Madin (Diderot !) qui a recueilli à Versailles Suzanne Simonin échappée de son couvent et des lettres de Suzanne (encore Diderot !) échangées avec les lettres authentiques de Croismare.

devient furieuse, jette l'économie animale dans un désordre auquel il n'y a plus de remède ? » (II, 338). Plutôt la mort que l'emprisonnement dans un cloître (326) car « l'homme est né pour la société [...]. Placez un homme dans une forêt, il y deviendra féroce ; dans un cloître où l'idée de nécessité se joint à celle de servitude, c'est pis encore : on sort d'une forêt, on ne sort plus d'un cloître ; on est libre dans la forêt, on est esclave dans le cloître » (363).

Comment comprendre que la religion s'adonne à de telles extrémités, et offre, dans ses effets, l'horreur d'un tel spectacle ? Une réflexion sur son origine peut seule en rendre compte. Déjà, en 1749, l'aveugle de la *Lettre* avait dénoncé l'anthropocentrisme : « Un phénomène est-il, à notre avis, au-dessus de l'homme ? Nous disons aussitôt : "c'est l'ouvrage d'un dieu" ; notre vanité ne se contente pas à moins. Ne pourrions-nous pas mettre dans nos discours un peu moins d'orgueil et un peu plus de philosophie ? » (I, 167).

Un peu plus de philosophie : c'est ce que Diderot propose en 1780 dans le premier chapitre du livre XIX de ses *Contributions à l'Histoire des deux Indes* de Raynal. L'origine des religions y est attribuée à l'« énigme » de l'existence de l'homme, de son bonheur et de son malheur, qui donna lieu à l'invention de « différents systèmes également absurdes » – dogmes et rites de toutes les religions et de la crainte des multiples puissances invisibles qu'elles engendrèrent (III, 612). *L'entretien d'un philosophe avec la Maréchale de**** avait déjà associé origine et abus : « Si un misanthrope s'était proposé de faire le malheur du genre humain, qu'aurait-il pu inventer de mieux que la croyance en un être incompréhensible, sur lequel les hommes n'auraient jamais pu s'entendre, et auquel ils auraient attaché plus d'importance qu'à leur vie ? » (I, 933). L'article « Jésuite » de l'*Encyclopédie* insiste sur cette inévitable association entre cause et effet : « Livrés au commerce, à l'intrigue, à la politique, et à des occupations étrangères à leur état, et indignes de leur profession, il a fallu qu'ils tombassent dans le mépris qui a suivi, et qui suivra dans tous les temps, et dans toutes les maisons religieuses, la décadence des études et la corruption des mœurs » (*Enc.* VIII, 516).

Encore un peu plus de philosophie, celle de la « courte, énergique et divine formule », celle de la prière athée et sublime du stoïcien que Diderot encourage Grimm à dire le soir, dans une lettre à ce dernier, mi-décembre 1776 (V, 1285). Cette « prière » affirme, d'après les *Observations sur Hemsterhuis*, que les philosophes sont « athées et bons, comme on est croyant en Dieu et méchant » (I, 759). Déjà, dans l'*Encyclopédie*, à l'article « Stoïcisme », les Stoïciens sont non seulement crédités d'être fatalistes et athées mais aussi ralliés au monisme matérialiste (*Enc.* XV, 529). La seconde édition de l'*Essai sur les règnes de Claude et de Néron* qui paraît en 1782 sous le titre *Essai sur les règnes de Claude et de Néron et sur les mœurs et les écrits de Sénèque, pour servir d'introduction à la lecture de ce philosophe* témoigne de cette interprétation matérialiste et athée de la philosophie du sage romain. Diderot en fait aussi un manifeste politique où le despotisme a certes la première place mais le philosophe le juste mot de la fin (I, 1251) !

Ainsi s'affirmait la vérité de la parole du philosophe, deux ans auparavant, contre le fétichisme religieux, au chapitre 14 du Livre XIX des *Contributions à l'Histoire des deux Indes* : « S'il y a une morale universelle, elle ne peut être l'effet d'une cause particulière. Elle a été la même dans les temps passés, elle sera la même dans les siècles à venir; elle ne peut donc avoir pour base les opinions religieuses, qui, depuis l'origine du monde et d'un pôle à l'autre, ont toujours varié » (III, 628). Ce sont ces opinions religieuses qui font le lit du despotisme car les ministres de toutes les religions se sont assuré au nom du ciel le gouvernement arbitraire de la terre.

En 1762, revenant à ses *Pensées philosophiques* de 1745, Diderot rédige une *Addition* inspirée par la lecture d'un manuscrit clandestin : *Objections diverses contre les récits de différents théologiens*. C'est l'occasion de se solidariser avec ceux de ses contemporains qui se battent contre l'intolérance en luttant contre « l'infâme » [1] et de manifester un anticléricalisme radical, à la manière par exemple de la huitième pensée de cette *Addition* : « Égaré dans une forêt immense pendant la nuit, je n'ai qu'une petite lumière pour me conduire. Survient un inconnu qui me dit : "Mon ami, souffle ta bougie pour mieux trouver ton chemin". Cet inconnu est un théologien » (I, 42).

Dans cette perspective, loin de l'instrumentalisation du « despotisme oriental », Diderot occupe une place singulière dans le conflit qui, au temps des Lumières, mit aux prises « bédouinophilie » et « bédouinophobie ». En effet, si les sympathies de Diderot vont aux Arabes d'avant l'Islam et aux Bédouins qui vivent hors des villes, c'est la conséquence de la radicalité de cette critique irréligieuse[2]. C'est que sa lecture de d'Herbelot, Bayle et Voltaire, des dictionnaires et récits de voyage qu'il a parcourus, lui ont donné un portrait de tolérance, c'est-à-dire d'indifférence aux dogmes et

1. Cette même année 1762, Voltaire, dont l'action militante pour les Calas est bien connue, publie l'*Extrait des Sentiments de Jean Meslier* et s'expose ainsi aux persécutions au même titre que d'Holbach avec son *Christianisme dévoilé* de 1756.

2. C'est ce dont témoignent les articles « Bramines » et « Irréligieux » de l'*Encyclopédie* (respectivement t. II, p. 393 et VIII, p. 909).

aux rites, voire d'irréligion. Indifférence aussi aux lois car le patriarche ou le chef met sous les yeux de tous des modèles de conduites vertueuses à imiter. Dans la *Réfutation d'Helvétius*, les Arabes du grand désert pourraient bien être ceux qui donneraient aux Lumières une leçon de philosophie politique car ils incarnent l'état de mœurs et non l'état de lois : « Les législateurs anciens n'ont connu que l'état sauvage. Un législateur moderne plus éclairé qu'eux, qui fonderait une colonie dans quelque recoin éloigné de la terre, trouverait peut-être entre l'état sauvage et notre merveilleux état policé un milieu qui retarderait les progrès de l'enfant de Prométhée, qui le garantirait du vautour et qui fixerait l'homme civilisé entre l'enfance du sauvage et notre décrépitude » (I, 903). Face aux trois codes que l'histoire de l'humanité a construits et qui ont déjà été évoqués ici – code naturel, code civil, code religieux – la version matérialiste de la perfectibilité [1] en appelle à une refondation des conduites et des mœurs dans le code naturel que Diderot associe volontiers aux Bédouins dans l'article qu'il rédige pour l'*Encyclopédie* : « Ils sont Mahométans, ils n'en traitent pas plus mal les Chrétiens. Ils sont naturellement graves, sérieux et modestes. Ils font bon accueil à l'étranger; ils parlent peu, ne médisent point et ne rient jamais; ils vivent en grande union. [...] À juger de ces peuples sur ce qu'on nous en raconte, il est à présumer que n'ayant ni médecins ni jurisconsultes, ils n'ont guère d'autres lois que celles de l'équité naturelle, et guère d'autres maladies que la vieillesse » (*Enc.* II, 189). Conception heureuse de la perfectibilité fondée en nature – et nature entendue au sens physique et physiologique – sur laquelle Diderot s'interrogeait avec inquiétude dans la *Réfutation d'Helvétius* : « Je crois qu'il y a un terme dans la civilisation, un terme plus conforme à la félicité de l'homme en général, et bien moins éloigné de la condition sauvage qu'on l'imagine; mais comment y revenir quand on s'en est écarté, comment y rester quand on y serait? Je l'ignore. Hélas! L'état social s'est peut-être acheminé à cette perfection funeste dont nous jouissons, presque aussi nécessairement que les cheveux blancs nous couronnent dans la vieillesse » (I, 903). Il faut donc une réforme qui soumette d'abord le « code religieux » aux deux autres, en fait qui le supprime. C'est alors le législateur et le politique qui doivent prendre acte du rôle de l'athéisme dans leur programme et leur action.

1. Cette « version matérialiste » se rencontre par exemple dans les articles « Animal », « Éclectisme », « Espèce humaine », « Modification », « Perfectionner » de l'*Encyclopédie* et dans le chapitre « Homme » des *Éléments de physiologie*.

CONSÉQUENCES POLITIQUES DE L'ATHÉISME

L'imposture

Dans son *Diderot*, Wilson mentionne une observation probablement écrite par Diderot dans l'article « Théologien » de l'*Encyclopédie* et supprimée dans les épreuves par son imprimeur-libraire Le Breton : « Il est honteux que les Philosophes soient souvent en droit de faire des leçons de tolérance et d'humanité aux Théologiens. Il est honteux que ces hommes dont la science est pleine de difficultés, de mystères et d'incompréhensibilités et qui sont d'accord que, sans une grâce spéciale de Dieu, on n'a point de foi à ce qu'ils enseignent, ayent employé le feu et le fer, et les employassent encore aujourd'hui, si le souverain les laissait faire »[1]. L'article « Imposture » de l'Encyclopédie lui fait écho : « Toutes les manières possibles dont on abuse de la confiance ou de l'imbécillité des hommes sont autant d'*impostures*. Mais le vrai champ et sujet de l'*imposture* sont les choses inconnues. L'étrangeté des choses leur donne crédit. Moins elles sont sujettes à nos discours ordinaires, moins on a le moyen de les combattre » (*Enc.* VIII, 600).

La confrontation de ces deux textes permet d'éclairer certains aspects de la conception diderotienne du droit, en particulier la radicalité de l'exclusion du droit divin, droit illégitime parce que, loin de se réclamer d'un consensus rationnel, il puise sa force dans l'ignorance de sujets abrutis par la superstition. Ainsi, selon la troisième édition de l'*Histoire des deux Indes*, « la plus cruelle et la plus immorale des législations » (III, 613) est la théocratie ou le despotisme sacré, dont les législateurs « ont fait descendre du ciel le droit de commander » (*ibid.*) et où « l'homme orgueilleux, malfaisant, intéressé, vicieux avec impunité commande à l'homme de la part de Dieu ; où il n'y a de juste que ce qui lui plait, d'injuste que ce qui lui déplait, ou à l'Etre Suprême avec lequel il est en commerce et qu'il fait parler au gré de ses passions » (*ibid.*).

Dès son premier article politique pour l'*Encyclopédie* (« Autorité politique », tome I, 898), Diderot fait de la liberté un *droit* et un droit *naturel*. C'est dans la sociabilité naturelle des hommes et non dans une origine divine qu'il convient de fonder la souveraineté du législateur dans la seule *représentation* du peuple qui l'a délégué : « Aucun homme n'a reçu de la nature le droit de commander aux autres. La liberté est un présent du ciel, et chaque individu de la même espèce a le droit d'en jouir aussitôt qu'il

1. A. M. Wilson, *Diderot*, trad. fr. G. Chahine, A. Lorenceau et A. Villelaur, Paris, Laffont-Ramsay, 1985, p. 395.

jouit de la raison. Si la nature a établi quelque autorité, c'est la puissance paternelle » (*Enc.* I, 898). De ce fait, dans le sillage des thèses de Bayle, un Etat d'athées, sans Eglise établie, peut très bien exister sans pour autant être amoral ; l'ordre public y trouverait sa plus haute garantie dans la liberté et la justice.

Morale et politique

Dès lors que la morale ne peut plus invoquer un principe transcendant, elle s'inscrit dans une perspective matérialiste qui rapporte son fondement à un principe physique. C'est ce que Diderot affirme en 1774 au chapitre 14 du Livre XIX de l'*Histoire des deux Indes* : « Au tribunal de la philosophie et de la raison, la morale est une science dont l'objet est la conservation et le bonheur commun de l'espèce humaine. C'est à ce double but que ses règles doivent se rapporter. Leur principe physique, constant et éternel, est dans l'homme même, dans la similitude d'organisation d'un homme à un autre. [...] Voilà la source de tous les pactes individuels et de toutes les lois » (III, 629). Il s'agit alors d'affronter une double difficulté à laquelle Diderot se heurte tout au long de son œuvre et qu'il ne pourra jamais vraiment résoudre, celle de la relation entre bonheur et vertu et celle de la relation entre bonheur et politique. La lettre à Sophie Volland du 26 octobre 1760 en mesure l'ampleur : « J'ai défié le baron de me trouver dans l'histoire un scélérat, si parfaitement heureux qu'il ait été, dont la vie ne m'offrît les plus fortes présomptions d'un malheur proportionné à sa méchanceté; et un homme de bien, si parfaitement malheureux qu'il ait été, dont la vie ne m'offrît les plus fortes présomptions d'un bonheur proportionné à sa bonté. Chère amie, la belle tâche que l'histoire inconnue et secrète de ces deux hommes ! Si je la remplissais à mon gré, la grande question du bonheur et de la vertu serait bien avancée. Il faudra voir » (V, 285).

Il faudra voir ... Il faudra reconnaître l'incertitude de cette « grande question ». La *Lettre à Landois* témoigne de l'obstination de son auteur à proposer l'idée d'une morale universelle qui concilie le bonheur et la vertu. Certes, « Tout ce que nous faisons c'est pour nous. Nous avons l'air de nous sacrifier lorsque nous faisons que nous satisfaire » (V, 55) mais ce que je fais pour mon intérêt propre sert tout autant l'intérêt et le bonheur d'autrui et assure le règne de la justice dans la collectivité. Ainsi, la vertu et le bonheur ne font qu'un et la morale et la politique sont une seule législation. En cette même année 1756, le second des *Entretiens sur le fils naturel* reprend l'argument destiné à Landois dans la *Lettre* évoquée ci-dessus : « L'homme le plus heureux est celui qui fait le bonheur d'un plus grand nombre d'autres » (IV, 1159). Quelques années plus tard, Rameau le neveu semble acquiescer : « On loue la vertu, mais on la hait ; mais on la fuit ; [...] pourquoi voyons-nous si fréquemment les dévots si durs, si fâcheux, si insociables ? C'est qu'ils se sont imposé une tâche qui ne leur est pas naturelle. Ils souffrent, et quand on souffre, on fait souffrir les autres » (II, 651). De nouveau, l'imposture. Mais le neveu ne va pas moins contribuer à ébranler la belle certitude de cette alliance entre bonheur et vertu, morale et politique, en proclamant l'incertitude du caractère absolu et universel des notions morales et de la conception du bonheur.

L'article « Épicuréisme » de l'*Encyclopédie* permet à Diderot de montrer que la troisième étape d'une réflexion sur la « science morale » se doit d'insister sur l'essentiel, la mise en pratique des idées ; sur ce point, nul ne peut nier l'écart entre « la vérité dans vos raisonnements » et « la sagesse dans vos actions », entre la théorie et la pratique (*Enc.* V, 779). Le commentaire du traité *De la vie heureuse* de Sénèque, au chapitre 67 du second livre de l'*Essai sur les règnes de Claude et de Néron* confirme cet écart : « Il n'y a pas de science plus évidente et plus simple que la morale pour l'ignorant ; il n'y en a pas de plus épineuse et de plus obscure pour le savant » (I, 1190).

Outre le caractère complexe des idées morales et le jugement indécidable sur le rôle respectif de l'inné et de l'acquis, l'incertitude en cette matière relève en premier lieu de la problématique de la relation entre la sensation, la pensée et le mot. La liaison distendue et arbitraire entre ces trois niveaux n'est pas étrangère aux abus de pouvoir : ceux qui le détiennent inventent des termes dont la relativité leur permet de profiter de leur situation sociale en exploitant les signes. Diderot rédige pour l'*Encyclopédie* plusieurs articles qui font le lien entre ce dispositif linguistique et la distorsion entre théorie et pratique[1] : les articles « Inconséquence », « Cas de conscience », « Conduite », « Constance » « Contradiction » (*Enc.* VIII, 654 ; II, 738 ; III, 844 ; IV, 58 ; IV, 119) mettent l'accent sur la disjonction entre l'acte de la réflexion (« idée »), l'acte de l'énonciation (« discours ») et la pratique (« l'action »). Comment échapper au solipsisme et retrouver le lien entre morale et politique si l'on tente de remédier à cette incertitude[2] ?

1. Sur cette question, on peut se reporter dans le présent essai au chapitre premier de la deuxième partie : *Un monstre littéraire* ?

2. Je me réfère ici à l'article de R. Rey, « La morale introuvable » dans *Autour du Neveu de Rameau de Diderot*, études réunies par A.M. Chouillet, Paris, Champion, 1991, p. 59-87 et aux remarques d'O. Penke sur l'article « Bassesse » de l'*Encyclopédie* dans son étude sur « L'incertitude des notions morales dans l'*Encyclopédie* et *Le Neveu de Rameau* », *Recherches sur Diderot et sur l'*Encyclopédie, n° 21, octobre 1996.

Les *Observations sur le Nakaz*, en 1774, ouvrent la voie à une identification, sinon à une possible résolution, de cette redoutable difficulté : « Il est évident que dans une société bien ordonnée le méchant ne peut nuire à la société sans se nuire à lui-même. Le méchant sait cela : mais ce qu'il sait encore mieux, c'est qu'il gagne plus comme méchant qu'il ne perd comme membre de la société à laquelle il nuit. [...] Le grand problème à résoudre, ce serait que le mal que l'on fait à la société fût toujours moindre que celui qu'on se ferait à soi-même » (III, 513). Dès lors que ni l'idée du corps social ni celle du mal ne requièrent la référence au divin pour y inscrire leur principe ou leur fondement, seule la liberté *naturelle* peut s'employer à tisser les liens et les rencontres des hommes dans l'ordre politique. L'alliance entre le bonheur moral des uns et le bonheur politique de tous en appelle donc à la *justice* plus qu'à la vertu. Objet constant de la réunion des hommes par leur intérêt commun, elle tend à rendre possible la construction d'un Tout à partir des rencontres. Quelle conception de la politique exige une telle modalité de l'alliance ?

CHAPITRE III

POUR UNE POLITIQUE DE LA « BARBARIE »

Il n'y a certainement eu primitivement
aucune sorte de convention [1].

LA RENCONTRE DES HOMMES DANS LE CORPS SOCIAL

L'évocation de *La Promenade du sceptique* a déjà attiré notre attention sur la présence du politique dans la pensée de Diderot ; loin de se réfugier dans les seuls textes indexés comme tels, elle est partout. Ariste ne saurait être plus clair, comme on sait, face à Cléobule : « J'ai beau considérer les objets qui m'environnent, je n'en aperçois que deux qui méritent mon attention, et ce sont précisément les seuls dont vous me défendez de parler. Imposez-moi silence sur la religion et le gouvernement, et je n'aurai plus rien à dire (I, 76). Rien d'étonnant à cela : de l'article « Autorité politique » de l'*Encyclopédie* aux *Observations sur le Nakaz* et aux *Contributions à l'Histoire des deux Indes*, l'inscription de l'interrogation politique de Diderot dans son matérialisme « aléatoire » en épouse les paradoxes et les tensions : peut-on, et comment, concevoir un mode de synthèse entre l'individualité – elle-même tendue entre les déterminations de l'organisation physiologique et l'énergie de la liberté – et le lien social – lui-même tendu entre la détermination de l'espèce biologique et l'aspiration au bonheur d'un peuple libre ?

Face à ce redoutable labyrinthe, la réflexion diderotienne sur la rencontre sociale des hommes se construit par héritage de textes lus ou reçus de seconde main, suscitant influence critique ou réaction et rejet. On y

1. *Observations sur le Nakaz*, article 72, III, p. 544.

entend l'écho de sentences d'Héraclite, des œuvres de Platon, d'Aristote, des traditions épicurienne et stoïcienne, des jusnaturalistes et de Hobbes, de Rousseau à qui est confié l'article « Économie politique » de l'*Encyclopédie*, de Shaftesbury, des physiocrates et de Montesquieu ... La construction du corps social doit remplir une difficile fonction d'équilibre entre la bienveillance de la sociabilité naturelle et l'utilitarisme de la sociabilité de l'intérêt réciproque.

L'origine des sociétés

Il est vrai que les articles politiques les plus riches de l'*Encyclopédie* ne sont pas signés de Diderot ; c'est qu'il a abordé les notions politiques dans des articles non politiques dont le caractère souvent très subversif a été assuré par le système des renvois.

Une théorie de l'origine des sociétés est esquissée dans l'article « Agriculture » : « L'agriculture naquit avec les lois & la société ; elle est contemporaine de la division des terres. Les fruits de la terre furent la première richesse : les hommes n'en connurent point d'autres, tant qu'ils furent plus jaloux d'augmenter leur félicité dans le coin de terre qu'ils occupoient, que de se transplanter en différens endroits pour s'instruire du bonheur ou du malheur des autres : mais aussitôt que l'esprit de conquête eut agrandi les sociétés & enfanté le luxe, le commerce, & toutes les autres marques éclatantes de la grandeur & de la méchanceté des peuples ; les métaux devinrent la représentation de la richesse, l'agriculture perdit de ses premiers honneurs ; & les travaux de la campagne abandonnés à des hommes subalternes, ne conserverent leur ancienne dignité que dans les chants des Poëtes » (*Enc.* I, 183). Ce point d'articulation entre l'âge de l'agriculture et l'âge de l'origine est celui par lequel Diderot apostrophe Rousseau dans sa *Réfutation d'Helvétius* : « Si Rousseau, au lieu de nous prêcher le retour dans la forêt, s'était occupé à imaginer une société moitié policée et moitié sauvage, on aurait eu, je crois, bien de la peine à lui répondre » (I, 903). Et nous voilà fort loin d'une adhésion à deux hypothèses antagoniques sur la formation des sociétés.

En effet, bien longtemps après le premier tome de l'*Encyclopédie*, en 1773, le chapitre XXVIII des *Mélanges pour Catherine II*, tout en ridiculisant les rêves d'origine de ces « oiseaux qui s'engraissent dans le brouillard et qu'on appelle métaphysiciens » (III, 311), propose à son tour son rêve d'origine qui semble faire crédit au mécanisme : « Ces belles machines appelées sociétés se sont multipliées et pressées et le choc n'a plus été d'un ressort contre un ressort, mais d'une, de deux, de trois belles machines, les unes contre les autres, et dans cette collision épouvantable, il est resté plus de ressorts brisés en une seule journée, qu'il n'y en aurait eu dans mille ans de l'état de nature sauvage et isolée » (*ibid.*). Mais quelques pages plus loin le modèle mécaniste est déjà dénoncé puis définitivement abandonné dans les *Observations sur le Nakaz* qui rapportent l'origine de la rencontre des hommes à l'instinct selon l'article 72 cité ici en exergue. Et Diderot de préciser dans l'article qui suit : « Les chiens sauvages s'associent et chassent de compagnie ; les renards s'associent et chassent de compagnie. L'homme isolé n'aurait pu veiller dans la cabane, préparer les aliments, chasser, combattre les bêtes, garder ses troupeaux etc. Cinq hommes font et font bien toutes ces choses » (III, 544). Ainsi sont renvoyées dos à dos les deux hypothèses alors classiques sur la formation des sociétés, dont Rousseau et Hobbes étaient les plus célèbres représentants. Si Diderot ne souscrit ni à l'une ni à l'autre, c'est qu'il n'hésite pas à donner un sens politique à l'anti-spécisme et à la pulsion sexuelle qui soulèvent le problème du « machinal » plus que celui du « mécanique ».

Sexualité et anti-spécisme

Quel ordre social faut-il envisager pour donner droit de cité à la question qui brûle les lèvres de Julie de Lespinasse – femme-philosophe, elle-même peut-être hybride ? – à l'adresse du personnage du médecin Bordeu : « Une question qui m'a cent fois passé par la tête et que je n'oserais faire qu'à vous : que pensez-vous du mélange des espèces » (I, 669) ? D'autant que nous sommes avertis par ailleurs, dans la Réfutation d'Helvétius, « qu'il est bien difficile de faire de la bonne métaphysique et de la bonne morale sans être anatomiste, naturaliste, physiologiste et médecin » (I, 813). De même, quel ordre politique peut donner sens à cette remarque de l'article « Animal » de l'*Encyclopédie* où le texte des chapitres 1 et 2 du tome I de l'*Histoire naturelle* de Buffon est repris et détourné à la fois par les incises de Diderot : « On conçoit bien que toutes ces vérités s'obscurcissent sur les limites des règnes et qu'on aurait bien de la peine à les apercevoir distinctement sur le passage du minéral au végétal et du végétal à l'animal [...]. L'observateur est forcé de passer d'un individu à un autre : mais l'historien de la nature est contraint de l'embrasser par grandes masses ; et ces masses il les coupe dans les endroits de la chaîne où les nuances lui paraissent trancher le plus vivement ; et il se garde bien d'imaginer que ces divisions soient l'ouvrage de la nature » (*Enc.* I, 471).

Cette approche du politique risquée par le directeur de l'*Encyclopédie*, sur le fond de son naturalisme matérialiste tolérant à « l'enchaînure » des hommes et des animaux, est sans doute l'effet d'un atomisme généralisé, où les molécules elles-mêmes et leurs assemblages sont conçus sur le modèle de l'organisation animale. La « poétique » des chèvre-pieds dans le dernier Entretien du *Rêve* étend le modèle de l'animal à l'ordre politique, au sens de l'article 72 des *Observations sur le Nakaz*, déjà évoqué deux fois ici : « Les hommes se sont réunis en société par instinct, comme les animaux faibles se mettent en troupeaux » (III, 544). En substituant au despotisme éclairé, aux théories du contrat, au principe de la volonté générale et à l'économie de l'intérêt une philosophie du désir, la convocation des animaux, de l'animal et l'irruption des faunes hors du domaine réservé de la mythologie, sollicitent la double médiation politique peut-être inattendue de l'alimentation et de la sexualité.

La fabrication des chèvre-pieds se donne d'emblée comme plus qu'une simple expérience de pensée. Le personnage de Bordeu présente d'entrée de jeu cette entreprise non pas comme une allégorie mais comme le point d'appui d'une réflexion sur l'indissociabilité entre une histoire des animaux et la question du politique. Il faut donc rétablir le lien entre ces deux questions pour penser autrement le lien social et le réformer. C'est que malgré cet « air de folie » auquel Diderot souscrit à propos des problèmes les plus graves dans une lettre à Sophie Volland du 31 août 1769 – il s'agit de la sagesse politique – cette poétique des chèvre-pieds n'en est pas moins au rang supérieur de l'échelle des valeurs des comportements sexuels, rappelée ici par référence à Horace. Dans son *Art poétique*, le poète souvent cité par Diderot traite avec mépris le comportement sexuel ni utile ni agréable (la continence), accorde un peu plus de considération à celui qui est au moins agréable et quelquefois utile (la manustupration, à laquelle l'*Encyclopédie* consacre un article sous la plume de Jaucourt, au tome X, p. 51-54); l'acte sexuel non productif et agréable quel que soit le sexe a davantage égard à la nature des choses; enfin, l'acte sexuel utile à la science (le mélange des espèces) et l'acte sexuel reproductif sont au sommet de cette hiérarchie hédoniste[1]. En ce qui concerne la génération des chèvre-pieds, l'acte sexuel est à la fois agréable aux individus et utile à la société; comparée aux autres pratiques sexuelles, cette poétique relève bien de l'ordre du meilleur dans ce domaine !

Il suffira de faire prendre souvent du lait de chèvre à un homme et du pain à une chèvre et Julie de Lespinasse pourra feindre de s'indigner de cette production bouffonne « d'insolents chèvre-pieds » qui « multiplieront sans fin » et seront d'« effrénés dissolus » (I, 675). Dans les articles « Indissoluble », « Inconstance » et « Indistinct » de l'*Encyclopédie* (VIII,

1. Horace, *Art poétique*, vers 343 *sq.*, dans *Œuvres Complètes*, trad. fr. J.N.M. De Guerle, 1858, p. 361.

respectivement p. 684, 654 et 684) Diderot s'entend à brouiller les frontières et à affirmer le mélange de ce que l'on croit séparé. Il souligne cette impossibilité de tracer des limites, des frontières ou des divisions et fait admettre aisément que nos chèvre-pieds, entre autres possibilités vivantes, résultent de la curiosité technologique qui nous incite à prolonger la nature par l'art. *Jacques le Fataliste* et le *Supplément au Voyage de Bougainville* tournent en ridicule tous les engagements éternels dans un monde où tout change et se mélange : « Les premiers serments que se firent deux êtres de chair, ce fut au pied d'un rocher qui tombait en poussière ; ils attestèrent de leur constance un ciel qui n'est pas un instant le même. Tout passait en eux et autour d'eux, et ils croyaient leur cœur affranchi de ces vicissitudes. Ô enfants ! Toujours enfants ! » (II, 594. On trouve un texte voisin dans le *Supplément*, II, 525). Ainsi, dans la ménagerie de Diderot, cyclopes, siamois, hermaphrodites, abeilles, araignées, polypes humains, chèvre-pieds relèvent d'un mode de production proche des posthumains de notre anthropotechnie. Les « bistouris génétiques » [1] dessinent des formes inédites dans les traces des ciseaux de Julie de Lespinasse, taillant et retaillant dans l'essaim d'abeilles jusqu'à le réduire à un polype. Autour d'elle, les personnages du *Rêve* de Diderot héritent d'une longue tradition matérialiste dont déjà Montaigne s'était fait le devancier : « La raison m'a instruit que de condamner ainsi résolument une chose pour fausse ou impossible, c'est se donner l'avantage d'avoir dans la tête les bornes et les limites de la volonté de Dieu et de la puissance de notre mère nature [...]. Si nous appelons monstres ou miracles ce où notre raison ne peut aller, combien s'en présente-t-il continuellement à notre vue ? » [2].

Ainsi, Diderot, pour avoir fait fond sur une liquidation radicale de tout finalisme, s'installe dans le refus de fixer l'idée d'une espèce ou celle d'un individu. On ne s'étonnera donc pas qu'il ait réagi aux nombreux procès intentés à des hermaphrodites pour avoir profané le sacrement de mariage, en référant le schème de l'hybridation généralisée à tous les corps. Il délègue à Julie une affirmation doublement transgressive : « Si je vous ai bien compris, dit Julie à Bordeu, ceux qui nient la possibilité d'un sixième sens, un véritable hermaphrodite, sont des étourdis » (I, 641). Ainsi est banni le jugement d'un goût pervers attaché à l'hermaphrodisme au moins depuis le mythe de Salmacis dans *Les Métamorphoses* d'Ovide [3].

1. F. Gros, *L'ingénierie du vivant*, Paris, Odile Jacob, 1990.

2. Montaigne, *Essais*, « Bibliothèque de la Pléiade », Paris, Gallimard, 1962, I, 27, p. 178 : « C'est folie de rapporter le vrai et le faux à notre suffisance ».

3. Ovide, *Les Métamorphoses*, IV. Dans son cours du 22 janvier 1975, repris dans *Les Anormaux*, Paris, Gallimard-Seuil, 1999, Michel Foucault s'interroge sur l'ambiguïté de la

Si Diderot et Maupertuis se font artistes en biotechnologies en nous invitant à ouvrir les portes de leur ménagerie zoologique et tératogénique, c'est que la nature les y engage en provoquant d'elle-même ces « alliances bizarres d'où résultent fréquemment des monstres » comme au bord de ces fleuves d'Afrique où la soif rassemble une grande diversité d'espèces animales[1]. Le projet de la réalisation effective de ces monstruosités « forcées » n'engendre ni émerveillement béat, ni peur, ni appel solennel à la responsabilité morale, ni demande d'un contrôle scientifique ou éthico-politique. Pourquoi ? parce que cette ménagerie où se croisent toutes les espèces naturelles niant ainsi leur caractère classique d'espèce, témoigne d'une perspective qui inverse les termes de la problématique dans laquelle notre modernité nous a installés. Nous sommes accoutumés à considérer que l'instance intentionnelle et volontaire qui présiderait aux sciences et techniques de la fabrique du vivant est la même que celle qui se donne le droit, sinon le devoir, de *contrôler* cette fabrique et d'en marquer les limites. L'interrogation que Diderot nous impose met en cause le sol natal de cette vigie et de sa légitimité, capable de l'investir d'une telle autorité.

Car il reste que, de ces chèvre-pieds, pour revenir au troisième Entretien du *Rêve*, nous tirerions « une race vigoureuse, intelligente, infatigable et véloce, dont nous ferions d'excellents domestiques » (I, 675). La place de l'homme dans la nature, la question de savoir s'il y a des variétés humaines et ce que peuvent nous apprendre les animaux sur l'ordre politique, tout cela est en jeu dans l'ambiguïté et l'humour qui ponctuent l'énumération des vertus de cette nouvelle « race ».

Les ennemis du Philosophe et les défenseurs français du christianisme, comme Barruel[2] et le janséniste Chaumeix[3] ne s'y sont pas trompés. Ils ont clairement vu que l'article « Animal » de l'*Encyclopédie* était bien

relation entre statut juridique et naturalisation de l'hermaphrodisme à l'âge classique. L. Brisson s'y intéresse dans le contexte de normalisation de la vie sexuelle dans son ouvrage *Le sexe incertain, androgynie et hermaphrodisme dans l'Antiquité gréco-romaine*, Paris, Les Belles Lettres, 1997. Sur ce problème au XVIIIe siècle, on peut aussi consulter P. Graille, *Les hermaphrodites aux XVIIe et XVIIIe siècles*, Paris, Les Belles Lettres, 2001 et l'article d'A. Suratteau « Les hermaphrodites de Diderot » dans *Diderot et la question de la forme*, A. Ibrahim (dir.), Paris, P.U.F., 1999, p. 105-139.

1. Maupertuis, *Lettre sur le progrès des sciences*, Paris, Aubier Montaigne, 1980, p. 167, note 43.

2. Barruel tourne Diderot en dérision dans son roman *Les Helviennes ou Lettres provinciales philosophiques*, cinq volumes entre 1781 et 1788, Amsterdam et Paris, t. III, p. 71.

3. Chaumeix, *Préjugés légitimes contre l'*Encyclopédie *et essai de réfutation de ce dictionnaire avec un examen critique du livre* De l'Esprit, Bruxelles-Paris, Hérissant, 8 volumes, 1758-1759, t. I, p. 225-226.

davantage une poudrière politique qu'une rubrique zoologique dès lors qu'il affirme la sensibilité universelle de la matière et le déterminisme des actions humaines. Chaumeix s'attaque en particulier à ce passage de l'article où Diderot corrige Buffon en ces termes : « L'homme lui-même ne perd-il pas quelquefois le sentiment, sans cesser de vivre ou d'être un animal ? Alors le pouls bat, la circulation du sang s'exécute, toutes les fonctions animales se font; mais l'homme ne *sent* ni lui-même, ni les autres êtres : qu'est-ce alors que l'homme ? Si dans cet état il est toujours un *animal*, qui nous a dit qu'il n'y en a pas de cette espèce sur le passage du végétal le plus parfait à l'animal le plus stupide ? Qui nous a dit que ce passage n'était pas rempli d'êtres plus ou moins léthargiques, plus ou moins profondément assoupis; en sorte que la seule différence qu'il y aurait entre cette classe et la classe des animaux tels que nous, est qu'ils dorment et que nous veillons » (*Enc.* I, 471).

L'indissociabilité des questions de politique et de celles de l'histoire naturelle place le chèvre-pied aux côtés de l'orang-outang en matière de lien social, cet « homme singe » évoqué au début du chapitre « Homme » des *Éléments de physiologie* : « L'intermédiaire entre l'homme et les animaux, c'est le singe. J'ai vu un homme singe : il ne pensait pas plus que le singe, il imitait comme le singe, il était malfaisant comme le singe, il ne parlait point mais il jetait des cris comme le singe; il s'agitait sans cesse comme le singe; il était décousu dans ses idées comme le singe; il se fâchait, il s'apaisait, il était sans pudeur comme le singe »[1]. Evoquant, dans *Le Rêve* (I, 675) l'anecdote du Cardinal de Polignac troublé par l'apparence humaine d'un orang-outang susceptible d'inaugurer un baptême inédit au Jardin du Roi, Diderot, à l'instar de La Mettrie qui n'hésite pas à identifier ces animaux comme des « hommes sauvages » ou des satyres[2], fidèle à la « Nomenclature des singes » de l'*Histoire Naturelle* de Buffon[3], persiste et signe : le brouillage des frontières entre espèces vivantes ne permet pas de fonder en rigueur la domination et l'instrumentalisation de la nature physique et vivante. D'où la nécessité d'affirmer malgré tout aussi une égalité entre les hommes et de prôner la réorganisation du lien social selon le code de la nature et selon l'adage des *Éléments de physiologie* : « Il n'y a qu'une vertu, la justice; qu'un devoir, de se rendre heureux; qu'un corollaire, de ne pas se surfaire de la vie et de ne pas craindre la mort »[4], car

1. *Éléments de physiologie*, éd. cit., p. 142.

2. La Mettrie, *Traité de l'âme*, dans *Œuvres philosophiques*, F. Markovits (éd.), 2 volumes, Paris, Fayard, 1987, t. I, chap. XV, p. 237.

3. *Histoire naturelle*, éd. cit., volume XIV, p. 1-43.

4. *Éléments de physiologie*, éd. cit., p. 362.

cela répond, selon l'article « Droit naturel » de l'*Encyclopédie* au « désir commun de l'espèce entière » (*Enc*. V, 116).

Telle est la leçon politique des animaux et de l'animal : elle nous enjoint non seulement de repenser le lien social mais de nous défier de toute assurance quant au concept même du politique, à ce point de vue d'un homme aveuglé par la croyance d'être seul titulaire du politique du fait de sa position prétendument privilégiée dans la chaîne des vivants.

Des orangs-outans aux chèvre-pieds, la possibilité illimitée des combinaisons vivantes opère un décentrement vertigineux de la place de l'homme dans l'univers, qui brouille la représentation du politique telle qu'on l'entendait communément du temps de Diderot et que nous l'entendons sans doute encore aujourd'hui.

La société est un corps

Dans *Le Rêve*, Julie et Bordeu s'entretiennent des relations entre le système nerveux central et le système nerveux périphérique ; dans leur vocabulaire, il s'agit de se faire une idée de la relation entre « l'origine du faisceau » et ses « ramifications » ou « brins ». Cette réflexion biologique n'est cependant pas sans signification politique. Le personnage de Bordeu remarque : « Le système entier lâche, mou, sans énergie ? De là les imbéciles. Le système entier énergique, bien d'accord, bien ordonné ? De là les bons penseurs, les philosophes, les sages » (I, 659). Julie précise ces effets de l'organisation du « système » organique qui permettent d'expliquer la diversification de l'instinct. Cependant, si le corps est un « système », il faut déterminer jusqu'à quel point la métaphore organique peut rendre compte du lien social.

Usage et limites de la métaphore organique

L'essaim d'abeilles, l'araignée, le clavecin-philosophe et autres métaphores biologiques du *Rêve* ont sans conteste un contenu implicite d'ordre politique. Par exemple, l'animal est dominant ou dominé selon que l'origine du faisceau commande aux ramifications ou leur est soumise. Le vocabulaire de Julie est sans équivoque : « Et l'animal est sous le despotisme ou sous l'anarchie » (I, 654). L'alternative politique s'en fait aisément l'écho, comme dans cette lettre à Sophie du 14-15 octobre 1760 : « Lorsque le législateur publie une loi, qu'en arrive-t-il ? Il donne lieu à cinquante méchants de l'enfreindre et à dix honnêtes gens de l'observer. Les dix honnêtes gens en sont un peu meilleurs, les cinquante méchants un peu plus méchants et l'espèce humaine en mérite un peu plus de blâme et d'éloge. Donner des mœurs à un peuple, c'est augmenter son énergie pour le bien et pour le mal; c'est l'encourager, s'il est permis de parler ainsi, aux grands crimes et aux grandes vertus. Il ne se fait aucune action forte chez un peuple faible. Un Sybarite est également incapable d'assassiner son voisin et d'emporter sa maîtresse au travers de la flamme » (V, 255). Tel est le gain spéculatif de la métaphore organique appliquée au corps social : indiquer le mode d'association de ce corps et les deux dispositifs politiques susceptibles de l'organiser, servitude ou domination. Mais à quelle conception du corps cette métaphore fait-elle référence ?

Selon l'*Encyclopédie*, le fonctionnement des arts mécaniques est assuré par un « corps » conçu comme la réunion de toutes sortes d'artisans et d'ouvriers qui forment une « communauté » (*Enc.*, article « Corps », IV, 268). Le célèbre article « Bas », déjà cité ici, décrit le métier à faire des bas comme une machine qui imite aussi bien les rouages de l'être vivant que la complexité des rapports sociaux dont elle est le produit (*Enc.* XV, 105). Mais nous avons vu, à propos de la question de l'origine des sociétés, de quel risque et de quel excès de puissance et d'aveuglement la métaphore mécaniste peut être l'enjeu. Il est d'ailleurs remarquable que la métaphore organique semble ne se prêter qu'à une vision hiérarchique des rapports entre les parties d'un corps, esclavage ou despotisme. Or, si les hommes sont par nature organiquement liés, porteurs d'un germe de sociabilité, alors, comme le dit le chapitre III du livre XIX de l'*Histoire des deux Indes*, « ils auraient voulu se séparer qu'ils ne l'auraient pas pu » (III, 634). Ils auraient *voulu* ... Mais ce vouloir est toujours relatif ici à la volonté générale, c'est-à-dire « au désir commun de l'espèce entière » selon le paragraphe IX, 7 de l'article « Droit naturel » (*Enc.* V, 115). Le souvenir du *Léviathan* et l'influence des sciences de la vie assignent donc une redéfinition et une limite à la métaphore organique. Ainsi pourra-t-on substituer à la métaphore de la toile d'araignée celle de l'essaim d'abeilles et préférer le laisser-faire à l'avilissement despotique. Les *Observations sur le Nakaz* s'ouvrent sur la raison profonde de la détermination des limites à l'usage de la métaphore du corps social : la liberté. « Il n'y a point de vrai souverain que la nation; il ne peut y avoir de vrai législateur que le peuple; il est rare qu'un peuple se soumette sincèrement à des lois qu'on lui impose; il les aimera, les respectera, il y obéira, il les défendra comme son propre ouvrage, s'il en est lui-même l'auteur. [...] Malheur au souverain qui méprisera la loi, malheur au peuple qui souffrira le mépris de la loi » (III, 507).

De l'organisme à l'auto-organisation

À l'article « Jouissance » de l'*Encyclopédie*, Diderot formule le droit social au bonheur et l'idée d'une morale sociale utilitaire. Mais ces principes sont fondés dans la signification précise de cet organisme qu'est le corps social : en rendre compte, c'est rendre compte de ce qui, dans la physiologie d'un homme, l'attire, au propre comme au figuré et *originairement*, vers ceux de son espèce. Pour comprendre que « la propagation des êtres est le plus grand objet de la nature » (*Enc.* VIII, 889), « laissons ces palais magnifiques que le souverain a construits pour d'autres que lui, ces jardins enchanteurs où il ne se promène jamais, et arrêtons-nous à la volupté qui perpétue la chaîne des êtres vivants, et à laquelle on a consacré le mot de *jouissance* » (*ibid.*). Cette volupté est le désir de reproduire et de conserver l'espèce : « Un individu se présente-t-il à un individu de la même espèce et d'un sexe différent, le sentiment de tout autre besoin est suspendu ; [...] des torrents d'esprits coulent dans les nerfs, les irritent, et vont se rendre au siège d'un nouveau sens qui se déclare et qui tourmente. La vue se trouble, le délire naît ; la raison esclave de l'instinct se borne à le servir et la nature est satisfaite. C'est ainsi que les choses se passaient à la naissance du monde, et qu'elles se passent encore au fond de l'antre du sauvage adulte » (*ibid.*). Dès l'*Essai sur le mérite et la vertu* de Shaftesbury, que Diderot traduit en 1745[1], puis dans l'article « Célibat » de l'*Encyclopédie* (II, 804) et dans *Les Bijoux indiscrets* publiés en 1748 jusqu'aux ultimes *Éléments de physiologie*, la même thèse politique traverse l'œuvre du Philosophe : la juste organisation sociale doit être rapportée à la physiologie ; genre humain, volonté générale et espèce humaine, c'est tout un ; ni contrat, ni intérêt, mais le seul *instinct*. Le plaisant chapitre « Des voyageurs », ajouté aux *Bijoux indiscrets* décrit une société où « la propagation de l'espèce est un objet sur lequel la politique et la religion fixent ici leur attention [avec] des précautions infinies pour que les mariages soient bien assortis » (II, 205). D'où l'usage grivois de la géométrie et de la graduation des thermomètres et un projet politique assez leste pour le moins, préoccupé d'agencer les bijoux mâles et les bijoux féminins de telle sorte qu'« un bijou féminin en écrou est prédestiné à un bijou mâle fait en vis » (*ibid.*, 206) ! Le chapitre III des *Éléments de physiologie* en donne la version « sérieuse », en montrant que, dès lors qu'il n'y a pas d'âme dans le corps, la nature a inscrit les rapports entre les hommes dans leur corps et, très précisément dans les organes de la

1. *Essai sur le mérite et la vertu*, J.-P. Jackson (éd.), Paris, Alive, 1998, p. 38.

reproduction : « Une femme qui a l'air mâle doit déplaire à la femme pour qui elle ne peut rien et à l'homme dont elle rend le désir perplexe : et ainsi de l'homme qui a l'air féminin » (I, 1278).

Comme un corps vivant, le corps social se déréglera d'autant moins qu'il s'organisera sans contrainte, permettant à sa nature de se développer sans plan préconçu. Le paragraphe 78 des *Observations sur le Nakaz* pose les conditions du bonheur d'un peuple : « Il ne faut se mêler de rien, tout s'ordonnera de soi-même et est suffisamment protégé. Un moyen de rendre un problème insoluble, c'est d'en augmenter les conditions : pas trop gouverner » (III, 547). Ce précepte assure la continuité de la vision diderotienne de la société et la continuité entre ses divers niveaux d'ordre économico-politiques. Il signifie, négativement, que toute réforme imposée est vouée à l'échec : « Toutes les innovations doivent être insensibles, naître du besoin, être inspirées par une sorte de cri public, ou du moins s'accorder avec le vœu général. Anéantir ou créer tout à coup, c'est empirer le mal et corrompre le bien » selon le deuxième chapitre du livre XIX de l'*Histoire des deux Indes* (III, 636); d'où un conseil aux Princes dans le chapitre 23 du livre V de la même *Histoire* : « Suivez la marche constante de la nature, aussi bien chercheriez-vous inutilement à vous en écarter. Vous verrez vos efforts et vos dépenses s'épuiser sans fruit; vous verrez tout périr autour de vous » (III, 611).

Qu'est-ce donc que gouverner, au nom de ce précepte? Comment favoriser le développement auto-organisateur de l'organisme social vivant?

La métaphore de l'essaim d'abeilles, qui rend compte du passage de la contiguïté à la continuité, peut être ici convoquée pour résoudre l'aporie de l'accord entre intérêt particulier et intérêt général et comprendre que la volonté générale est celle d'un être collectif concret, le genre humain c'est-à-dire l'espèce humaine. Contre Hobbes tout autant que contre Rousseau, seule cette volonté du corps social est dépositaire du juste et de l'injuste. C'est ce qu'affirme le paragraphe VI de l'article « Droit naturel » de l'*Encyclopédie* : « Mais si nous ôtons à l'individu le droit de décider de la nature du juste et de l'injuste, où porterons-nous cette grande question ? où ? devant le genre humain : c'est à lui seul qu'il appartient de la décider, parce que le bien de tous est la seule passion qu'il ait. Les volontés particulières sont suspectes; ells peuvent être bonnes ou méchantes, mais la volonté générale est toujours bonne : elle n'a jamais trompé, elle ne trompera jamais » (*Enc.* V, 115). D'une part l'idée de justice est accessible à tout esprit rationnel et raisonnable qui réfléchit dans le silence des passions;

d'autre part, tout individu réalise son propre bonheur et celui de ses semblables en laissant s'épanouir ses inclinations primitives.

La rupture de Diderot avec les physiocrates s'appuie sur les mêmes arguments que son rejet du despotisme éclairé[1]. Contre Quesnay, Mercier de la Rivière ou Dupont de Nemours avec lesquels il avait semblé pactiser, il dénonce l'illusoire « laisser faire » qui dissimule la soumission à un ordre prétendument « naturel », celui de l'utilitarisme despotique. Dans l'*Histoire des deux Indes*, le cas de la Chine est exemplaire de cette servitude masquée : « Comment l'enfance est-elle formée en Chine ? On y contraint un enfant à rester assis des heures entières, immobile, en silence, les bras croisés sur la poitrine, dans l'état de méditation et de recueillement. Quel fruit espérer d'un exercice habituel aussi contraire à la nature » (III, 655) ? Le désaccord sur la signification du *naturel* dans le *droit naturel* est un désaccord sur la conception du libre développement de la société. Celui-ci est possible selon Diderot dans le paragraphe 73 des *Observations sur le Nakaz* « si la liberté et la propriété sont assurées; si le commerce est sans gêne; si tous les ordres de citoyens sont également soumis aux lois; si l'impôt est supporté en raison des forces ou bien réparti ; s'il n'excède point les besoins de l'État; et si la vertu et les talents y ont une récompense assurée » (III, 544-545). Ces exigences peuvent être garanties par une monarchie tempérée qui semble avoir la faveur du Philosophe : « Le gouvernement sous lequel le souverain, libre pour le bien, est lié pour le mal, est ce qu'on appelle une monarchie tempérée » (*ibid.*, 515); cependant, l'exposition des fondements et de l'organisation du régime politique est celle d'une auto-organisation démocratique. Le paragraphe 10 des mêmes *Observations* le proclame : « La liberté est dans les démocraties » (*ibid.*, 516), car « Il n'y a point de vrai souverain que la nation ; il ne peut y avoir de vrai législateur que le peuple ; il est rare qu'un peuple se soumette sincèrement à des lois qu'on lui impose ; il les aimera, les respectera, il y obéira, il les défendra comme son propre ouvrage, s'il en est lui-même l'auteur » (*ibid.*, 507). L'hypocrisie du despotisme éclairé est d'endormir le peuple par un esclavage consenti, masque illusoire de liberté. Il faut s'y résoudre : la volonté générale, entendue comme désir de l'espèce, prime tout. L'*Histoire des deux Indes* rejette ainsi toute forme de despotisme, même « vertueuse » : « On a dit quelquefois que le gouvernement le plus heureux serait celui d'un despote juste et éclairé : c'est une assertion très téméraire.

1. Sur cette question, voir C. Larrère, « Malebranche revisité : l'économie naturelle des physiocrates », *Dix-huitième siècle*, 26, 1991, p. 117-139, et P. Vernière, « Diderot et le despotisme éclairé », dans Diderot, *Œuvres Complètes*, éd. Lewinter, t. XI, p. XI-XVI.

Il pourrait aisément arriver que la volonté de ce maître absolu fût en contradiction avec la volonté de ses sujets. [...] Un roi, même un bon roi, n'est point un père dans la société; il n'est que l'intendant » (III, 590).

Ainsi, dans l'heureuse parenthèse entre l'état sauvage et l'état civilisé également inaptes à satisfaire les rencontres entre intérêts particuliers et intérêt général, la « barbarie » dessine les traits d'une *autre* démocratie, hostile à la domination de tous les pouvoirs et hospitalière aux changements, variations et variétés de la Vie. L'article « Inconstance » de l'*Encyclopédie* en fait des droits aussi fondamentaux que le droit naturel (*Enc.* VIII, 654). Telle est la véritable victoire politique de l'âge des Lumières, d'après une lettre à la princesse Dachkoff du 3 avril 1771 à propos de la nomination du chancelier Maupeou : « Les têtes s'échauffent; ce feu se répand par degrés, les principes de liberté et d'indépendance, autrefois cachés dans le cœur de quelques gens qui pensent, s'établissent à présent et sont ouvertement avoués. Chaque siècle a son esprit qui le caractérise. L'esprit du nôtre semble être celui de la liberté » (V, 1067).

CHAPITRE IV

NATURE ET HISTOIRE

L'inconstance est raisonnable [1].

Nous savons que l'obédience matérialiste de la physique et de l'anthropologie de Diderot suppose la conception d'un équilibre métastable de la molécule, du corps, de l'organisme et de l'individu ; la nature, qui est matière, a l'infinie puissance de créer des variétés, des formes inédites, du nouveau. L'individualité est à la fois originalité, génie, monstre, mais tout autant anti-modèle car soumise aux aléas des vicissitudes. Dans ce monde sans téléologie ni autre principe fondateur qu'un écart hasardeux, il n'y a nulle place pour la fixité d'un ordre. Telle est la signification du « naturel » du droit naturel, le « naturel » de la nature humaine comprise comme espèce physique, le naturel du climat, des sols, des lois physiques indispensables à l'agriculture, aux techniques, à l'industrie, aux rapports économiques et politiques. Ces arts de l'utile ne remplissent vraiment leur fonction que s'ils suivent les plis et méandres changeants de la nature physique. L'un des préceptes de l'*Histoire des deux Indes* selon lequel « la nature a fait toutes les bonnes lois, c'est le législateur qui les publie. Je dirais volontiers aux souverains : « Si vous voulez que vos lois soient observées, qu'elles ne contrarient jamais la nature » (III, 525), fait écho à la conception de la sagesse naturelle pensée comme puissance d'engendrer, dans les *Pensées sur l'Interprétation de la nature* : « Il semble que la nature se soit plu à varier le même mécanisme d'une infinité de manières différentes. Elle n'abandonne un genre de productions qu'après en avoir multiplié les individus sous toutes les faces possibles » (I, 565). Les savoirs

1. *Encyclopédie*, article « Inconstance », t. VIII, p. 654.

du vivant inspirent le droit et en particulier son essence variable, inconstante.

LE DROIT À L'INCONSTANCE

La nature finit toujours en effet par revendiquer ses droits, à la manière qu'explicite le paragraphe 42 du chapitre XVIII de l'*Histoire des deux Indes* : « Si les peuples sont heureux sous la forme de leur gouvernement, ils le garderont. S'ils sont malheureux, ce ne sont ni vos opinions ni les miennes ; ce sera l'impossibilité de souffrir davantage et plus longtemps qui les déterminera à la changer, mouvement salutaire que l'oppresseur appellera révolte, bien qu'il ne soit que l'exercice légitime d'un droit inaliénable et naturel de l'homme qu'on opprime, et même de l'homme qu'on n'opprime pas ». L'oscillation de « l'homme pendule » dont l'image est convoquée dans une lettre à Falconet du 15 février 1766 pour souligner l'inévitable projection de l'homme dans l'avenir, vaut autant pour l'individu que pour le peuple : « Le présent est un point indivisible et fluent, sur lequel l'homme ne peut pas plus se tenir que sur la pointe d'une aiguille. Sa nature est d'osciller sans cesse sur ce *fulcrum* de son existence. Il se balance sur ce point d'appui, se ramenant en arrière ou se portant en avant à des distances proportionnées à l'énergie de son âme » (V, 617).

C'est pourquoi l'expression minimale de la volonté générale du peuple face à un monarque – fût-il éclairé – tenté par l'arbitraire et la pérennisation de son pouvoir, est un droit de résistance capable de *modifier* l'exercice de ce pouvoir. De la simple existence des « remontrances » comme celles que Diderot énumère à propos du coup d'État de Maupeou dans la lettre à la princesse Dachkoff citée plus haut, jusqu'à la possibilité de légiférer, le peuple notifie son intérêt et sa volonté au souverain par le moyen d'une *représentation.* Les *Observations sur le Nakaz* au paragraphe 9, s'indignent de la formule du « bon plaisir » : « Il me semble que c'est le consentement de la nation, représentée par des députés ou assemblées en corps, qui est la source de tout pouvoir politique et civil »[1]. Mais dans l'*Histoire des deux Indes* au paragraphe 6, le droit des peuples face à l'exécutif, est grandement étendu : « Des sujets qui s'assemblent et qui se

1. Ce moment de la pensée politique de Diderot est très proche de la position de Montesquieu au chapitre VI du livre XI de l'*Esprit des Lois* : « Le corps représentant ne doit pas être choisi non plus pour prendre quelque résolution active, chose qu'il ne ferait pas bien ; mais pour faire des lois, ou pour voir si l'on a bien exécuté celles qu'il a faites, chose qu'il peut très bien faire, et qu'il n'y a même que lui qui puisse bien faire » (Paris, Garnier, 1973, t. I, p. 172).

font justice d'un mauvais souverain, ne méritent point ce nom odieux de [parricide]; ils ne le mériteraient même pas en faisant justice d'un bon souverain qui aurait fait le bien contre la volonté générale. Il serait punissable par la seule raison qu'il aurait outrepassé ses droits» (III, 590).

LE DROIT À L'INSURRECTION

Dans une lettre à John Wilkes du 14 novembre 1771 apparaît l'idée que seule une révolution peut faire triompher les Lumières : « On me demandait un jour comment on rendait la vigueur à une nation qui l'avait perdue. Je répondis : comme Médée rendit la jeunesse à son père, en le dépeçant et en le faisant bouillir» (V, 1094). Le caractère nécessaire des révolutions est défini par un même mouvement, celui du rôle révolutionnaire des peuples et celui du rapport entre les peuples et le philosophe. Quelles sont les exigences qui rendent la révolution légitime? Le respect du droit de propriété, l'abolition des privilèges de la naissance, de la faveur royale, du clergé et des ordres, l'égalité devant la loi et devant l'impôt, l'abolition des jurandes et des corporations, la liberté d'expression et la liberté de commerce … Ces principes étant posés, Diderot confie à Catherine II, au chapitre XXIV de ses *Mélanges* pour l'Impératrice, que «le droit d'opposition [lui] semble, dans une société d'hommes, un droit naturel, inaliénable et sacré» (III, 275). Cet appel au soulèvement renonce au philosophe conseiller des rois (qui enjoint le Prince d'exercer sa censure à l'égard du prêtre plutôt qu'à l'égard du philosophe!) tel qu'il apparaît dans le chapitre «Du gouvernement» de l'*Histoire des deux Indes* (III, 641-643). Après la fin des illusions de la voie pacifique de la réforme entreprise par le ministère Turgot, de 1774 à 1776, le philosophe se transmue en dirigeant politique pour faire enfin appel à l'action du peuple, même si son mouvement doit entraîner nombre d'injustices criantes, car «il faut faire un grand mal d'un moment pour un grand bien qui dure»[1]. Telle nous est apparue plus haut la vocation révolutionnaire de l'*Encyclopédie* qui dépasse l'antinomie entre l'œuvre du génie et la démocratisation des savoirs: «Si le gouvernement se mêle d'un pareil ouvrage, il ne se fera point. Toute son influence doit se borner à en favoriser l'exécution. Un monarque peut, d'un seul mot, faire sortir un palais d'entre les herbes; mais il n'en est pas d'une société de gens de lettres ainsi que d'une troupe de manouvriers. Une *Encyclopédie* ne s'ordonne point» (*Enc.*, article

1. *Mémoires pour Catherine II*, P. Vernière (éd.), Paris, Garnier, 1966, p. 3.

« Encyclopédie », V, 636)[1]. C'est toujours la loi de nature qui œuvre sous les crises et les désordres. La légitimité d'un droit à l'insurrection est d'autant moins suspecte qu'elle s'impose face à l'esclavage et à la cruauté des colonisateurs.

L'ESCLAVAGE ET LA DÉNONCIATION DU COLONIALISME

En 1781, Diderot intercale dans le chapitre 4 du livre XVII de l'*Histoire des deux Indes* consacré à l'occupation du Cap de Bonne Espérance par les Hollandais, un célèbre développement sur les Hottentots : « Fuyez, malheureux, Hottentots, fuyez ! enfoncez-vous dans vos forêts. Les bêtes féroces qui les habitent sont moins redoutables que les monstres sous l'empire desquels vous allez tomber. Le tigre vous déchirera peut-être, mais il ne vous ôtera que la vie. L'autre vous ravira l'innocence et la liberté. Ou si vous vous en sentez le courage, prenez vos haches, tendez vos arcs, faites pleuvoir sur ces étrangers vos flèches empoisonnées. Puisse-t-il n'en rester aucun pour porter à leurs citoyens la nouvelle de leur désastre » (III, 680). Déjà, dans l'*Encyclopédie*, le croisement des articles « Autorité politique », de Diderot, « Conquête », de Jaucourt, « Esclave », de Boucher d'Argis, « Esclavage » et « Traite des nègres » de Jaucourt, loin de manifester la prétendue « prudence » du Dictionnaire, fait entendre les trois voix que reprendra l'*Histoire des deux Indes* : la voix du fonctionnaire colonial, celle d'un philosophe idéaliste confiant dans les progrès de la Raison et posant des principes hostiles à la colonisation et même à la propriété, enfin celle de Diderot qui substitue l'appel à la violence à la simple propagande.

Le ton rousseauiste du début de l'article « Autorité politique » est à lui seul une dénonciation du pouvoir colonial : « La puissance qui s'acquiert par la violence, n'est qu'une usurpation, et ne dure qu'autant que la force de celui qui commande l'emporte sur celle de ceux qui obéissent » (*Enc.* I, 898). Il heurte de front la définition de la conquête dans l'article du même nom – « acquisition de la souveraineté par la supériorité des armes d'un prince étranger, qui réduit enfin les vaincus à se soumettre à son empire » (*Enc.* III, 899) – et les erreurs qui s'ensuivent : « Du droit de tuer dans la *conquête*, les politiques ont tiré le droit de réduire en servitude ; mais la conséquence est aussi mal fondée que le principe » (*ibid.*). Quant aux esclaves, dont la définition de l'article « Esclave » souligne qu'elle répugne

1. Sur ce problème, voir les analyses d'E. Martin-Haag, dans son étude *Un aspect de la pensée politique de Diderot. Savoirs et pouvoirs*, Paris, Ellipses, 1999, en particulier p. 147-177.

au droit naturel et relève d'une « invention » du droit des gens, ils « ne peuvent rien avoir qui ne soit à leur maître; et tout ce qui leur vient par industrie ou par la libéralité d'autres personnes ou autrement, est acquis en pleine propriété à leur maître [car ce sont] des gens incapables de disposer et de contracter de leur chef » (*Enc.* V, 939). Quant à l'article « Esclavage », repris du chapitre 1 du livre XV de l'*Esprit des Lois* de Montesquieu et du chapitre IV du *Traité du gouvernement civil* de Locke, il parcourt l'histoire de l'esclavage et décrit la cruauté et l'inhumanité du comportement des colons (*Enc.* V, 934), ce que reprend avec plus de force l'article « Traite des nègres ». L'achat des nègres que font les Européens sur les côtes d'Afrique « est un négoce qui viole la religion, la morale, les lois naturelles et tous les droits de la nature humaine » (*Enc.* XVI, 532)[1].

C'est encore la nature, entendue comme nature physique et physiologique qui s'élève contre la violence de la colonisation. Les chèvre-pieds, allégorie du mélange des espèces, n'étaient-ils pas aussi la promesse de ne plus « réduire l'homme dans nos colonies à l'état de bête de somme » dans le troisième Entretien du *Rêve* (I, 675)? L'*Histoire des deux Indes* propose ainsi un remède efficace à l'esclavage : « N'aurait-il pas été plus humain, plus utile et moins dispendieux, de faire passer dans chacune de ces régions lointaines quelques centaines de jeunes hommes, quelques centaines de jeunes femmes ? Les hommes auraient épousé les femmes, les femmes auraient épousé les hommes de la contrée. La consanguinité, le plus prompt et le plus fort des liens, aurait bientôt fait des étrangers et des naturels du pays une seule et même famille » (III, 693). De là, autre avantage non négligeable, serait sortie la paix !

SAUVAGES ET CIVILISÉS

La facétieuse expérience de pensée que Diderot construit en *Supplément au Voyage de Bougainville* est d'abord et d'emblée la dénonciation des malheurs de nos sociétés en rupture avec la nature : « J'ai mes idées, peut-être justes, à coup sûr bizarres, sur certaines actions que je regarde moins comme des vices de l'homme que comme des conséquences de nos législations absurdes, sources de mœurs aussi absurdes qu'elles et d'une dépravation que j'appellerais volontiers artificielle » (II, 539). C'est ce que le vieillard d'Otaïti reproche à Bougainville qu'il rend responsable

1. J'emprunte le croisement de ces articles, particulièrement révélateur de la portée subversive du système des renvois dans l'*Encyclopédie* à l'ouvrage de V. Le Ru, *Subversives Lumières*, *op. cit.*, ici, p. 195-242.

d'avoir effacé des âmes des Otaïtiens le pur instinct de la nature, c'est-à-dire le « tout est à tous », hommes et choses. Si un peuple manifeste les bienfaits du code naturel, au mépris des codes civil et religieux, c'est bien celui-là : l'ignorance contre les inutiles lumières, la vie dans les strictes limites du besoin, le repos, la santé, la force, les libres jouissances, l'instinct de reproduction en deçà du bien et du mal, l'égalité, le sens de l'éphémère et de l'inconstance. De ce point de vue, ne sommes-nous pas en présence du bon sauvage et de l'utopie du progrès, traditionnels en ce temps des Lumières ?

Autant contre Voltaire que contre Rousseau, Diderot ne va accréditer ni la valorisation d'un prétendu état sauvage, ni celle de la civilisation.

En ce qui concerne l'état sauvage, il n'est pas exempt de coutumes inhumaines que décrit le dialogue entre A et B au tout début du *Supplément* : anthropophagie, écrasement du fœtus dans le ventre de sa mère, sacrifices humains, castration des mâles, infibulation des femelles et autres pratiques qui rivalisent de cruauté (II, 543-544). Loin d'un primitivisme simpliste, Diderot s'insurge à plusieurs reprises contre l'idée d'un mythe de l'innocence originaire, modèle de perfection, par exemple dans le chapitre 23 du livre VI de l'*Histoire des deux Indes* : « Ce n'est pas toutefois que je préférasse l'état sauvage à l'état civilisé. C'est une protestation que j'ai déjà faite plus d'une fois » (III, 683). Au chapitre 4 du livre XV du même ouvrage, les sauvages du Canada sont décrits comme menant une « vie dure et disetteuse » marquée par les guerres continuelles qu'entraîne la haine qu'ils se portent « de horde à horde ; [...]. On sera peut-être hérétique, impie, philosophe, haï, persécuté, flétri, mis aux fers, brûlé même, pour oser assurer un jour que l'homme fut tel qu'il est au Canada, d'après le témoignage même de nos missionnaires » (III, 681). Ce n'est donc pas du côté d'un mythe de l'origine qu'il convient de chercher un modèle social. Il faut au contraire exercer une grande vigilance à l'égard d'une telle séduction car l'espace illusoire de ce mythe risque d'être favorisé par la disparition prévisible de ces « sauvages » ; la fragilité de leur état est en effet aggravée – c'est un euphémisme ! – par les crimes de la colonisation.

Est-ce alors de la société policée, malgré ces crimes, que l'on peut attendre l'existence d'une humanité authentique ? Comment échapper à l'antinomie qu'expose un passage du *Supplément* : « Voulez-vous savoir l'histoire abrégée de presque toute notre misère ? La voici. Il existait un homme naturel ; on a introduit au-dedans de cet homme un homme artificiel, et il s'est élevé dans la caverne une guerre continuelle qui dure toute la vie. Tantôt l'homme naturel est le plus fort ; tantôt il est terrassé par l'homme moral et artificiel ; et, dans l'un et l'autre cas, le triste monstre est tiraillé, tenaillé, tourmenté, étendu sur la roue, sans cesse gémissant, sans cesse malheureux, soit qu'un faux enthousiasme de gloire le transporte et l'enivre, ou qu'une fausse ignominie le courbe et l'abatte » (II, 575). La question est posée avec une extrême radicalité : « Mais enfin, dites-moi, faut-il civiliser l'homme ou l'abandonner à son instinct ? » (*ibid.*).

Le procès de la civilisation ne saurait en effet suffire à mettre en place ce « terme plus conforme à la félicité de l'homme en général », cette « espèce de société moitié sauvage et moitié policée » évoquée à propos de Rousseau dans la *Réfutation d'Helvétius* (I, 903). C'est essentiellement dans deux passages de l'*Histoire des deux Indes*, au chapitre 23 du livre V, « Qu'il faut commencer par le commencement » et au chapitre 2 du livre XIX, « Sur la civilisation de la Russie » qu'apparaît l'idée de la formation d'un tiers état dont les *Mélanges pour Catherine II* disent la vertu par le recours à la métaphore de l'essaim : « Et il y aura une ruche, ou un grand nombre d'abeilles voisines et forcées de travailler conjointement au bien du tout pour leurs besoins réciproques, et de se civiliser par leur proximité » (III, 326). L'*Histoire des deux Indes* est plus explicite : « De l'anéantissement de tous les genres d'esclavage, il sortira un tiers état, sans lequel il n'y eut jamais chez aucun peuple ni arts, ni mœurs, ni lumières » (III, 609, note 1).

Montesquieu, dans ses remarques sur le gouvernement du tsar Pierre Ier, avait souligné que le défaut de liberté entraînait l'impossibilité du commerce et donc du tiers état [1]. Pour sa part, Hume, dans son essai de 1742 sur l'origine et la naissance des sciences et des arts, avait insisté sur l'importance de la garantie de la jouissance sûre de la propriété [2] ; dans son essai sur le luxe de 1752, il désigne très précisément le « middle rank » comme la base la plus solide de la liberté [3]. À ces influences s'ajoutent celles, nombreuses, qui concernent le concept de civilisation [4] ; dans le fragment *Sur la Russie*, Diderot retient moins le sens de la civilisation comme *projet* que celui d'un *procès* dont la temporalité est indéterminée et la marche imprévisible, soumis aux « circonstances » qui induisent un équilibre aussi instable que celui assigné aux molécules matérielles et aux

1. *Esprit des lois*, éd. cit., livre XXII, chap. 14, t. II, p. 87.

2. *Of the Rise and Progress of the Arts and Sciences*, *Essays Moral, Political and Literary*, E. F. Miller (ed.), revised edition, Indianapolis, 1987, p. 116.

3. L'essai de 1752 *Of Luxury*, prend le titre de *Of Refinement in the Arts* en 1760. Sur le « middle rank », *ibid.*, p. 277.

4. Sur ce point, on peut consulter l'ouvrage coordonné par B. Binoche, *Les équivoques de la civilisation*, Seyssel, Champ Vallon, 2005, en particulier introd. et chap. II, III, p. 81 à 203.

mouvements inquiets de leurs rencontres[1]. On comprend mieux la « bédouinophilie » de Diderot évoquée plus haut et son éloge des Arabes du grand désert : vivant sous l'état de mœurs et non l'état de lois, ils témoignent d'un parti pris pour l'idée d'une perfectibilité matérialiste contre l'illusion anti-Lumières d'un progrès indéfini de la civilisation. À travers eux, Diderot en appelle à une refonte du lien social non par la réforme des lois mais par la reconstruction d'une civilisation par les mœurs.

HISTOIRE ET PERFECTIBILITÉ

Les premières lignes de l'*Éloge de Richardson* témoignent de l'indignation de Diderot contre le lieu commun qui associe le roman à l'illusion; il faudrait au moins en excepter ceux de Richardson (IV, 155) ! Du même coup, il serait judicieux de condamner la manière dont on fait habituellement de l'histoire : « J'oserai dire que l'histoire la plus vraie est pleine de mensonges, et que ton roman est plein de vérités. L'histoire peint quelques individus : tu peins l'espèce humaine; l'histoire attribue à quelques individus ce qu'ils n'ont ni dit ni fait : tout ce que tu attribues à l'homme, il l'a dit et fait » (*ibid.*, 162). L'histoire ainsi conçue n'est qu'un tissu de mensonges, un mauvais roman. Là comme dans le discours *De la poésie dramatique* en 1758, il s'agit de l'histoire de l'historien qui « a écrit ce qui est arrivé, purement et simplement » (IV, 1299). C'est l'histoire qui se distingue de la philosophie comme la mémoire s'oppose à la raison selon la classification du *Prospectus* de l'*Encyclopédie*. Tel n'est pas le cas de l'histoire dont traite le philosophe d'après la *Lettre apologétique de l'abbé Raynal*, de mars 1781 : « Est-ce que le philosophe traite l'histoire comme l'érudit, l'érudit comme le moraliste, le froid moraliste comme l'homme éloquent » (III, 772)? C'est que l'histoire qui intéresse le philosophe est celle qui permet de combattre toutes les tyrannies. Ainsi, l'*Histoire des deux Indes* définit elle-même le style d'histoire qu'elle met en œuvre : « Le goût de l'histoire naturelle est sur son déclin. Nous sommes tout entiers aux questions de gouvernement, de législation, de morale, de politique et de commerce. S'il m'était permis de hasarder une prédiction, j'annoncerais qu'incessamment les esprits se tourneront du côté de l'histoire, carrière immense où la philosophie n'a pas encore mis le pied » (III, 753). L'histoire

1. Sur l'ambiguité du statut de la « civilisation » chez Diderot, je me réfère ici à l'article de G. Goggi, « Diderot et le concept de civilisation », *Dix-Huitième siècle*, 1997, n° 29, p. 353-373, et à l'ouvrage de M. Duchet, *Anthropologie et Histoire au siècle des Lumières*, Paris, Maspero, 1971, p. 459 *sq*.

philosophique est donc tout autant une histoire *politique*, c'est-à-dire une histoire *moderne* dont la supériorité sur l'histoire *ancienne* tient à son utilité, à l'instar des sciences et des arts que l'on doit prioritairement enseigner, d'après le *Plan d'une université* (III, 441). Il n'empêche que la méthode de l'historien doit suivre, comme la philosophie naturelle, la méthode expérimentale; ses règles doivent donc se rapporter au « principe physique, constant et éternel [qui] est dans l'homme même, dans la similitude d'organisation d'un homme à un autre » (*ibid.*, 629).

Cette évolution de sa conception de l'histoire n'est pas étrangère aux *tensions* de la pensée politique de Diderot, que l'on a parfois accusée d'incohérence.

Les tensions de la pensée politique de Diderot

Au chapitre 15 de la *Réfutation d'Helvétius*, en 1773, le roi Denis avoue lui-même ses hésitations, relatives à des questions « très simples en apparence » qu'il a pourtant jugées au- dessus de ses forces :

> Le philosophe appelé au tribunal des lois doit-il ou ne doit-il pas y avouer ses sentiments, au péril de sa vie ?
> Socrate fit-il bien ou mal de rester dans la prison ? ... [...]
> Quel est le meilleur des gouvernements pour un grand empire? et par quelles précautions solides réussirait-on à limiter l'autorité souveraine ?
> Y a-t-il un seul cas où il soit permis à un sujet de porter la main sur son roi ? Et si par hasard il y en avait un, quel est-il? En quelle circonstance un simple particulier se peut-il croire l'interprète de toutes les volontés ?
> L'éloquence est-elle une bonne ou une mauvaise chose? faut-il sacrifier aux hasards d'une révolution le bonheur de la génération présente, pour le bonheur de la génération à venir ?
> L'état sauvage est-il préférable à l'état policé ?
> Ce ne sont pas là des problèmes d'enfants; et vous croyez que tout homme a reçu de la nature l'aptitude à les résoudre? Sans sotte modestie, je vous prie de m'en excepter. Le président de Montesquieu y aurait mis toutes ses forces, et une bonne partie de sa vie (I, 832-833).

Il se peut qu'il n'y ait là qu'incertitudes sur les moyens et non sur les principes, comme le suggère Yves Benot[1]. Il est vrai que ces principes

1. Dans son ouvrage, *Diderot, de l'athéisme à l'anticolonialisme*, Paris, Maspero, 1970, p. 139. Il y nie également toute hésitation, voire toute tension dans la pensée politique de Diderot qu'il qualifie de « cheminement » marqué par les faits politiques dont le philosophe fera l'expérience ainsi que par ses confrontations « avec l'athéisme de droite d'un Galiani et tardivement d'un Grimm, avec d'autre part l'utopisme de Dom Deschamps et la vision rousseauiste qui le hante, enfin avec la tartufferie autoritaire de Catherine II » (*ibid.*).

essentiels, déjà évoqués ici, sont affirmés dès les premiers volumes de l'*Encyclopédie*, essentiellement dans les articles « Autorité politique » et « Droit naturel » et lors des rencontres avec Rousseau. Il est vrai aussi qu'il faut chercher les prises de position politiques de Diderot dans des articles non politiques. Il convient aussi de prendre en compte l'emprisonnement à Vincennes après la rédaction de la *Lettre sur les aveugles* et des *Bijoux* qui est une invitation à détourner la censure par la modération ou la dissimulation. Il ne s'agit d'ailleurs pas de chercher des « excuses » à une prétendue incohérence, mais de tâcher plutôt à trouver l'intérêt philosophique et politique d'une tension et d'une évolution.

Les variations du traitement d'une question fondamentale font preuve : jusqu'en 1770, Diderot manifeste sa sympathie pour la physiocratie et son voyage en Russie peut apparaître comme un acte d'allégeance au despotisme éclairé; Des *Bijoux indiscrets* jusqu'au *Supplément au Voyage de Bougainville*, l'auteur s'étonne de ce consentement généralisé au bon despote, c'est-à-dire à l'esclavage. Quant au lecteur, il ne peut que s'interroger sur la validité d'une conception du droit qui revendique l'égalité des hommes rassemblés dans l'unicité de l'espèce humaine ou genre humain et qui reconnaît, par sa théorie du génie, l'inégalité des individus, des peuples, voire des races[1].

C'est la position *matérialiste vitaliste* de Diderot qui convertit cette apparente contradiction – comme toutes celles qui jalonnent son itinéraire politique – en une conception originale de la politique et du droit : les hommes se rencontrent dans l'histoire civile comme ils se rencontrent dans l'histoire naturelle, c'est-à-dire guidés par les mouvements de la matière vivante, variés, changeants et évolutifs. La liberté ne contredit pas l'enracinement du droit dans les faits; la sympathie initiale pour le despotisme légal ne contredit pas sa destitution ultérieure par le choix démocratique, l'apologie des révolutions et la dénonciation de toute forme d'esclavage[2]. Du fait de cette conception matérialiste de l'histoire, la relation entre Nature et Éducation ne constitue pas davantage une antinomie aporétique.

1. Sur ce problème, on peut consulter l'article d'A. Thomson, « Diderot, le matérialisme et la division de l'espèce humaine », *Recherches sur* Diderot *et sur l''*Encyclopédie, n°26, avril 1999, p. 197-211.

2. L'importance déterminante du matérialisme dans cette affaire est clairement démontrée par E. Martin Haag, dont je reprends ici quelques arguments, dans son ouvrage *Un aspect de la politique de Diderot. Savoirs et pouvoirs*, *op. cit.*, en particulier p. 4, 5, 14, 34, 39.

Le problème de l'éducation

Comment ne pas attendre une apologie de l'éducation de la part du directeur de l'*Encyclopédie* ? L'article « Encyclopédie » est un vif encouragement à donner ce sens au grand dictionnaire : « En effet, le but d'une *Encyclopédie* est de rassembler les connaissances éparses sur la surface de la terre ; d'en exposer le système général aux hommes avec qui nous vivons, et de le transmettre aux hommes qui viendront après nous ; que nos neveux, devenant plus instruits, deviennent en même temps plus vertueux et plus heureux, et que nous ne mourions pas sans avoir bien mérité du genre humain » (V, 635). L'instruction, ainsi liée à la vertu et au bonheur est donc inséparable d'une éducation à la liberté et à la citoyenneté. Beaucoup plus tard, en 1775, le *Plan d'une université* reste fidèle à ce projet, quitte à le paraphraser : « Ce qui concerne l'éducation publique n'a rien de variable, rien qui dépende essentiellement des circonstances. Le but en sera le même dans tous les siècles : faire des hommes vertueux et éclairés » (III, 423). Si l'université doit ouvrir sa porte « *indistinctement* à tous les enfants d'une nation », c'est « parce qu'il serait aussi cruel qu'absurde de condamner à l'ignorance les conditions subalternes de la société » (*ibid.*, 418).

Cette conception égalitaire de l'*éducation*, fondée ici dans une conception égalitaire de l'*instruction* semble bien mal s'accorder avec la singularité du génie autant qu'avec celle de tout individu, née de la spécificité de son organisation physiologique, de sa *nature*. Dans le cadre d'une encyclopédie et d'une université, il n'en est rien : il ne s'agit certes pas de former des esprits bons à tout car ils ne seront bons à rien comme le dit Mirzoza dans *Les Bijoux indiscrets* : « Ces gens que la nature semble avoir destinés à tout, n'étaient bons à rien » (II, 212). Au contraire, le génie, qu'il soit philosophique, scientifique ou artistique se distingue par sa capacité d'enfreindre toutes les règles, voire d'en dénoncer, contre Aristote, l'utilité, dans les *Pensées détachées sur la peinture* : « J'en demande pardon à Aristote [...]. Les règles ont fait de l'art une routine ; et je ne sais si elles n'ont pas été plus nuisibles qu'utiles. Entendons-nous : elles ont servi à l'homme ordinaire ; elles ont nui à l'homme de génie » (IV, 1014). Nous savons, d'après le *Rêve de d'Alembert* que « l'instinct qui se diversifie dans les animaux, le génie qui se diversifie dans les hommes » sont relatifs à « la branche tyrannique qui prédomine » (I, 659). Ainsi, le génie, guidé par son « flair », n'est bon qu'à une chose, comme l'animal !

Il ne s'agit donc pas de former le génie à une absurde méthode de recherche alors qu'il n'est pas maître de sa propre originalité ! L'*Encyclopédie* et l'université proposent une sorte d'égalitarisme du génie qui peut naître dans n'importe quel milieu social ; à cet égard, le *Plan d'une université* propose un curieux calcul : le nombre des chaumières sur celui des palais étant à peu près « dans le rapport de dix mille à un, il y a dix mille à parier contre un que le génie, le talent et la vertu sortiront plutôt d'une chaumière que d'un palais » (III, 418). C'est une première manière d'envisager le dépassement d'une antinomie entre une conception « démocratique » de l'éducation et l'incommunicabilité du génie. La seconde, plus fondamentale, repose sur la hiérarchie complexe de l'homme éclairé et de l'homme clairvoyant, sur le dialogue entre les « lumières naturelles » du premier et les « lumières acquises » du second, sans négliger le génie ni mépriser le statut de l'homme seulement « instruit ». L'article « Éclairé, clairvoyant » de l'*Encyclopédie* explicite cette hiérarchie : « Il y a mille hommes instruits pour un homme *éclairé*; cent hommes *éclairés* pour un homme clairvoyant; et cent hommes *clairvoyans* pour un homme de génie. L'homme de génie crée les choses; l'homme clairvoyant en déduit des principes; l'homme éclairé en fait l'application; l'homme instruit n'ignore ni les choses créées ni les lois qu'on en a déduites, ni les applications qu'on en a faites : il sait tout mais il ne produit rien » (*Enc*. V, 269).

Ainsi, l'homme clairvoyant et le génie ont ceci de commun qu'ils ont reçu leur « don » de la nature; cela dit, dans la mesure où le génie crée de manière inintelligible, mû par l'*enthousiasme* et incapable d'expliquer sa découverte, l'homme clairvoyant, lui, capable d'en rendre raison, a la posture d'un médiateur. En effet, l'homme éclairé et l'homme instruit ont un point commun : ils ont *acquis* leurs connaissances par l'éducation; mais ils se distinguent en ceci que l'homme éclairé *produit* les applications des principes élucidés par l'homme clairvoyant, alors que l'homme instruit ne fait que les recevoir, sans rien produire.

La fameuse polémique avec Helvétius prend alors une autre signification et une autre profondeur philosophique qu'une simple opposition aveugle entre nature et éducation.

L'approche « naïve » de la *Réfutation* tend au lecteur un piège si séduisant qu'il a pu servir de fil conducteur à plus d'un commentateur; le « dialogue » mettrait aux prises le partisan d'une inégalité naturelle inscrite dans la physique et la physiologie de tout un chacun (Diderot) et le défenseur d'une égalité civile construite par l'éducation (Helvétius). Nul besoin de se faire l'avocat du diable pour donner crédit à cette lecture. Par exemple, Diderot, renvoyant Helvétius aux « exagérations » de Locke et Quintilien, s'oppose à la thèse de la puissance égalitariste de l'éducation : « Où trouver la raison de ces phénomènes? Dans l'inégale aptitude à l'instruction. Et d'où naît cette inégale aptitude? De la nature ingrate ou indulgente; de la diversité de l'organisation » (I, 794). Que l'on médite un exemple « des deux extrémités de l'échelle de l'esprit humain » (*ibid.*, 779) : « Je voudrais bien savoir comment on vient à bout de la stupidité naturelle. Tous les hommes sont classés entre la plus grande pénétration possible et la stupidité la plus complète : entre M. d'Alembert et M. d'Outrelot. Et en dépit de toute institution, chacun reste à peu près sur son échelon » (*ibid.*).

Les remarques d'Helvétius que conteste Diderot relèvent d'une conviction qui ne cède en rien à la radicalité de son adversaire : « L'éducation seule fait toute la différence entre des individus à peu près bien organisés [...]. L'homme naît ignorant, il ne naît point sot; et ce n'est pas même sans peine qu'il le devient » [...]. L'homme qui ne sait rien peut apprendre ; il ne s'agit que d'en allumer en lui le désir » (*ibid.*, p. 778-779).

Voilà qui nourrit une approche superficielle des deux positions théoriques présentées par Diderot, fondées dans un dispositif antinomique trop beau pour être crédible ! Il s'agit en effet d'une mise en scène, comme l'a excellemment montré Sophie Audidière[1] : les deux philosophes imaginaires qui dialoguent ici (après la mort d'Helvétius), ne correspondent pas à leurs homonymes ; en filigrane, la véritable question qui est en débat est celle de l'origine de la pensée dans les sensations qui sont toujours soit un plaisir soit une peine ; que sont le plaisir et la douleur considérés comme des mouvements distincts et non des sensations aveugles ? Ce problème n'est pas étranger à un véritable accord entre Helvétius et Diderot : le thème de l'éducation n'est pas une troisième voie. Il ne s'agit pas de changer l'homme et sortir de l'opposition entre une liberté individuelle « libérale » qui exige la libre poursuite des intérêts personnels et la nécessité d'une contrainte collective pour assurer politiquement le déploiement de cette même poursuite, mais le débat sur l'éducation est d'abord pensé comme appartenant à la société *démocratique*[2]. Dans l'ensemble de leurs œuvres et plus particulièrement dans leurs textes politiques, Diderot

1. Dans sa thèse « Intérêt, passions, utilité. L'anthropologie d'Helvétius et la philosophie française des Lumières » dont on peut lire « en ligne » le discours de soutenance le 10 décembre 2004 à l'université de Lille, sur le site internet du CERPHI : http://www.cerphi.net/thèses.htm. G. Stenger, dans son article « Diderot lecteur de *L'Homme* : une nouvelle approche de la *Réfutation d'Helvétius* », *Studies on Voltaire*, 228, 1984, p. 267-291, suggère que le dialogue de la *Réfutation* peut aussi être considéré comme une œuvre de fiction, à l'image du *Neveu de Rameau*.

2. Pour le détail de la démonstration du bien-fondé de cette interprétation, voir le texte cité ci-dessus (note 1) et, dans *Matérialistes français du XVIIIe siècle. La Mettrie, Helvétius, d'Holbach*, S. Audidière, J.-C. Bourdin, J.-M. Lardic, F. Markovits, Y. Ch. Zarka (éd.), Paris, P.U.F., 2006, les pages de S. Audidière consacrées à Helvétius, p. 103-109 et 139-167.

comme Helvétius manifestent suffisamment leur ralliement à ce projet de gouvernement et à son programme éducatif. On sait ce qu'il en est pour Diderot : la juste organisation politique devrait garantir la satisfaction de l'utile, c'est-à-dire l'épanouissement du bonheur des individus, aussi différents soient-ils les uns des autres. Helvétius lui-même, dont on conviendra aisément qu'il modère l'importance du *naturel*, n'en rapporte pas moins le bon ordre politique à l'intérêt particulier, par exemple dans le chapitre IV du Discours Troisième de *L'Esprit* : « Les lois n'ayant que l'utilité publique pour fondement, sitôt que, par une infraction générale ces lois deviennent inutiles, dès lors elles sont nulles et cessent d'être des lois ; chacun rentre en ses premiers droits ; chacun ne prend conseil que de son intérêt particulier, qui lui défend avec raison d'observer des lois qui deviendraient préjudiciables à celui qui en serait l'observateur unique »[1].

Nos deux auteurs conviennent ainsi, malgré leurs divergences, de la nécessité de penser une histoire qui ménage l'espace d'une certaine idée du « progrès », entre nature et éducation.

Postérité et perfectibilité

Le matérialisme athée et l'anti-finalisme semblent à première vue réunir les conditions de l'indifférence de Diderot à l'égard de l'avenir et de la postérité. On se souvient cependant de la douce « chimère » de la rencontre des molécules des deux amants morts mais rassemblés dans une singulière éternité, évoquée dans la belle lettre à Sophie Volland du 13 octobre 1759 (V, 172). Loin d'être indifférent à la survie, l'auteur de la *Réfutation d'Helvétius* avoue souhaiter la double reconnaissance de ses contemporains et du futur : « Je ne demanderais pas mieux que de jouir d'une grande considération pendant ma vie, et que de laisser un nom illustre après ma mort » (I, 852).

Des remarques analogues soulignent la vivacité de cet espoir tout au long de son œuvre mais la question de la postérité est explicitement posée dans le débat avec Falconet, ouvert par une volumineuse correspondance, déjà évoquée ici, de décembre 1765 à février 1767, autrement nommée *Le pour et le contre*. Alors que le sculpteur dédaigne la « loterie » de la reconnaissance posthume au profit du seul souci du présent (V, 604), Diderot, malgré quelques moments d'incertitude, fait fond sur son jugement : « L'éloge de nos contemporains n'est jamais pur. Il n'y a que celui de la postérité qui me parle à présent, et que j'entends aussi distinctement que

1. Helvétius, *De l'Esprit*, Marabout Université, Verviers, 1973, p. 226.

vous qui le soit. L'envie meurt avec l'homme, ou si elle existe encore après lui, c'est pour continuer son rôle » (V, 580). Les ruines et les monuments symbolisent la véritable dignité de l'espèce humaine qui réside dans ses actions, ses productions et ses œuvres : « La pensée que j'écris, c'est moi. Le marbre que tu animes, c'est toi ; c'est toi dans les plus beaux moments de ton existence, c'est ce que tu fais, et qu'un autre ne peut pas faire » (*ibid.*, 582). On mesure alors la philosophie de l'histoire et la signification politique qu'engage ce débat sur la postérité.

D'un certain point de vue, l'inscription du présent dans une histoire linéaire permet d'établir la certitude que la bataille philosophique ne sera pas vaine. La lettre du 15 février 1766, dans un élan lyrique, associe cette conception de l'histoire à l'espérance de voir le tribunal de l'avenir rendre justice : « Et ces philosophes, et ces ministres, et ces hommes véridiques qui ont été les victimes des peuples stupides, des prêtres atroces, des tyrans enragés, quelle consolation leur restait-il en mourant ? C'est que le préjugé passerait, et que la postérité reverserait l'ignominie sur leurs ennemis » (V, 606). L'idée d'un progrès n'est donc pas sans soutenir cette confiance dans le jugement de l'histoire qui met les « grands noms » à l'abri des « ravages » de l'oubli selon la lettre du 10 janvier 1766 : « Il y a deux grandes inventions : la poste qui porte presque en six semaines une découverte de l'équateur au pôle, et l'imprimerie qui la fixe à jamais » (V, 581). Voilà de quoi rassurer Falconet : « Tu subsisteras éternellement, ou dans un fragment de marbre, ou plus sûrement encore dans quelques-unes de nos lignes » (*ibid.*). Vengeance des défaites passées, la postérité mène à la victoire les arts et métiers, les beaux-arts, les sciences et la philosophie, dans leur lutte contre l'ignorance, le conformisme, l'arbitraire et le despotisme. Ce pari, souvent incarné par les « génies », exige de nuancer la conception linéaire de l'histoire et l'idée de « progrès » dont elle est porteuse. Là comme ailleurs, les circonstances, le hasard, les enthousiasmes individuels introduisent du discontinu et brouillent l'image de la droite ligne. Quoi d'étonnant chez un penseur du paradoxe, dont l'aventure littéraire et philosophique se jette dans son temps et contre son temps, brutalisant la postérité par l'irruption d'inventions inouïes et de questions auxquelles nul n'a encore pu répondre [1] ! C'est que l'idée de « progrès » doit céder la place à celle de « perfectibilité », elle-même inscrite dans une signification spécifiquement diderotienne…

1. Mon article « Diderot ou le paradoxe du développement aléatoire » paru dans O. Bloch (dir.), *Entre forme et histoire*, Paris, Méridiens Klincksieck, 1988, p. 145-158, analyse la difficulté de penser une histoire continue/discontinue à partir d'une réflexion sur la philosophie naturelle de Diderot.

Contrairement à ses contemporains et singulièrement à Rousseau, Diderot « matérialise » la perfectibilité et l'assigne à l'ordre des faits de nature [1]. Le substantif et l'adjectif sont employés dès l'article « Éclectisme » de l'*Encyclopédie* en 1755 et jusqu'aux *Éléments de physiologie*. Dans la *Réfutation d'Helvétius*, Diderot affirme que « l'homme est aussi une espèce animale ; sa raison n'est qu'un instinct perfectible et perfectionné ; et dans la carrière des sciences et des arts, il y a autant d'instincts divers que de chiens dans un équipage de chasse » (I, 829). La perfectibilité s'acquiert donc sans pour autant viser la perfection; elle s'acquiert du fait de la particularité de la physiologie humaine, de la conjugaison de la main et du cerveau. Nous savons que les sociétés sont des formes vivantes provisoires, qu'elles sont déjà allées trop loin quant à la réalisation du bonheur des hommes. L'idée d'une auto-organisation sociale rapporte ainsi l'histoire à une invention permanente de formes et le présent à l'équilibre métastable par lequel on a déjà pu qualifier l'organisation de la matière. Dans sa dimension politique, le concept de perfectibilité, illustré par l'histoire des grands hommes, permet de comprendre que la société la plus « juste » est celle qui laisse chacun libre d'épanouir son énergie propre, selon la nature entendue du point de vue biologique comme du point de vue du droit. L'éducation de la liberté est donc le fait d'une société perfectible mais soumise aux aléas et à l'instabilité du Tout matériel changeant et mouvementé dont elle dépend. L'art politique de se perfectionner ne vise donc pas la perfection mais un aménagement des conditions de vie tolérant le nouveau, l'imprévisible et le provisoire.

Il n'importe : il faut parier. Dans l'*Essai sur les règnes de Claude et de Néron*, Diderot écrit : « On ne pense, on ne parle avec force que du fond de son tombeau : c'est là qu'il faut se placer, c'est de là qu'il faut s'adresser aux hommes. Celui qui conseilla au philosophe de laisser un testament de mort eut une idée utile et grande » (I, 1120). Sa postérité lui a donné raison : certes peu attentifs à la lettre du texte et à la complexité de sa pensée, les révolutionnaires ont accordé à Diderot un grand succès sur la scène politique et lui ont été plus fidèles qu'il n'y paraît. Cependant, quel fut exactement « leur » Diderot et se serait-il reconnu dans cette postérité ?

Même s'il faut attendre onze ans après la mort du philosophe pour voir paraître un grand nombre de ses textes en 1795, la publication d'une grande

1. Sur la problématique du concept de perfectibilité au temps des Lumières, voir l'ouvrage collectif dirigé par B. Binoche, *L'homme perfectible*, Seyssel, Champ Vallon, 2004.

Je me réfère ici aux articles qui y sont rassemblés et plus particulièrement à celui de F. Salaün, « Diderot et le concept de perfectibilité », p. 200-218.

partie de son œuvre est contemporaine de la Révolution. Dès juillet 1791, une succession de manipulations et de glissements de citations conduit un journal révolutionnaire, la *Bouche de fer*, à attribuer à Diderot une formule de Meslier : « Quand le dernier des rois sera pendu avec les boyaux du dernier prêtre célibataire, le genre humain pourra espérer être heureux »[1]. Substitué à Voltaire, Diderot se voit attribué le rôle de chef du parti philosophique, honni par le Directoire ; diverses brochures et feuilles monarchistes l'accablent, aux côtés d'autres philosophes des Lumières, de la responsabilité des crimes de la Révolution. Babeuf a donc vu très juste, lors de ses combats politiques contre le Directoire, lorsqu'il attribue à Diderot le *Code de la Nature* de Morelly ! Quant à notre philosophe, il avait bien raison d'attendre de son lecteur, par-delà la tombe, la reconnaissance de son élan révolutionnaire et de la puissance subversive qui animait déjà les premiers articles de l'*Encyclopédie*. Les révolutionnaires ont donc, bien avant nous, entendu ses appels à la postérité.

1. Sur les détails de cette histoire mouvementée, voir l'article de P. Pellerin, « Diderot et l'appel de la postérité », *Recherches sur Diderot et sur l'*Encyclopédie, n° 35, 2003, p. 35-36. Les remarques de cette fin de chapitre sont également redevables à l'ensemble de l'analyse proposée par cet article, p. 25-39.

CONCLUSION

Je suis un hors-d'œuvre [1].

Formes physiques, formes vivantes, formes d'écriture, belles formes, formes politiques : les inventions du jeu des forces de la matière entraînent les formes dans le vertige de l'informe et du difforme.

Diderot s'approprie *en matérialiste* cette notion de forme en se distinguant de ses contemporains matérialistes par une redéfinition originale de l'idée même de matière. Aux énoncés traditionnels – athéisme, monisme et rejet d'une conception qui fait dépendre l'organisation du réel d'une pensée ou d'un esprit – s'ajoute une « supposition » ou une « conjecture » propre à engendrer des « extravagances » : il s'agit de la sensibilité, propriété générale et essentielle de la matière, ou résultant d'une certaine organisation de la matière. Cette *énergie* agite de manière « intestine » les plus petites particules matérielles ou molécules qui s'assemblent au gré de leur inquiétude automate ou de leur sensibilité sourde, sans le secours d'une quelconque téléologie. Le pouvoir fondateur du hasard organise les rencontres des éléments d'un tout, qu'il s'agisse des êtres physiques, des vivants, des textes, des œuvres d'art, des sociétés.

Jusqu'à quel point Diderot peut-il soutenir ce difficile paradoxe de l'aléatoire et renoncer à la construction d'un système d'ordre à quoi s'emploie traditionnellement le travail du philosophe ? Jusqu'à quel point peut-il privilégier la force créatrice de l'événement au détriment de la forme ordonnée de la structure ? Ce qui est en jeu n'est rien moins que l'invention de la pensée d'un tout inédit, ce tout si souvent comparé à

1. Lettre à Grimm de septembre 1768 : « Grimm mon ami, vous avez raison. Ce monde ne fut pas fait pour moi, ni moi pour lui ; mais c'est moi qui ai tort ; puisqu'il faut que tout soit mal, pour que je sois bien. Je suis dans la chaîne générale, sans pouvoir ni la suivre ni la mener. Je suis un hors-d'œuvre. Je suis assez monstre pour coexister mal à l'aise, pas assez monstre pour être exterminé » (V, 893).

l'agitation irrégulière d'un vaste océan de matière où règnent la confusion et les changements incessants, quel que soit le type d'êtres et de formes concerné.

Nous connaissons déjà l'antagonisme entre la onzième des pensées *Sur l'interprétation de la nature* selon laquelle « l'indépendance absolue d'un seul fait est incompatible avec l'idée de tout; et sans l'idée de tout plus de philosophie » (I, 564) et les « folies » de d'Alembert dans *Le Rêve* : « Tout change, tout passe, il n'y a que le tout qui reste. Le monde commence et finit sans cesse [...]. Dans cet immense océan de matière, pas une molécule qui ressemble à une molécule, pas une molécule qui se ressemble à elle-même dans un instant » (I, 631). Dans cette vicissitude des formes, l'idée de tout sans laquelle il n'y a plus de philosophie paraît bien improbable! La décision éclectique du matérialisme de Diderot permet cependant de la saisir, qu'il s'agisse de l'idée du tout d'un corps physique, d'un corps vivant, d'un corps social, du corps d'une œuvre ou du tout du Tout, à condition de repenser la modalité de l'unité de ce tout. Pour résoudre son caractère paradoxal, il convient de renoncer à l'ordre du concept et de se tourner vers le pouvoir expressif de la métaphore.

La forme naturelle, l'organisation matérielle sensible du corps physique, est à la fois le socle et le modèle des formations ultérieures des totalités physiques, vivantes ou humaines, aussi éloignées soient-elles de cette unité primitive. Or, celle-ci est une microstructure changeante, variable, qui s'auto-organise au hasard des rencontres moléculaires dont l'agitation inquiète est cependant suscitée par la téléologie sourde des affinités sensibles. Cette petite forme régionale et éphémère, comme la forme de l'essaim d'abeilles, c'est le tout, production nécessaire-contingente de l'interdépendance des parties.

L'éclectisme est ici effectif à deux niveaux : d'une part, du point de vue épistémologique, ce tout n'est pas pensé comme la totalité organique ou mécanique de l'arrangement des parties dans un ensemble parfait et achevé; au contraire, la contingence et l'aléatoire des rencontres qui le constituent en font une totalité provisoire, instable, inachevée et ouverte à des *modifications*. D'autre part, du point de vue méthodologique, le style de philosophie à l'œuvre dans cette pensée du tout s'écarte de l'ordre du système pour lui substituer celui d'une *enquête*, elle aussi provisoire, instable et inachevée. Fidèle à la définition de l'éclectisme que Diderot donne dans l'article qu'il lui a consacré dans l'*Encyclopédie*, c'est en « foulant » toute forme d'autorité et de soumission à la tradition que le philosophe ose penser par lui-même en ne se fiant qu'à son expérience et à sa raison (*Enc.* V, 270). Son enquête sur l'idée du tout, ni syncrétique ni sceptique, est ainsi celle de la liberté.

Invoquer la liberté, n'accepter de contraintes que celles que l'on se donne à soi-même, armé de la métaphore, c'est entreprendre de dépasser les antinomies traditionnelles et éviter les apories auxquelles elles risquent de conduire : matière et forme, science et imagination, littérature et philosophie, vérité et fiction, imitation et création, nature et liberté, raison et histoire, individu et société ... La position du matérialisme dans la théorie et la pratique permet à l'invocation de la liberté de réussir ce dépassement. Le travail d'une *imagination naturante* en est le maître d'œuvre; l'enthousiaste et le génie la guident.

Exemplairement, la science ne s'oppose pas à l'imagination comme le sérieux au jeu, ou la production à la création. On sait combien Diderot a été attentif aux découvertes scientifiques et au développement de celles de son temps, à la chimie et à la médecine en particulier. Mais ce n'était pas pour se plier à des protocoles ni à des vérités irréfutables. C'était au contraire pour envisager le processus et le résultat comme autant d'hypothèses et de « conjectures » soumises à révision. La fréquentation du laboratoire n'a pas exclu l'assiduité aux spectacles de théâtre ni la fidélité aux déambulations du Neveu se dirigeant vers quelque leçon de clavecin peu ordinaire, pas plus que l'intérêt porté aux coups de sabots du cheval de Jacques ou au babil de bijoux indiscrets. La fiction et l'historicité sont ainsi, concernant l'apparente antinomie de la science et de l'imagination, comme les autres oppositions évoquées ci-dessus, les deux dispositifs essentiels qui permettent à l'imagination naturante de les dépasser sans pour autant atteindre la clôture d'une contradiction dialectique. L'antagonisme reste de mise; lui aussi est une figure de la liberté.

L'écriture de l'*Encyclopédie* semble faire exception à ce *style* aventureux et se porter garante d'un certain académisme. Comme on l'a vu, il n'en est rien, dès lors que le procédé des renvois et les moyens de contourner la censure sont bien plutôt les armes de la subversion. Encore la liberté.

C'est la liberté de la *rencontre* que déjà la tradition épicurienne avait inscrite dans la matière. C'est la plasticité de la rencontre qui pourrait donner lieu à l'existence d'un seul transcendantal, s'il en faut un : la métamorphose.

Cet essai a tenté de montrer que le matérialisme éclectique de Diderot est un matérialisme de la rencontre. Mais quel est le statut exact de cette notion de rencontre dans une philosophie dont le socle est une matière toujours déjà sensible? Avons-nous affaire à une philosophie de la rencontre?

L'histoire de la philosophie n'a pas fait de cette notion un « concept » au sens strict du terme. Pourtant, plusieurs dispositifs spéculatifs peuvent s'en réclamer à bon droit : la tradition épicurienne et singulièrement le clinamen lucrétien assignent la formation des mondes à une déviation qui fait exister les atomes *du fait* de la rencontre; Machiavel et Rousseau accordent un primat de la circonstance hasardeuse sur la loi, de la déviation sur le droit, faisant toute sa place à la *conjoncture*[1].

En mettant fin à l'antagonisme évoqué plus haut entre ontologie de la substance et phénoménologie de l'événement, Diderot insiste, dans sa redéfinition de la matière et dans sa philosophie naturelle sur la plasticité de la forme. Si le monde des formes est celui de la prolifération inventive, c'est que la matière et la forme sont toujours déjà *moulées* l'une à l'autre. L'idée avicenienne de la « matière préparée », diffusée par le *Dictionnaire* de Bayle[2] permet d'approcher la fonction de cette notion de rencontre dans la pensée de Diderot : « Les Anciens la comparent à l'argile fraîche que l'on transforme en choses diverses telles que le pot, la jarre, etc. À la pâte, on dit de même que la matière première est comme l'argile fraîche pour être transformée en tant qu'elle est fraîche (par conséquent plastique), non en tant qu'elle possède une quiddité séparée qui est l'"argilité", de même pour la pâte et le bois »[3].

Diderot tire une conséquence radicale de l'abandon de tout hylémorphisme et de tout préformationnisme : la réalité effective de la cause formelle, dont la condition de production et le paradigme se révèlent dans les rencontres moléculaires n'a nullement le statut d'une origine. La prise de forme se fait à partir de rien ou du désordre. Le *sens* ne préexiste pas plus à ces rencontres hasardeuses qu'aux péripéties de l'histoire. Le *sens* se constitue après-coup, dans et par la rencontre ; de même, il n'y a pas de sens *de* l'histoire mais il peut y avoir du sens *dans* l'histoire. La confiance de Diderot dans la connaissance scientifique, même mitigée de scepticisme, n'est donc pas incongrue. Mais dans tout monde, il advient des rencontres dont la nécessité des lois est un devenir contingent; nécessité métastable ou radicalement instable : quel que soit le type de formes concerné, il faut s'attendre à du nouveau, de l'inouï, de l'imprévisible, à la surprise de nouvelles prises.

1. L. Althusser, dans les ouvrages cités dans l'introduction à cet essai, développe et précise cette problématique en l'étendant à d'autres philosophes … exception faite de Diderot !

2. *Dictionnaire historique et critique*, Amsterdam, 5e éd. 1734. Voir en particulier les articles « Rorarius » et « Sennert ».

3. Avicenne, *De Anima*, I, 5, f°5.

Pour qu'adviennent ces rencontres, la seule condition est l'affinité ou la « sympathie »[1] qui permet aux éléments en jeu dans l'organisation d'un tout de s'accrocher et de permettre à leurs mouvements inquiets de prendre forme. Encore faut-il expliquer le « saut » du brin à l'organe, les deux termes que Diderot utilise dans *Le Rêve* pour pallier l'énigme du saut n'étant pas vraiment des explications : « nutrition » et « conformation » du brin. Ainsi le brin des yeux de Julie de Lespinasse quand elle n'était qu'une molécule deviennent les beaux yeux que Bordeu regarde présentement; de même l'extrémité d'une griffe d'anémone sera anémone ; et, dans les *Éléments de physiologie*, bien qu'il n'y ait rien de commun entre la molécule de l'écorce de saule et le saule, c'est cette molécule qui produit le saule.

L'iconoclasme de cette philosophie dans tous ses états se manifeste au tout début du premier Entretien du *Rêve*, pulvérisant une statue de forme humaine « dans un mortier et à grands coups de pilon » (I, 613). L'auguste statuaire de l'histoire de la philosophie et le sage buste du concept se *métamorphosent*, non sans paradoxes et métaphores, en êtres de chair nés des noces de la littérature et de la philosophie.

De la science de la nature à celle de l'histoire, posant des questions auxquelles souvent il ne répond pas, Diderot, dans son siècle et au-delà de son siècle, lance un défi à sa postérité : il nous invite à chercher si et comment il est possible de *construire*, en matérialistes, la philosophie de la rencontre qu'il a conjecturée.

1. D. Lecourt analyse ces notions dans *L'Ordre et les jeux*, Paris, Grasset, 1981. H. Metzger a consacré plusieurs études à l'histoire de cette notion d'affinité, en particulier *Newton, Stahl, Boerhaave et la doctrine chimique* (1930), Paris, Albert Blanchard, 1974.

BIBLIOGRAPHIE

L'étude de l'œuvre de Diderot est largement tributaire du travail bibliographique de Frederik A. Spear, *Bibliographie de Diderot. Répertoire analytique international*, Genève, Droz, t. I, 1980, t. II, 1988 et les *Suppléments* parus dans *Diderot Studies* depuis le n° XXI.

Œuvres de Diderot citées dans cet ouvrage

Œuvres, L. Versini (éd.), Paris, Robert Laffont, 1994-1997, cinq volumes.

Encyclopédie, ou Dictionnaire raisonné des sciences, des arts et métiers, par une société de gens de lettres. Mis en ordre et publié par M. Diderot, et quant à la partie mathématique par M. D'Alembert, Paris, Briasson, David, Lebreton, Durand, 1751-1775.

Œuvres philosophiques, P. Vernière (éd.), « Classiques Garnier », Paris, Bordas, 1956 (réédition 1998).

Œuvres complètes, édition chronologique R. Lewinter, Paris, Le Club français du livre, 1969-1973, 15 volumes.

Œuvres complètes, H. Dieckmann, J. Proust, J. Varloot *et alii* (éd.), Paris, Hermann, 1975 et suivantes, 34 volumes prévus.

Essai sur le mérite et la vertu, J.-P. Jackson (éd.), Paris Alive, 1998

Lettre sur les aveugles. Lettre sur les sourds et muets, présentation M. Hobson et S. Harvey, Paris, GF-Flammarion, 2000.

Éléments de physiologie, P. Quintili (éd.), Paris, Honoré Champion, 2004.

Pensées sur l'interprétation de la nature, présentation C. Duflo, Paris, GF-Flammarion, 2005.

Pensées philosophiques. Addition aux pensées philosophiques, présentation J.-C. Bourdin, Paris, GF-Flammarion, 2007.

Éditions séparées d'autres œuvres de Diderot

Correspondance, G. Roth et J. Varloot (éd.), Paris, Éditions de Minuit, 1955-1970 (16 volumes).

Les Bijoux indiscrets, C. Duflo (éd.), Arles, Actes Sud, 1995.

Le Neveu de Rameau, J. Fabre (éd.), Genève, Droz, 1963.

La Religieuse, R. Mauzi (éd.), Paris, Folio-Gallimard, 1972.
Jacques le Fataliste, S. Lecointre et J. Le Galliot (éd.), Paris-Genève, Droz, 1976.
Paradoxe sur le comédien, édition critique E. Dupuy, Paris, Société française d'imprimerie et de librairie, 1902.
Quatre contes, J. Proust (éd.), Genève, Droz, 1964
Salons, J. Seznec et J. Adhémar (éd.), Oxford, Clarendon Press, 1957-1967 (4 volumes), 2ᵉ éd. 1975-1983.
Lettre sur les sourds et muets, P. Meyer (éd.), dans *Diderot Studies* VII, Genève, Droz, 1964.
Œuvres esthétiques, P. Vernière (éd.), Paris, Garnier, 1959.
Œuvres politiques, P. Vernière (éd.), Paris, Garnier, 1963.
Œuvres philosophiques, P. Vernière (éd.), Paris, Garnier, 1961
Œuvres romanesques, H. Bénac (éd.), Paris, Garnier, 1962
Pensées détachées, contributions à l'Histoire des deux Indes, G. Goggi (éd.), t. I, Siena, 1976; *Mélanges et morceaux divers, Contributions à l'Histoire des deux Indes*, G. Goggi (éd.), t. II, Siena, 1977
Mémoires pour Catherine II, P. Vernière (éd.), Paris, Garnier, 1966.
Histoire philosophique et politique des établissements et du commerce des Européens dans les deux Indes, par G. Th. Raynal, Genève, Pellet, 1780 (10 volumes).

*Études portant sur Diderot et sur l'*Encyclopédie

ARASSE Daniel, « Les Salons de Diderot : le philosophe critique d'art », dans Diderot, *Œuvres Complètes*, éd. Lewinter, t. VII, p. I-XVIII.
AUROUX Sylvain, *La sémiotique des encyclopédistes*, Paris, Payot, 1979.
BARTHES Roland, MAUZI Robert, SEGUIN Jean-Pierre, *L'Univers de l'*Encyclopédie, Paris, Les Libraires associés, 1965.
BARTHES Roland, « Les planches de l'*Encyclopédie* », dans *Le Degré zéro de l'écriture*, Paris, Seuil, 1972, p. 82-105.
BELAVAL Yvon, *L'Esthétique sans paradoxe de Diderot*, Paris, Gallimard, 1950.
– « Les Protagonistes du *Rêve de d'Alembert* », *Diderot Studies* III, Genève, Droz, 1961, p. 27-53.
– « Sur le matérialisme de Diderot », dans *Europäische Aufklärung. Festschrift für Herbert Dieckmann*, H. Friedrich et F. Schalk (éd.), Munich, Wilhem Fink Verlag, 1966, p. 9-21.
– « Trois lectures du Rêve de d'Alembert », *Diderot Studies* XVIII, Genève, Droz, 1975, p. 15-32.
– « Diderot lecteur de Leibniz ? », dans *Études leibniziennes, de Leibniz à Hegel*, Paris, Gallimard, 1976.
– « Diderot et l'*Encyclopédie* », *Universalia*, 1985, p. 437-439.
BENOT Yves, *Diderot, de l'athéisme à l'anticolonialisme*, Paris, Maspero, 1981.
BENREKASSA Georges, « Dit et non-dit idéologique. À propos du *Supplément au Voyage de Bougainville* », *Dix-huitième siècle*, n° 5, 1973, p. 29-40.

BOURDIN Jean-Claude, *Diderot, le matérialisme*, Paris, P.U.F., 1996.

BUFFAT Marc, « Diderot, le corps de la machine », *Revue des sciences humaines*, 186/187, 1982, p. 185-197.

CHABUT Marie-Hélène, *Denis Diderot. Extravagance et génialité*, « Faux titre », Amsterdam, Rodopi, 1998.

CHOUILLET Jacques, La Formation des idées esthétiques de Diderot 1745-1763, Paris, Armand Colin, 1973.

– *Diderot, poète de l'énergie*, Paris, P.U.F., 1984.

– « Matière et mémoire dans l'œuvre de Diderot », *Revue de métaphysique et de morale*, 2, 1984, p. 214-225.

– *Denis Diderot-Sophie Volland : un dialogue à une voix*, Paris, Champion, 1986.

– « La promenade Vernet », *Recherches sur Diderot et sur l'*Encyclopédie, 2, 1987, p. 123-163.

(Collectif) *Denis Diderot, 1713-1784*, Colloque international : Paris, Sèvres, Reims, Langres (4-11 juillet 1984), A.M. Chouillet (éd.), Paris, Aux Amateurs de livres, 1985.

(Collectif) *Interpréter Diderot aujourd'hui*, sous la direction de Elisabeth de Fontenay et de Jacques Proust, communications du colloque de Cerisy-la-Salle (11-23 juillet 1983), Paris, Le Sycomore, 1984.

(Collectif) *L'Encyclopédie du* Rêve de d'Alembert *de Diderot*, sous la direction de Sophie Audidière, Jean-Claude Bourdin, Colas Duflo, Paris, CNRS Éditions, 2006.

COULET Henri, « Diderot et le problème du changement », *Recherches sur Diderot et sur l'*Encyclopédie, 2, 1987, p. 59-67.

DEPRUN Jean, « Diderot et Malebranche : de l'amour de l'ordre au goût de l'ordre », dans *Colloque international Diderot*, *op. cit.*, p. 45-50.

– « Quand la nature lance les dés ... ou préhistoire des singes dactylographes », dans *Le Jeu au XVIIIe siècle*, colloque d'Aix-en-Provence (30 avril, 1 et 2 mai 1971), Aix-en-Provence, Edisud, 1976, p. 49-60.

DIDIER Béatrice, « Quand Diderot faisait le plan d'une université », *Recherches sur Diderot et sur l'*Encyclopédie, 18-19, octobre 1995, p. 81-93.

DIECKMANN Herbert, *Cinq leçons sur Diderot*, Genève-Paris, Droz-Minard, 1959.

DOLLE Jean-Marie, *Politique et pédagogie. Diderot et les problèmes de l'éducation*, Paris, Vrin, 1973.

DUCHET Michèle et LAUNAY Michel, *Entretiens sur le « Neveu de Rameau »*, Paris, Nizet, 1967.

DUFLO Colas, *Diderot philosophe*, Paris, Honoré Champion, 2003.

DULAC Georges, « Pour reconsidérer l'histoire des *Observations sur le Nakaz* », *Studies on Voltaire*, 254, 1988, p. 467-514.

EHRARD Jean, « Lumières et roman ou les paradoxes de Denis le fataliste », dans *Au siècle des Lumières*, Paris-Moscou, SEVPEN, 1970, p. 137-155.

FONTENAY Elisabeth (de), *Diderot ou le matérialisme enchanté*, Paris, Grasset, 1981.

GOULEMOT Jean-Marie, « Jeux de conscience, de texte et de philosophie : l'art de prendre des positions dans l'*Essai sur les règnes de Claude et de Néron* de D. Diderot », *Revue des sciences humaines*, 182, 1981, p. 45-53.

GUÉDON Jean-Claude, « Chimie et matérialisme. La stratégie anti-newtonienne de Diderot », *Dix-huitième siècle*, n° 11, 1979, p. 185-200.

HARTMANN Pierre, *Diderot, la figuration du philosophe*, Paris, José Corti, 2003.

HOBSON Marian : « Jacques le Fataliste : l'art du probable », dans *Diderot. Les dernières années, 1770-1784*, Colloque du bi-centenaire 2-5 septembre 1984 à Edimbourg, Edimbourg University Press, 1985, p. 180-196.

IBRAHIM Annie (dir.), *Diderot et la question de la forme*, « débats philosophiques », Paris, P.U.F., 1999.

– « Le statut des anomalies dans la philosophie de Diderot », *Dix-huitième siècle*, n° 15, 1983, p. 311-327.

– « Matière des métaphores, métaphores de la matière », *Recherches sur Diderot et sur l'*Encyclopédie, 26, avril 1999, p. 125-133.

– *Le vocabulaire de Diderot*, Paris, Ellipses, 2002.

– « *Maupertuis dans* Le Rêve de D'Alembert : *l'essaim d'abeilles et le polype* », *Recherches sur Diderot et sur l'*Encyclopédie, 34, avril 2003.

– « Variations politiques autour des chèvre-pieds de Diderot », dans *Usages politiques de l'animalité*, J.-L. Guichet (éd.), Paris, L'Harmattan, 2008, p. 109-126

JOUARY Jean-Paul, *Diderot et la matière vivante*, Paris, Messidor, 1992.

KAITARO Timo, *Diderot's holism*, Frankfurt/Main, Peter Lang, 1997.

LE RU Véronique, *Subversives Lumières. L'*Encyclopédie *comme machine de guerre*, Paris, CNRS Éditions, 2007.

LEGRAS Joseph, *Diderot et l'*Encyclopédie, Paris, Malfère, 1942.

LOUGH John, « Les idées politiques de Diderot dans l'*Encyclopédie* », dans *Thèmes et figures du siècle des Lumières. Mélanges offerts à Roland Mortier*, R. Trousson (éd.), Genève, Droz, 1980.

MARTIN-HAAG Éliane, *Diderot philosophe. Lumières, Nature, Raison*, Thèse d'État en philosophie, Lille, ANRT, 1991.

– *Diderot ou l'inquiétude de la raison*, Paris, Ellipses, 1998.

– « Médecine et politique dans la philosophie de Diderot », dans *Nouvelles sciences de Bacon à Condorcet*, F. Tinland (éd.), Seyssel, Champ Vallon, 1998, p. 103-126.

– *Un aspect de la politique de Diderot : Savoirs et Pouvoirs*, Paris, Ellipses, 1999.

MAURSETH Anne Beate, *L'analogie et le Probable : deux configurations dans la pensée et l'écriture de Denis Diderot*, doktoravhandling, Trondheim, NTNU, 2003.

MAUZI Robert, « Diderot et le bonheur », « Diderot studies » III, Genève, Droz, 1961, p. 263-284.

MAYER Jean, *Diderot homme de science*, Rennes, Imprimerie bretonne, 1959.

– « La philosophie de Diderot : une philosophie de joueur », dans *Le jeu au XVIIIe siècle, op. cit.*, p. 203-214.

– « Les êtres et les monstres dans la philosophie de Diderot », dans *Denis Diderot, 1713-1784*, *op. cit.*, p. 281-286.

MÉNIL Alain, *Diderot et le drame, théâtre et politique*, Paris, P.U.F., 1995.

MORTIER Roland, « Diderot au carrefour de la poésie et de la philosophie », *Revue des sciences humaines*, 112, 1963, p. 485-501.

MORTIER Roland et TROUSSON Raymond (dir.), *Dictionnaire de Diderot*, Paris, Honoré Champion, 1999

PROUST Jacques, *Diderot et l'*Encyclopédie, Paris, Armand Colin, 1962.

– *Lectures de Diderot*, Paris, Armand Colin, 1974.

– *L'Objet et le texte*, Genève, Droz, 1980.

REY Roselyne, « Dynamique des formes et interprétation de la nature », *Recherches sur Diderot et sur l'*Encyclopédie, 11, octobre 1991, p. 49-63.

– « Diderot et les sciences de la vie dans l'*Encyclopédie* », *Recherches sur Diderot et sur l'*Encyclopédie, 18-19, octobre 1995, p. 47-54.

ROGER Jacques, « Diderot et Buffon en 1749 », « Diderot studies » IV, Genève, Droz, 1963, p. 221-236.

SAINT-AMAND Pierre, *Diderot. Le labyrinthe de la relation*, Paris, Vrin, 1994.

STAROBINSKI Jean, « Le philosophe, le géomètre, l'hybride », *Poétique*, 21, 1975, p. 8-23.

– « L'emploi du chiasme dans *Le Neveu de Rameau* », *Revue de métaphysique et de morale*, 2, 1984, p. 182-196.

– « Chaque balle a son billet. Destin et répétition dans *Jacques le Fataliste* », *Nouvelle revue de psychanalyse*, 30, 1984, p. 17-38.

STENGER Gerhardt, *Nature et liberté chez Diderot après l'*Encyclopédie, Paris, Universitas, 1994.

TOSEL André (dir. avec la collaboration de Jean Salem), *Diderot, philosophie, matérialisme*, *Recherches sur Diderot et sur l'*Encyclopédie, 26, avril 1999.

VENTURI Franco, *Jeunesse de Diderot* (1939), Genève, Slatkine, 1967.

VERNIÈRE Paul, *Diderot, ses manuscrits et ses copistes. Essai d'introduction à une lecture moderne de son œuvre*, Paris, Klincksieck, 1967.

WILSON Arthur M., *Diderot. Sa vie et son œuvre*, « Bouquins », Paris, Laffont, 1985.

Autres textes consultés

ALTHUSSER Louis, *Écrits philosophiques et politiques*, Paris, Stock/Imec, 1994, t. I.

– *L'avenir dure longtemps*, Paris, Le Livre de poche, 1994.

– *Sur la philosophie*, « L'Infini », Paris, Gallimard, 1994.

Approches des Lumières. Mélanges offerts à Jean Fabre, Paris, Klincksieck, 1974.

ATLAN Henri, *Entre le cristal et la fumée. Essai sur l'organisation du vivant*, Paris, Seuil, 1979.

AUDIDIÈRE Sophie, BOURDIN Jean-Claude, LARDIC Jean-Marie, MARKOVITS Francine, ZARKA Yves Charles (dir.), *Matérialistes français du XVIIIe siècle*, « Fondements de la politique », Paris, P.U.F., 2006.

BARROUX Gilles, *Philosophie, maladie et médecine au XVIIIe siècle*, Paris, Honoré Champion, 2008.

BINOCHE Bertrand (dir.), *L'homme perfectible*, « Milieux », Seyssel, Champ Vallon, 2004.

– *Les équivoques de la civilisation*, « Milieux », Seyssel, Champ Vallon, 2005.

BLOCH Olivier, *Le matérialisme*, « Que sais-je ? », Paris, P.U.F., 1985.

– *Matière à histoires*, Paris, Vrin, 1997.

BUFFON, *Histoire générale et particulière*, Paris, Imprimerie Royale, 1749-1767, 15 volumes.

Buffon 88, Actes du colloque international Paris-Montbard-Dijon, Jean Gayon (dir.), Paris, Vrin, 1992.

CASSIRER Ernst, *La philosophie des Lumières*, Paris, Fayard, 1996.

DELON Michel, *L'idée d'énergie au tournant des Lumières*, Paris, P.U.F., 1988.

DEPRUN Jean, *La philosophie de l'inquiétude en France au XVIIIe siècle*, Paris, Vrin, 1979.

DIANO Carlo, *Forme et événement : principes pour une interprétation du monde grec*, Paris, Éclat-Polemos, 1994.

DUCHET Michèle, *Anthropologie et histoire au siècle des Lumières*, Paris, Maspero, 1971.

ERHARD Jean, *L'idée de Nature en France dans la première moitié du XVIIIe siècle*, Paris, SEVPEN, 1963, 2 volumes.

GUICHET Jean-Luc, *Rousseau, l'animal et l'homme*, Paris, Le Cerf, 2006.

FAUVERGUE-SIMON Claire, *La philosophie de l'inquiétude de Leibniz à Diderot*, DEA, Université de Toulouse-le-Mirail, 1998.

GUSDORF Georges, *Les Principes de la pensée au siècle des Lumières*, Paris, Payot, 1971.

HOFFMANN Paul, « L'idée de liberté dans la philosophie médicale de Théophile de Bordeu », *Studies on Voltaire*, 88, 1972, p. 769-787.

IBRAHIM Annie (dir.), *Qu'est-ce qu'un monstre ?*, Paris, P.U.F., 2005.

LUCRÈCE, *De la Nature des choses*, A. Ernout (éd.), Paris, Les Belles Lettres, 1964.

MALHERBE Michel, *Trois essais sur le sensible*, Paris, Vrin, 1991.

MARKOVITS Francine, *L'Ordre des échanges. Philosophie de l'économie et économie du discours au XVIIIe siècle en France*, Paris, P.U.F., 1986.

MAUPERTUIS, *Œuvres*, Lyon, J.-M. Bruyset, 1756.

MONTAIGNE, *Essais*, M. Rat (éd.), Paris, P.U.F., 1962, 3 volumes.

REY Roselyne, *Naissance et développement du vitalisme en France, de la deuxième moitié du XVIIIe siècle à la fin du Premier Empire*, Oxford, Voltaire Foundation, 2000.

ROGER Jacques, *Les sciences de la vie dans la pensée française du XVIIIe siècle*, Paris, Armand Colin, 1963.

SAINT GIRONS Baldine, Fiat Lux, *Une philosophie du sublime*, Paris, Quai Voltaire, Edima, 1993, diffusion Vrin.

TORT Patrick, *L'ordre et les monstres. Le débat sur l'origine des déviations anatomiques au XVIIIe siècle*, Paris, Aubier, 1980.

VERNIÈRE Paul, *Spinoza et la pensée française avant la Révolution*, Paris, P.U.F., 1954, 2 volumes.

Revues

Diderot Studies, édition Otis Fellow puis Diana Guirragossian, Genève, Droz.

Dix-huitième siècle, Société française d'études du XVIIIe siècle, Paris, Garnier.

*Recherches sur Diderot et sur l'*Encyclopédie, Société Diderot, Langres-Paris, Klincksieck.

Studies on Voltaire and the Eighteenth Century, Voltaire Foundation, Oxford, SVEC.

TABLE DES MATIÈRES

TROISIÈME PARTIE

LA PERCEPTION DES RAPPORTS : LES FORMES ESTHÉTIQUES

QUATRIÈME PARTIE

LA RENCONTRE DES HOMMES : LES FORMES POLITIQUES

Achevé d'imprimer en avril 2015
par Isiprint
15 rue Francis de Pressensé
93210 La Plaine Saint-Denis

Imprimé en France